职业教育财经类专业群
核心课程系列教材

统计学基础

微课版 第4版

刘泽 / 主编
钟莉 于小梅 / 副主编

人民邮电出版社
北京

图书在版编目（CIP）数据

统计学基础 : 微课版 / 刘泽主编. -- 4版. -- 北京 : 人民邮电出版社, 2023.6
职业教育财经类专业群核心课程系列教材
ISBN 978-7-115-60358-6

Ⅰ. ①统… Ⅱ. ①刘… Ⅲ. ①统计学－高等职业教育－教材 Ⅳ. ①C8

中国版本图书馆CIP数据核字(2022)第205113号

内容提要

本书系统地讲述统计学中有关数据收集、数据整理和数据分析的基本方法。全书共 8 个任务，分别是认识统计、数据收集、数据整理与显示、数据特征的描述、抽样估计、统计指数、相关与回归分析、时间序列分析与预测。为了提高学生的学习兴趣，每个任务开篇都有一个与现实社会经济生活非常贴近的案例；为了提高学生的实践能力，在每个任务中创新性地增加了 Excel 的操作演示；为了让学生能够及时地检查自己的学习效果，在每个任务中安排了相应的习题与实训；为了增强职业素养教学的成效，穿插安排了案例故事、微课视频等。

本书既可以作为高等职业院校经管类专业的专业基础课教材，也可以作为各机构的培训教材或读者自学的参考书。

◆ 主　　编　刘　泽
　副 主 编　钟　莉　于小梅
　责任编辑　刘　尉
　责任印制　王　郁　彭志环
◆ 人民邮电出版社出版发行　　北京市丰台区成寿寺路 11 号
　邮编 100164　　电子邮件 315@ptpress.com.cn
　网址 https://www.ptpress.com.cn
　固安县铭成印刷有限公司印刷
◆ 开本：787×1092　1/16
　印张：13.5　　　　　　2023 年 6 月第 4 版
　字数：336 千字　　　　2025 年 8 月河北第 4 次印刷

定价：49.80 元

读者服务热线：(010)81055256　印装质量热线：(010)81055316
反盗版热线：(010)81055315

前言

FOREWORD

统计学是一门关于数据收集、整理与分析的方法论性质的学科，应用领域非常广泛，也是高等职业院校经管类专业的专业基础课。本书主要是为高等职业院校经管类专业学生编写的。在本书编写过程中，编者围绕高等职业教育“应用型人才”的培养目标，充分考虑到高等职业院校学生的基础和特点，在借鉴国内已有成果的基础上，结合自己的教学经验进行了一些探索和精心设计，力图使本书具有一些新意和特色，从而使本书更加适合新时期高等职业院校经管类专业统计课程的教学。

在本次修订过程中，编者深入学习贯彻党的二十大精神，主要从以下 3 个方面对本书进行了升级：一是突出了职业素养教育，在传授统计学知识的同时，通过展示我国经济社会发展所获得成就的数据资料、现实案例、统计名人故事等激发和培养学生的科学精神和人文情怀；二是更新了相关案例、数据资料和微课视频等教学资料，使内容更贴近现实生活，使教学形式更加生动、有趣；三是突出了对“大数据”思维的培养，通过微课视频资料引导学生思考“大数据时代”统计的变革。本书具有以下几个特点。

1．编写体例新颖，结构紧凑，具有可读性

在体例方面，本书的每个任务开篇有知识目标、能力目标和任务引入等模块，通过设计一个贴近我国社会经济生活的现实案例，引起学生对所学内容的思考；中间是知识链接等模块，在知识链接模块中分别给出了相应的知识点、Excel 操作和习题与实训，便于学生理解相关知识；之后结合所学知识解析任务案例，引导学生学以致用；最后通过相关知识图示扼要总结本任务所学内容。

2．内容简练，表述通俗易懂

本书简化了公式的推导，强调对统计思想的理解和统计方法的应用，通过案例、图示、表格、实例及 Excel 操作等更易于理解和学习的形式，呈现统计学的基本理论和方法。

3．以提高应用能力为目标，突出 Excel 操作

考虑到应用软件的兼容性，本书以 Excel 2016 作为实现统计计算和分析的操作软件，帮助学生提高快速、准确地处理数据的能力。

本书的参考学时为 54 学时，建议采用“理论实践一体化”的教学模式，各任务的参考学时见学时分配表。

学时分配表

任务	任务内容	学时
任务一	认识统计	4
任务二	数据收集	4
任务三	数据整理与显示	6
任务四	数据特征的描述	10
任务五	抽样估计	8
任务六	统计指数	8
任务七	相关与回归分析	6
任务八	时间序列分析与预测	8
学时总计		54

本书由山东行政学院刘泽任主编，江西工业职业技术学院钟莉和江苏农牧科技职业学院于小梅任副主编。刘泽负责全书框架的设计、最后的修改和定稿，并编写了任务一、任务二、任务三、任务六、任务七及附录；钟莉编写了任务四、任务五；于小梅编写了任务八。

在本书的编写过程中，编者借鉴和参考了不少同仁的教材及相关资料，在此一并表示感谢！

由于编者水平有限，书中难免存在不足之处，恳请同行专家和读者指正。

编　者

2023 年 2 月

目录

CONTENTS

认识统计

知识目标

（1）了解统计的内涵和统计的职能。

（2）了解统计学的基本概念：总体、个体、样本、参数、统计量、变量。

（3）熟悉统计应用软件。

能力目标

（1）能正确理解统计的内涵。

（2）能正确理解统计学在认识世界和管理决策中的作用。

（3）能根据特定研究对象理解统计学中的基本概念。

任务引入

统计助力 Tesco 实现公司价值

现在几乎每家超市、购物中心都会推出会员卡制度。顾客办理会员卡的原因通常是受到会员折扣价的吸引，或者希望能够获得超市、购物中心定期的返利；商家则希望通过会员卡制度获得顾客的忠诚。会员卡为商家累积了大量的数据，包括顾客的姓名、联系方式等会员信息和每一次的交易数据。如果能够合理地分析和利用这些数据，它们将成为商家重要的资产。Tesco（特易购）是英国一家大型超级连锁零售商，它在 1995 年启动了一个大规模的会员卡项目——Clubcard。Clubcard 不是英国连锁零售业的第一个会员卡项目，但它是英国最成功的会员卡项目之一。为了达到以数据为驱动进行市场营销的目标，Tesco 在 Clubcard 项目启动之前就确定了一个专长于数据分析的合作伙伴，即善于从业务角度出发利用数据的公司 Dunnhumby。Tesco 和 Dunnhumby 之间十余年的合作为双方带来了巨大的价值。Tesco 宣称，因为分析和利用 Clubcard 的数据，公司每年从不囤积销量不好的产品而节省约 3.5 亿英镑。Dunnhumby 由合作时的一个小公司成长为目前世界知名的市场调查公司。在推出 Clubcard 项目的当年，Tesco 的市场份额就超越了它的最大竞争对手 Sainsbury's，目前 Tesco 已经成为英国最大、世界第三大的食品零售商，紧随沃尔玛和家乐福之后。2004 年 7 月，Tesco 进入中国市场。Dunnhumby 是怎样借助统计工具和先进的计算机技术对会员卡信息和交易数据进行分析，并帮助 Tesco 获得成功的呢？统计的应用领域极为广泛，统计方法也极为丰富，面对纷繁复杂的现实数据，你是否想探个究竟，一显身手？

知识链接

1.1　统计的内涵

“统计”一词有 3 种含义：统计学、统计工作和统计资料。统计学是一系列统计方法的理论阐述；统计工作是统计的具体实践活动；统计资料是统计工作各阶段的成果，也可称为统计数据。

1.1.1　统计学

统计学是关于收集、整理、分析和解释统计数据的科学，是一门方法论性质的学科，其目的是探索研究对象的数量特征和数据的内在规律。

统计学的这一定义包含以下 3 个要点。

（1）统计学是研究数据的科学，离开了数据，统计学也就失去了它存在的意义，因此有人称统计学是“数据的科学”。

（2）统计学是方法论性质的学科，是研究数据的“工具”，因此它适用于所有有数据存在的学科领域。

（3）统计学研究的不是抽象的数据，而是“有载体的统计数据”，因此利用统计方法得到的任何数据特征和数据规律都与某一研究对象紧密相连。

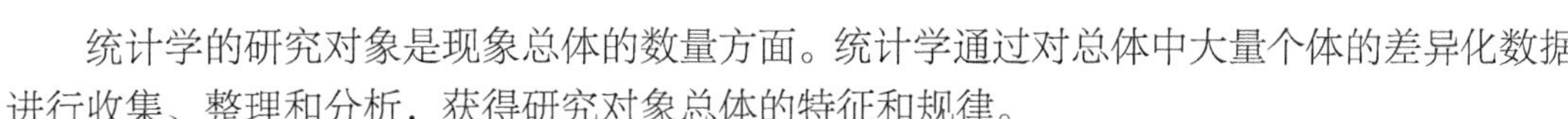

统计学的研究对象是现象总体的数量方面。统计学通过对总体中大量个体的差异化数据进行收集、整理和分析，获得研究对象总体的特征和规律。

英文“Statistics”一词包含两层含义，一是表示作为一门学科的统计学，二是表示统计数据或统计资料，这体现了统计学与统计数据之间密不可分的关系。

1.1.2 统计工作

一般将统计工作过程概括地分为 4 个阶段，即统计设计、数据收集、数据整理和数据分析，如图 1-1 所示。

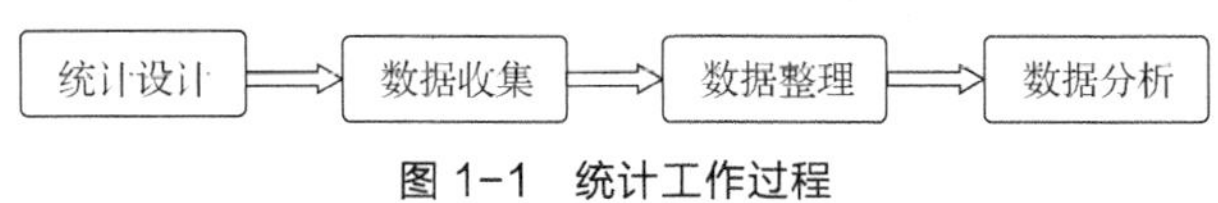

图 1-1 统计工作过程

1. 统计设计

统计设计是根据统计研究的目的和研究对象的特点，对统计工作各个方面及各个环节所做的通盘考虑与安排。其基本任务是制定出各种统计工作方案，主要内容应包括统计指标体系、统计调查方案、统计汇总或整理方案以及统计分析方案等诸多方面。统计设计是统计工作实施的基本依据，是使统计工作协调、有序、顺利进行的必要条件。

2. 数据收集

数据收集是根据统计设计的要求，采用科学的数据收集方法，收集总体中全部或部分个体数据的工作阶段。数据收集是统计工作的基础阶段，是认识事物的起点。原始数据质量的高低，将直接影响到分析结论的可靠性。因此，在数据收集阶段应尽可能地降低统计调查误差。

3. 数据整理

数据整理是对收集来的统计数据进行科学的加工整理，使之系统化、条理化，把大量的反映个体特征的零散数据转化为反映总体综合数量特征的统计数据的阶段。数据整理是数据收集和数据分析之间承上启下的中间阶段，其主要任务是对收集到的数据进行分组、归类，并用合适的统计表或统计图展示整理的结果。

4. 数据分析

数据分析是运用统计方法及与研究对象有关的知识，通过定量与定性的结合对研究对象总体进行分析，以揭示研究对象数量特征和数量规律的统计工作阶段。数据分析是统计工作的最后一个阶段，也是关键的一个阶段。统计分析报告是数据分析的产品，统计分析报告的质量既取决于数据本身的质量，又取决于对统计数据分析利用的程度。

一般来说，统计工作的 4 个阶段是依次进行的，任何一个阶段的工作失误都会影响到下一阶段的工作质量。但在某些情况下，为保证统计工作整体上取得好的效果，各阶段也会交叉进行。例如，在数据收集和数据整理阶段可以进行一些必要的分析，或者对原设计方案进行适当的改进；在数据分析阶段，如果现有资料不能满足分析的需要，可以做一些必要的补充调查、数据整理等工作。

1.1.3 统计数据

统计数据是对研究对象进行计量和分析的结果，是研究对象的特征表现。对个体而言，其特征既可以用数字表示，也可以用文字表示；对总体而言，其特征都是用数字表示的。

完整的统计数据应包括3个最基本的构成要素：数据名称、数值和数据的计量单位。但在具体表述统计数据时，很多时候只有这3个要素是不够的，还应包含对数据其他方面的内涵规定，如数据所属的时间和空间范围等。

例如，“工业机器人产量44.3万套”传递的信息是不完整的，如果改为“2022年1—12月，全国规模以上工业企业的工业机器人产量累计达44.3万套”，那么数据的内外边界就很清楚了。

统计数据可以从不同的角度进行分类，常见分类有3个，如图1-2所示。

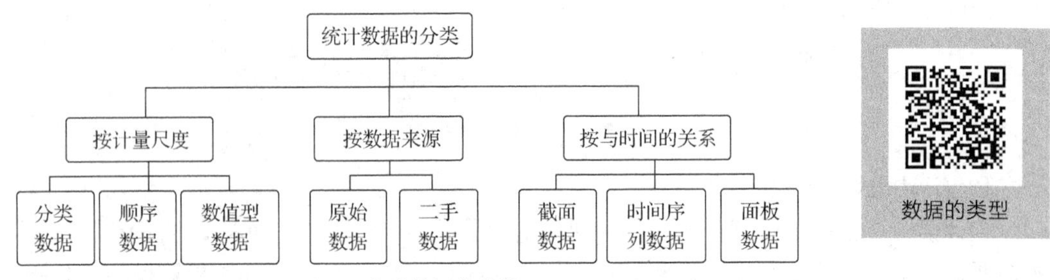

图1-2 统计数据的分类

数据的类型

1．按计量尺度分类

按计量尺度不同，可以将统计数据分为分类数据、顺序数据和数值型数据。

（1）分类数据：用文字来表示，表明事物的不同属性或类别。在统计处理时，我们用数字代码来表示分类数据的各个类别。例如，用“1”表示“男性”，用“2”表示“女性”，这里的“1”和“2”只体现了现象分属于两个类别这样一层含义。再如，企业所属的不同行业、企业的不同所有制类型、人们从事的不同职业等都属于分类数据。

（2）顺序数据：用文字来表示，表明有顺序的不同类别。在统计处理时，我们同样可以用数字代码来表示顺序数据。例如，用“1”“2”“3”“4”“5”分别表示考试成绩的“不及格”“及格”“中”“良”“优”，这里的1、2、3、4、5不仅表明现象分属于不同的类别，而且表明这些类别的顺序。再如，不同的教育程度、产品的不同等级等均属于顺序数据。

（3）数值型数据：用数字来表示各种现象的数量特征，是使用自然或度量衡单位对现象进行计量的结果。一个企业的职工人数、产值、销售收入、市场占有率等指标都是用具体的数字来表示的。数值型数据不仅能表明现象数量上的不同和大小顺序，还能进行数量运算，大部分统计方法都适用于数值型数据的分析，统计处理的大多是数值型数据。

分类数据和顺序数据也统称为品质数据或定性数据，数值型数据也称为数量数据或定量数据。

2．按数据来源分类

按数据来源不同，可将统计数据分为原始数据和二手数据。

（1）原始数据是指为了研究而通过直接调查、观测或实验收集到的未经加工处理的第一手数据。

（2）二手数据是相对于原始数据而言的，是指为了其他目的而已经收集好的数据。

3．按与时间的关系分类

按与时间的关系不同，可将统计数据分为截面数据、时间序列数据和面板数据。

（1）截面数据是指某一总体中不同个体在相同或近似相同的时间上的数据表现。

（2）时间序列数据是指将不同时间上某一指标值列出所形成的按时间顺序排列的数据序列。

（3）面板数据是指总体中不同个体在不同时间上的数据表现，是时间序列数据与截面数据的结合。

1.2 统计的职能

统计的职能可以概括为信息职能、咨询职能和监督职能，如图 1-3 所示。

图 1-3 统计的职能

1. 信息职能

信息职能指的是统计提供信息服务的功能，即通过采集、处理、传递、存储和分析数据，提供以数量描述为基本特征的社会经济信息。

2. 咨询职能

咨询职能指的是统计提供咨询建议和决策方案服务的功能，即利用已经掌握的丰富的统计信息资料，运用科学的统计方法和先进的技术手段，开展综合分析和专题分析，为科学决策和科学管理提供可选择的咨询建议和决策方案。

3. 监督职能

监督职能指的是统计揭示事物运行中的偏差，促使事物运行不偏离正常轨道的功能。统计以定量检查、监测、预警等为手段，揭示决策及其执行过程中的偏差，使决策及其执行过程按客观规律的要求进行。

信息职能是统计最基本的职能，是保证咨询职能和监督职能得以有效发挥的前提，反过来咨询职能和监督职能的强化又会促进信息职能的强化。统计的 3 种职能相辅相成，相互作用，构成了一个有机整体，故又称为统计的整体职能。

统计方法已应用到人类生活的各个领域。尤其是生活在 21 世纪的人们，与数据朝夕相处，收集相关数据，从数据中提取信息，进行预测与决策，是个人、企业、政府经常面对的事情。在科研领域，统计方法已应用到几乎所有的研究领域，有些学科广泛地应用统计方法使其拥有各自的统计术语，如生物统计学、医学统计学、卫生统计学、商务统计学、经济统计学、统计物理学、人口统计学、心理统计学、教育统计学、社会统计学、体育统计学等。

统计在工商业领域中扮演着重要的角色。工商管理人员经常会面临大量企业经济管理方面的数据，而这些数据只有被分析、提炼，才能成为管理人员进行管理和决策的依据。

图 1-4 简要展示了当我们遇到具体问题时，借助于统计解决问题的思维过程。

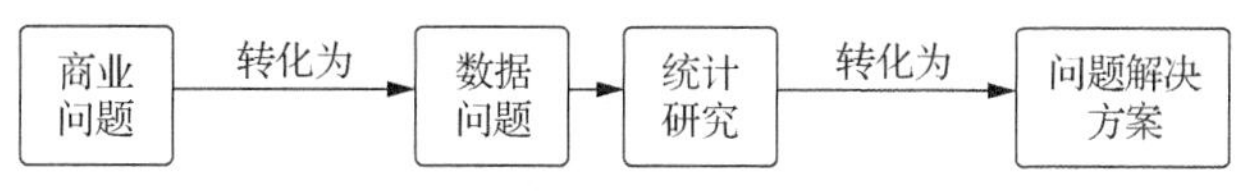

图 1-4 应用统计的思维过程

我们在讨论统计所具有的职能、统计应用的广泛性及统计对决策的重要性时，还应看到统计有所为也有所不为。统计可以帮助人们分析数据，并通过分析得出某种结论，但对结论的进一步解释，则需要相关领域的专业知识。

1.3 统计学的研究方法

统计学从 17 世纪产生发展到今天，其应用领域越来越广泛，其方法越来越丰富。统计学的研究方法可以简单地划分为两大类：描述统计方法和推断统计方法。

传统统计学以描述统计为主，主要包括数据的收集、整理及图表显示和数据的综合测度等内容，描述统计是统计学的基础和统计工作的初步阶段。

现代统计学产生于 20 世纪初，以推断统计为主，其方法包括抽样理论、参数估计、假设检验、方差分析、统计决策理论、非参数统计、现代时间序列分析、多变量分析等，推断统计是现代统计学的核心。现代统计学体现了对数学方法的广泛吸收和应用，现代统计方法的应用也提高了数据分析的效率，加深了数据挖掘的深度。

在统计工作的不同阶段应用着不同的统计方法。在数据收集阶段，主要应用统计的“大量观察法”，具体应用时还有不同的调查方式与方法可供选择；在数据整理阶段，主要应用“统计分组法”，通过分组、归类了解数据的内部结构，并通过合适的图、表展示数据；在数据分析阶段，根据分析问题的角度和深度不同，又有大量的统计方法可供选择。随着对更多数学方法的吸收和先进信息技术的不断渗透，更有效的统计方法还在不断产生。

本书将按照统计工作的不同阶段，分别介绍数据收集方法（任务二）、数据整理与显示方法（任务三）和数据分析的一系列方法（任务四至任务八）。

任何统计方法的有效性都取决于研究对象是否满足方法的适用条件或基本假设，误用统计方法可能会导致描述上的偏离或者推论的错误，而这又可能导致决策的失误。因此，统计方法的使用者应正确使用统计方法，避免误用。

1.4 统计学中的基本概念

1.4.1 总体、个体与样本

总体是由客观存在的、性质相同的大量个体组成的整体，是由统计研究目的决定的统计研究对象的全体。个体是组成总体的单位。例如，要研究某地区国有企业的生产经营状况，则该地区全部国有企业构成总体，某个国有企业就是个体；某企业要检查某批产品的质量，该批所有产品构成总体，某件产品就是个体。

样本是从总体中抽取出来的一部分个体组成的整体。抽样的目的是用样本的数据特征推断总体的数据特征。例如，研究用户对某产品的满意度时，从该产品的用户中随机抽取 5% 构成样本，用这部分用户的满意度对该产品用户的满意度进行估计。总体、个体与样本的关系如图 1-5 所示。

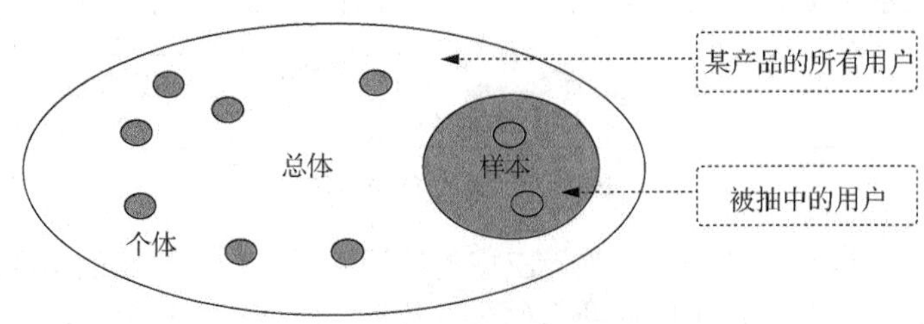

图 1-5 总体、个体与样本的关系

1.4.2 参数与统计量

参数是描述总体综合数量特征的概括性数字度量，是对总体中所有个体某一数量特征的综合。

统计量是描述样本综合数量特征的概括性数字度量，是对样本中所有个体某一数量特征的综合，计算样本统计量是为了估计总体参数。

不管是总体参数还是样本统计量，体现的都是对个体数量特征的综合，都用数字表示。例如，随机抽取5%的用户进行满意度调查，5%用户的满意度得分是82分，这就是统计量；据此推算出全部用户的满意度得分为79～85分，这就是参数。

习惯上，也将总体的综合数量特征称为统计指标。

1.4.3 变量

变量是描述个体特征的概念，变量的具体取值称为变量值。习惯上，也将反映个体特征的变量称为标志。

变量按其表现形式的不同可分为品质变量和数值型变量。

（1）品质变量用文字表示，包括分类变量和顺序变量。分类变量是说明事物类别的一个名称，其取值是分类数据。例如，企业的“行业”属性是分类变量，其变量值表现为“IT业”“物流业”“旅游业”等不同类别的行业。顺序变量是说明事物有序类别的一个名称，其取值是顺序数据。如“服务等级”是顺序变量，其变量值表现为“优”“良”“中”“差”4个顺序等级。

（2）数值型变量是说明事物数字特征的一个名称，其取值是数值型数据。例如，企业的“营业额”是数值型变量，其变量值为具体的数值，如“20万元”“30万元”“40万元”等。

数值型变量根据变量的取值不同，分为离散型变量和连续型变量。

① 离散型变量是只能取整数值的变量，一般用来反映以自然整数计量的数量表现，变量值之间以整数位断开。例如，企业从业人数为1 000人，只能用整数来计量，在999和1 000两个整数之间不可能有小数值。

② 连续型变量是可以在一个或多个区间中取任何值的变量，其取值是连续不断的，不能一一列举。例如，销售收入为20万元，以货币单位计量，在顺序的两个“万元”（如18和19）之间可以有小数值，表示比万元更小的计量单位上的取值。

以商场的会员卡为例，每个会员的个体信息就是变量，如某会员的性别是一个分类变量，教育程度是一个顺序变量，购买金额是一个数值型变量。

1.5 统计应用软件简介

从古人在树木上刻痕以计算家畜和财产的数量，到今天通过计算机和软件来收集、存储、分析数据，人类处理和分析数据的速度和规模已发生了革命性的变化。人类正行驶在以数据为载体的“信息高速公路”上，在人们的日常生活、政府行政事务管理、企业生产经营管理、科学研究等各个领域，人工计算已被计算器、计算机所取代，数据分析软件帮助人们快速、高效地完成数据分析任务。

在统计教学中，统计学中的众多公式、符号及数字，令很多人望而生畏，感到枯燥乏味；同时，数据量较大、较为复杂的运算，人工也难以胜任。近年来，借助于计算机和统计应用软件，统计教学和统计学习变得更高效。

目前，可以用于统计数据处理和分析的软件有很多。办公自动化软件 Excel 就具有强大的数据处理功能，其应用非常普遍。专业的统计应用软件有 SPSS、SAS、Minitab、Matlab、EViews 等。本书的适用对象是非统计类专业的学生，也不涉及很复杂、高深的模型与运算，因此选择具有较高普及率的 Excel 软件作为读者统计入门学习和掌握常用数据处理方法的工具，本书将使用 Excel 2016 来进行讲解。

Excel 具有强大的表格格式化功能、计算和函数功能、图表制作功能等，用户可以利用 Excel 的相应命令来制作电子表格、图表（见图 1-6），进行数据的分类汇总（见图 1-7），利用统计函数或相应的数据分析工具完成数据的运算或分析等（见图 1-8～图 1-10）。Excel 具有功能强大和使用方便的特点，广泛应用于会计、财务、金融、营销、贸易、统计、行政等领域，是比较适合非统计类专业的经管人员使用的统计应用软件。

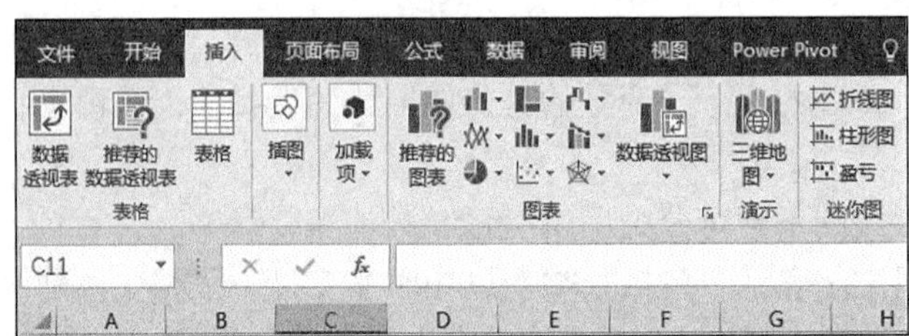

图 1-6 插入图表

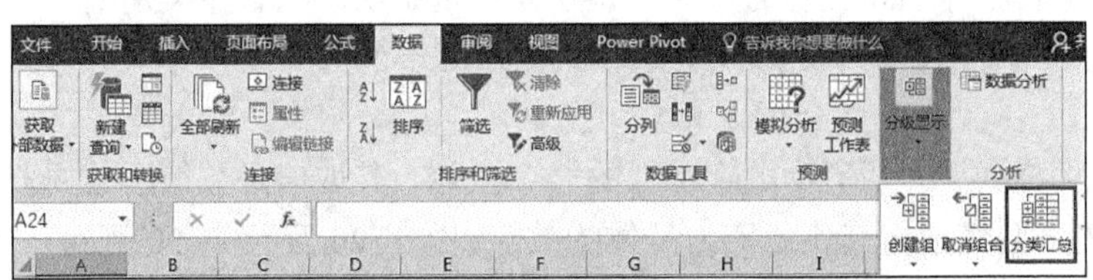

图 1-7 数据的分类汇总

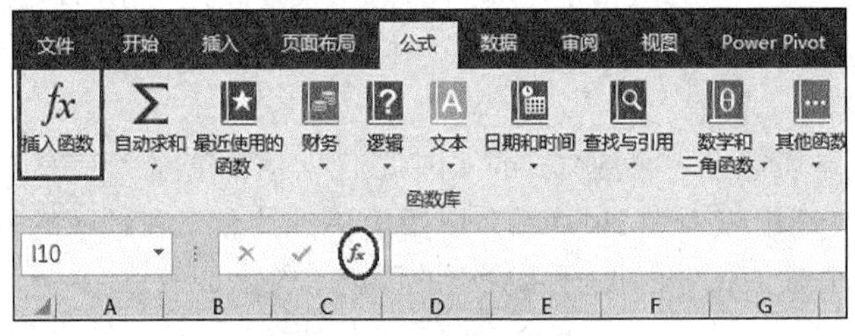

图 1-8 插入函数

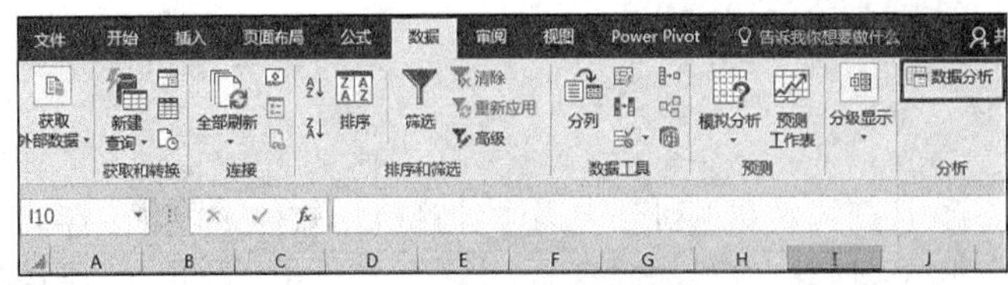

图 1-9 工具栏中的“数据分析”

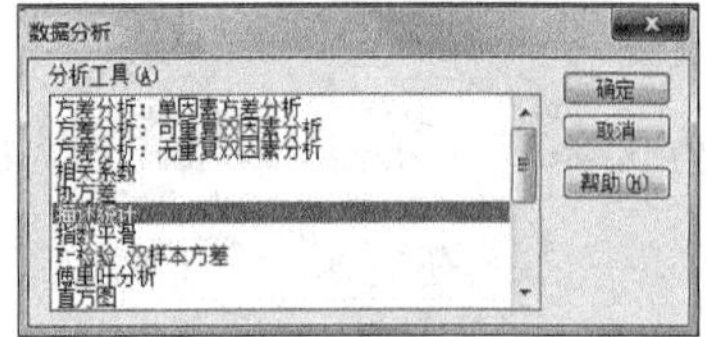

图 1-10 Excel 中的数据分析工具

本书有关运算的任务实施都借助于 Excel 完成，很少涉及人工计算，相应的公式推导、人工计算简捷公式全部省略，读者可将注意力放在统计方法的基本原理、Excel 的操作步骤和对统计结果的解读上。

1.6 案例——中国国家跳水队的“AI 教练”

在 2021 年东京奥运会上，中国跳水“梦之队”共摘得 7 金 5 银，在 4 个单人项目中包揽了冠、亚军，在 4 个双人项目里收获 3 金。获得金、银牌的背后，除了运动员和教练的努力拼搏，还有特殊教练“AI 教练”的功劳。

跳水是一项超高速运动，从起跳到落水只有短短数秒，教练即使经验丰富，也容易错漏一些细节。跳水是进行量化评估难度最大的运动项目之一。为解决跳水数据采集与分析方面的难题，中国国家跳水队引入了“AI 教练”——“3D+AI”跳水辅助训练系统，这是国内首个“3D+AI”跳水辅助训练系统。通过在跳水队训练场馆内提前部署好高速相机等一系列硬件设备，该系统的核心算法能实现高速视频智能采集、视频数据智能整理以及数据的安全加密等功能。该系统具有“看得清、看得准、看得全、看得懂”四大特点。一是看得清。运动员在短短的 2 秒内完成起跳、翻腾、转体入水等一系列高难度动作，系统依靠 3D 视觉感知、AI 智能解析以及智能云等相关技术，清晰、完整地记录下每帧画面，捕捉到所有复杂动作的细节，回放时可以随时定格让动作看得清。二是看得准。在 3D 重现的过程中，运动员起跳的高度、入水的角度、24 个关节角速度等都被定格精准量化分析。有的运动员压水花压得不好，可能不是压水花技巧问题，而是腾空高度不够，腾空高度不够的原因是在踏板的时候力量不足导致加速度不够，这就需要去学习踏板技术，而不是练习压水花技巧。之前教练会说“起跳稍微低了点”，而系统给出的答案则是精确定量的“起跳高度比标准低 12.5cm”。三是看得全。系统既能将跳水全过程进行 3D 重现，还能对跳水场馆进行 1∶1 的 3D 重建，3D 再现场馆场景，实现 360° 自由视角的时空定格。四是看得懂。运动员完成一个动作后，系统能自动识别出是哪个动作、对应的动作代码及难度系数，进行综合智能打分。系统还“学习”了过往教练的专业知识、金牌运动员们的训练秘籍和绝招，辅助教练智能化地制订训练计划，帮助运动员进行有针对性的训练和学习。

近年来，大数据、云计算、人工智能、AR/VR 等现代科技正在被广泛应用到体育领域。体育拥抱科技让日常训练更加科学、智能、合理、有效，推动中国体育朝着“更高、更快、更强”的方向迈进。

1.7 习题与实训

一、选择题

1. 利用统计方法认识研究对象包括的统计活动有（　　）。
   A. 解释数据　　B. 收集数据　　C. 分析数据　　D. 整理数据
2. 属于某一有序类别的非数值型数据是（　　）。
   A. 支付方式（现金、支票、刷卡）　　B. 购物金额
   C. 企业规模（大、中、小）　　D. 年龄
3. 统计数据的构成要素有（　　）。
   A. 名称　　B. 数值　　C. 时间范围　　D. 计量单位
4. 在不同时间上收集到的数据是（　　）。
   A. 观测数据　　B. 实验数据　　C. 截面数据　　D. 时间序列数据
5. 描述总体的特征值称为（　　）。
   A. 统计量　　B. 变量　　C. 参数　　D. 变量值

6. 下列属于离散型变量的是（　　）。

A. 某企业职工总人数　　B. 城乡居民储蓄存款余额

C. 职工的月收入　　D. 全国城镇居民家庭总户数

二、思考题

1. 什么是统计学？举出几个统计应用的例子。
2. 简述统计工作过程。
3. 统计数据可分为哪几种类型？举例说明各类数据的特点。

三、综合应用题

1. 判断下列数据属于分类数据、顺序数据还是数值型数据：品牌、职业、产品的满意度（满意、较满意、一般、不太满意、不满意）、考试成绩、市场占有率、流动资金占用额、学历、购物方式、月收入。

2. 某市的城市抽样调查队随机抽取了 1 000 户居民作为固定样本，记录其每月的消费支出情况，连续记录了 12 个月，并对这 1 000 户居民 12 个月的每月消费总额及消费构成进行了汇总和分析，以此估计该市居民的消费支出情况。

（1）指出该调查的总体、样本、个体；参数、统计量、变量。

（2）某户居民每月支出额是分类变量、顺序变量还是数值型变量？

（3）某户居民每月食品支出额是离散型变量还是连续型变量？

（4）某月 1 000 户居民的支出额和 12 个月 1 000 户居民的平均支出额，哪个是时间序列数据？哪个是截面数据？

3. 某校组织了一次学生消费水平的调查。该校共有在校生 5 000 人，随机调查了 800 人。

（1）指出该项调查的总体、总体单位、样本、样本单位。

（2）针对该项调查，设计调查内容，并举例说明什么是变量、统计量、参数，什么是离散型变量和连续型变量。

任务解析

数据是我们在日常生活、企业经营和政府管理中需要经常面对的，如何处理并利用数据是一门学科，我们将要学习的就是这样一门学科，即专门提供数据研究方法的统计学。统计研究的基本思路是：围绕所研究的问题，从量化研究的角度出发进行数据的采集、处理和分析，分析的结论成为决策的依据和参考。以下试图通过 Dunnhumby 的做法帮助读者认识什么是统计、统计是怎样帮助管理者决策的。

Tesco 在选择合作伙伴时看中的就是 Dunnhumby 善于从业务角度出发利用数据的理念和能力。Dunnhumby 是英国第一批致力于分析数据、精确计算出消费者消费模式的公司之一，其以一个统计学家的心态考虑如何让数据发挥作用，也就是“一些数据，一些时间”，这也是那时的 IT 人员没有抓住的一点。Dunnhumby 不负众望，不管是在 Clubcard 启动前的试验阶段，还是启动 Clubcard 后的十余年间，数据分析师们通过“比别人更好地理解客户”，帮助 Tesco 去完成“为顾客创造价值以赢取他们终生的忠诚”的使命。

首先，Dunnhumby 知道，不能根据顾客的某一次购物来对其下结论，分析结论应根据顾客经常性的、规律性的购买习惯做出。其次，在 1995 年，Tesco 所拥有的数据已超出了当时

计算机的数据处理能力，尝试分析 100%的购物数据，在当时几乎是一个不可能完成的重大任务，而且费用很高，所以必须找出处理海量数据的方法，Dunnhumby 只抽取了所有购物数据中的 1%进行分析。Tesco 有 45 000 种商品，数据分析发现有 8 500 种商品贡献了约 90%的销售份额，对 1%的购物数据中 8 500 种商品的购买情况进行分析也能得到对顾客购物模式足够深入的理解。再者，如何为顾客选择某些商品赋予意义呢？传统的市场分析人员习惯于用顾客的人口统计学信息对顾客进行分类，这种顾客细分的方法关注顾客“是谁”，显然，这些信息对于市场分析人员来说过于粗略了。例如，对食品零售商来说，“中年白人男子”这个群体的共性是性别、年龄、种族，而这个群体内部的差异可能远远大于其共性。Dunnhumby 的数据分析师们利用“桶”（顾客日常购物的一些常见组合）的概念来研究顾客的消费偏好，使用聚类分析方法寻找购物时动机或偏好相似的顾客，细分顾客数据并设立了若干 Tesco“利基俱乐部”。针对计算机“只能简单地执行算法、处理输入数据，但不了解数据背后的业务意义”的问题，分析师们对计算机给出的细分结果进行仔细验证，评估每个细分结果的有效性，最后得到几十个反映顾客生活习惯的细分群，并分别取名为“低消费的忠实顾客”“每周顾客”“精打细算的购物者”等。这些名字让顾客的形象在 Tesco 内部从管理层到一线员工的心目中栩栩如生，当业务上遇到问题时，可以利用这些顾客的生活形态解决问题。这是 Tesco 的一线员工第一次能够将店里一个个活生生的顾客和顾客所属的细分群关联起来。这些细分群已经成为 Tesco 日常决策的重要依据。与业务人员的业务直觉比起来，数据分析能够更准确地洞察顾客需求。

Tesco 对 Clubcard 数据进行了深度分析和利用，并持续进行革新：简化积分规则，对会员分类，突出最有价值的顾客，将回报持之以恒，等等。这些行动使 Tesco 与其他同行拉开了距离，并真正赢得了顾客的忠诚与尊重。统计成为帮助 Tesco 实现公司价值、为顾客提供价值的有力工具。

相关知识图示

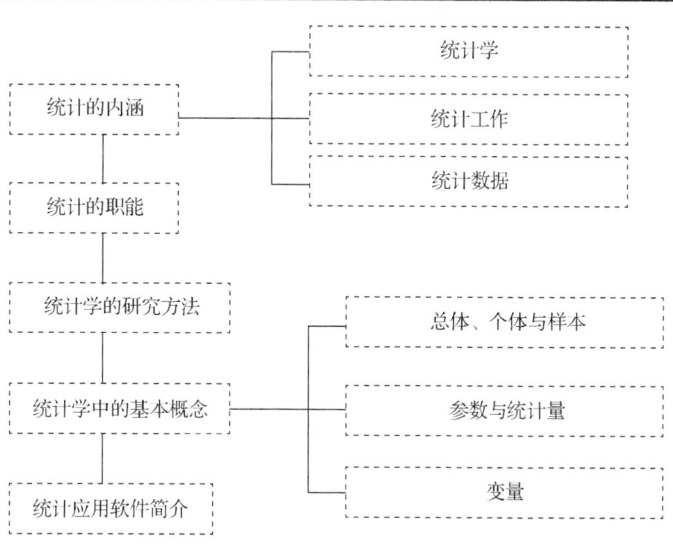

数据收集

知识目标

（1）了解统计数据的两个来源。
（2）了解统计调查方案。
（3）了解统计调查方式与方法。
（4）学习问卷设计。

能力目标

（1）能够正确理解二手数据的作用并掌握获取二手数据的途径和方法。
（2）能够针对某项调查设计一个统计调查方案。
（3）能够针对某项调查正确选择统计调查方式和统计调查方法。
（4）能够针对某项调查设计一份调查问卷。

任务引入

如何获取真实的收视率？

2021年12月12日，央视曝光了影视剧“水军”控评潜规则，两部影视剧接连出现了超前点评的荒诞现象；12月13日，央视网就当前热播影视剧遭未看先评的现象进行了报道；12月15日，“一部剧收入1亿多，9 000万购买收视率”的话题冲上微博热搜。收视率造假话题再次被推至舆论风口浪尖，引发关注。

收视率是指某一时段内收看某频道（或某节目）的人数（或家户数）占观众总人数（或总家户数）的百分比。收视率调查不仅是电视台发展和节目策划的重要依据，也是广告主购买节目时段的重要根据。我国收视率调查最早开始于20世纪80年代中期，1986年中央电视台委托国家统计局城市调查队在全国28个城市进行的电视观众抽样调查被认为是中国首次大范围、专门的收视率调查，从此收视率调查正式在中国电视行业开始被使用。1996年，美国AC尼尔森（ACN）媒介研究公司登陆中国；次年，央视调查咨询中心（CVSC）与法国索福瑞（Sofres）集团合资，正式注册成立中国广视索福瑞媒介研究（CSM）有限公司，旨在为传媒市场提供全国性、连续性、有代表性和产业化的服务。自此，中国收视率调查进入调查公司主导、市场化运营阶段。

在资本的推动下，收视率调查出现造假现象，从最初的“个别现象”发展为后来的“行业潜规则”。特别是2012年以后，大量资本的进入使影视行业被收视率“绑架”。

为了整治收视率造假乱象，早在2013年，国内就出台了电视收视率调查国标《电视收视率调查准则》，这是国家标准化管理委员会批准颁布的国内首个电视收视率调查国家标准，于2014年7月1日起实施；2016年1月，国家再出重拳，收视率造假者将被拉进黑名单，进一步加强了对收视率调查的管理，并逐步建立了规范的收视率调查体系；2016年12月，中国电视剧制作产业协会向收视率造假宣战，表示将正式启动“打击收视率造假黑势力”行动。为什么收视率造假现象久禁不绝？从逻辑上不难理解，电视台用高收视率获得了高额的广告收入，制作方能够更快地拿到电视台的回款，广告主则可以拿着高收视率交差，高收视率与高额广告费直接挂钩。在资本的作用下，收视率变成了商品。

从2019年起，国家广播电视总局打出了一套“组合拳”，其中一大亮点就是利用大数据技术改进收视率调查统计方式，以遏制数据造假现象。2018年年底，国家广播电视总局广播电视节目收视综合评价大数据系统上线，采用海量数据采集模式，“全网络、全样本、大数据、云计算”，更适合当前电视节目观看方式多渠道、多样化的新趋势。2020年4月，国家广播电视总局发布《广播电视行业统计管理规定》，强调广播电视主管部门应当依托大数据统计信息系统，统筹收视收听率（点击率）统计工作，对数据的采集、发布进行监督，任何机构和个人不得干扰、破坏广播电视主管部门依法开展的收视收听率（点击率）统计工作，不得制造虚假的收视收听率（点击率）。

传统的收视率调查采用的是样本推算的方法，按随机性原则抽样确定样本户。采集样本户数据主要通过目前世界上最为普遍的两种方式——日记卡和收视率测量仪。通过日记卡采集数据时，由样本户填写收视日记卡，调查员上门采集数据进行统计。收视率测量仪则类似电视机机顶盒的收视测量仪，样本户在收看电视时，按下代表个人信息的代码键，在频道停留一定时间，收视数据就会被记录并自动回传给调查公司。这两种传

统调查方式的样本户规模都非常有限，大大削弱了收视率数据的代表性和可信度。例如，某城市有 500 万用户，如果从中抽样选取 500 个样本户，那么他们没有看过的节目均会被统计为“零收视率”；而在新系统的全量样本统计中，即使千分之一的低收视率也对应着平均每分钟 5 000 个收视用户。改变传统数据采集方式，从过去的样本户抽样调查，到逐步实现样本全覆盖，全样本、超规模海量信息源，将从根本上解决收视率统计数据易存在偏差的问题。

调查研究是科学决策的首要环节，数据是决策的依据。然而，以什么目的去调查、怎样组织调查、采用什么方式和方法调查等都将影响调查结果的客观性和准确性。请思考，怎样开展一项统计调查？如何获取高质量的统计数据？

知识链接

2.1 统计数据的来源

任何统计数据，其初始来源都是研究者直接的调查或实验。但从数据研究者的角度看，数据有两个来源——直接来源和间接来源。相应地，统计数据被分为两类：原始数据和二手数据。对大多数研究者来说，对一个问题的研究往往是从获取和分析二手数据开始的。

2.1.1 统计数据的间接来源

1．二手数据的含义

二手数据也称为二手资料或次级资料，是指由数据研究者之外的机构或个人通过直接调查或实验获取、现已存在的数据资料。

2．获取二手数据的途径

从获取二手数据的途径来看，可将二手数据分为来自内部的二手数据和来自外部的二手数据。

来自内部的二手数据主要是单位积累的业务资料，如与业务经营活动有关的各种单据、记录，经营活动过程中的各种报表，各种会计、统计、业务分析资料，等等。

来自外部的二手数据范围广泛，包括各种纸质的和电子介质的数据。具体来说，它包括统计部门和各级政府部门公布的有关资料，如定期发布的统计公报、定期出版的各类统计年鉴等；各类经济信息中心、信息咨询机构、各行业协会和联合会提供的市场信息和行业发展的数据情报；各类专业期刊、图书所提供的文献资料；各种会议，如博览会、展销会、交易会及专业性、学术性研讨会上交流的资料；广播、电视传媒中的各种数据资料；互联网上查阅到的各种相关资料等。

3．二手数据的优点和局限性

二手数据一般是某调查者为其特定目的调查得来的。对于二手数据的研究者来说，二手数据的优点是数据采集费用低、采集时间短，研究者可以在较短的时间内以较低的成本获得必要的信息。二手数据的作用范围非常广泛，除了可以用于分析所要研究的问题外，还可以提供研究问题的背景，帮助研究者更好地定义问题、寻找研究问题的思路和途径、构造合适的研究方案、回答和检验某些问题及假设、更深刻地解释原始数据等。因此，二手数据对研究者来说是非常方便和经济的。

但二手数据也有很大的局限性，主要表现为数据的相关性差、时效性差、准确性差。二手数据往往是别人为满足其特定的研究目的而收集的，与研究者目前所研究的问题可能不相关，也许已经过时了，也许数据本身的质量就存在问题，是不可靠的数据。因此，在使用二手数据前需要对二手数据进行评估。

4. 对二手数据的评估

对二手数据主要从以下几个方面进行评估。

（1）谁收集的数据（Who）？同一数据可能会有多个来源，政府部门和比较专业的市场调查公司收集并公布的数据更可靠。

（2）收集数据的目的是什么（Why）？了解收集数据的目的有助于判断数据的质量。

（3）收集数据的方法是什么（How）？不同的方法产生的误差不同。

（4）什么时候收集的数据（When）？过时的调查数据或者在当前研究所不关心的时间调查的数据不能说明什么问题。

（5）收集的是什么数据（What）？带有倾向性的数据、样本容量很小的数据、相互矛盾的数据等，都应引起研究者的注意。

2.1.2 统计数据的直接来源

原始数据是调查者通过直接调查或实验所获得的一手数据。尽管二手数据有收集速度快、成本低、方便等优点，但有时二手数据并不能解决研究所提出的问题，这时就需要通过直接调查获取原始资料。进行原始数据的收集，需要根据具体情况选择合适的调查组织方式和调查方法。

1. 统计调查的组织方式

收集原始数据的方式可以归为两类：一是对调查总体中的所有个体实施全面调查，常用的调查方式是普查和统计报表；二是对调查总体中的一部分个体实施调查，常用的调查方式是抽样调查、重点调查和典型调查。统计调查的组织方式如图 2-1 所示。

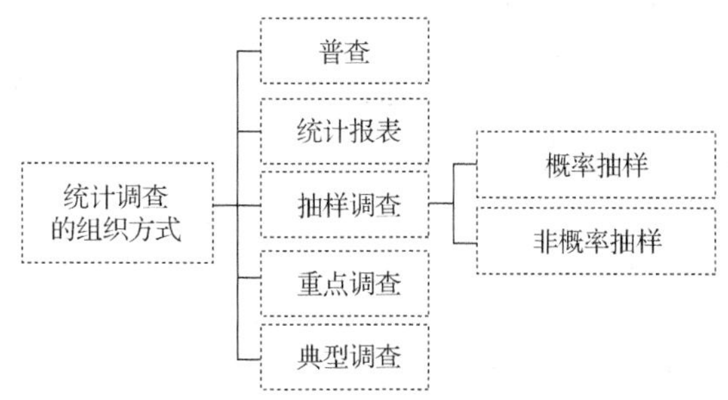

图 2-1 统计调查的组织方式

（1）普查。普查是为了某一特定目的而专门组织的一次性全面调查。对于不需要经常调查但又需要掌握其全面情况的现象可采用普查的方式。普查一般是对某一现象总体在一定时点上的状态所做的调查。世界各国关于重大国情、国力的调查，通常都采用普查的方式。修订后的《中华人民共和国统计法》也规定，数据收集“应当以周期性普查为基础，以经常性抽样调查为主体，综合运用全面调查、重点调查等方法，并充分利用行政记录等资料”，因此周期性的普查是我国现行统计调查体系的基础。

2003年，国家统计局公布调整后的全国周期性普查项目有人口普查、农业普查、经济普查等。

① 人口普查以自然人为对象，主要普查全国人口和住房以及与之相关的重要事项，该项普查每10年进行一次，在逢0的年份实施。

② 农业普查以从事第一产业活动的单位和农户为对象，主要普查农、林、牧、渔业的发展变化情况，该项普查每10年进行一次，在逢7的年份实施。

③ 经济普查以企业事业组织、机关团体和个体工商户为对象，主要普查第二、第三产业的发展变化情况，该项普查于2004年在全国首次进行，以后每10年进行两次，分别在逢3和逢8的年份实施。

普查数据全面、准确、规范化程度高，但所耗费的人力、物力、财力很大，所需时间长。

（2）统计报表。统计报表是按国家统一规定的表式、统一的指标项目、统一的报送时间，自上而下布置、自下而上逐级定期提供基本统计数据的调查方式。我国大多数统计报表要求调查对象全部单位填报，属于全面调查范畴，所以又称全面统计报表。统计报表是我国政府统计系统获取国民经济运行数据的主要调查方式之一，具有统一性、全面性、周期性和可靠性等特点。目前，我国的统计报表体系由国家统计报表、业务部门统计报表和地方统计报表组成。统计报表按报送时间分为月度、季度的定期统计报表和年度统计报表，报表内容涉及国民经济各部门和各行业。2020年11月国家统计局发布的最新统计调查制度规定，在以下统计范围内实行“一套表统计调查制度”，即规模以上工业（年主营业务收入2 000万元及以上）、有资质的建筑业（有总承包和专业承包资质）、限额以上批发（年主营业务收入2 000万元及以上）和零售业（年主营业务收入500万元及以上）、限额以上住宿和餐饮业（年主营业务收入200万元及以上）、房地产开发经营业（有开发经营活动）、规模以上服务业（年营业收入2 000万元及以上）法人单位和其他有5 000万元以上在建项目的法人单位。调查单位统一采取联网直报方式，严格按照制度规定的上报时间报送数据，不得“打捆”和重复报送统计数据。该调查结果成为各级政府制定政策和规划、进行经济管理与调控的依据。

统计报表和普查同属全面调查的范畴，但统计报表不能代替普查：一是统计报表并不全面，它没有将所有单位的所有经济活动都列入调查的范围，如对工业企业的统计，平时的定期报表范围仅包括年主营业务收入2 000万元及以上规模的工业法人单位，对年主营业务收入2 000万元以下的工业法人单位和全部个体经营工业单位，则采用按名录分层随机抽样和按行政区划分层随机整群抽样相结合的方法进行抽样调查；二是统计报表的调查内容、统计分组等相对比较简单，普查的调查内容更多、更全面。

（3）抽样调查。抽样调查是抽取调查对象中的一部分单位构成样本，对样本实施调查以获取总体特征的一种非全面调查方式。抽样调查相对于全面调查，具有节省人力、物力和财力与调查误差小、操作灵活和取得资料较快等优点，因此，被人们视为统计调查中的重要方式之一。目前，我国政府统计部门的人口变动情况调查、城乡住户调查、农产量调查、物价调查以及农村劳动力结构调查、固定资产结构调查等均采用了抽样调查的方式。在商业性的市场调查活动中，对调查对象实施全面的调查，往往是不可能的或者是没有必要的，因此抽样调查成为实际调查活动中运用最为广泛的一种调查方式。

样本的抽取有概率抽样和非概率抽样两种方式。

① 概率抽样是指按随机性原则从总体中抽取样本。“随机性原则”是指在抽取样本时不受主观意识的影响，通过随机化程序抽取调查单位，使每个单位都有一定的被抽中的机会

（或者说，使每个单位都有一定的被抽中的概率，只是被抽中概率有大有小）。实践中，概率抽样又可以根据实际情况采用简单随机抽样、等距抽样、分层抽样、整群抽样和多阶段抽样等不同的具体操作方式，详细的介绍见任务五。

② 非概率抽样是指在抽取样本时，不是按照随机性原则，而是根据研究目的对数据的要求，采用某种方式从总体中抽取部分单位进行调查，总体中的一部分单位因各种原因不会被抽到，或者说这部分单位被抽到的概率为 0。实践中，常用的非概率抽样方式主要有便利抽样、判断抽样、滚雪球抽样、配额抽样等。

便利抽样以便利性为原则，不考虑抽样误差的大小。便利抽样不适用于正式抽样，也不可以用于对总体参数的估计，常用于正式抽样前的试测抽样。例如，调查人员在街头、商店、公园等公共场所进行的拦截式调查。

判断抽样是指调查人员在抽样之前先进行主观判断，判断基本单位是否符合研究目的，将符合者选入样本，将不符合者舍去。使用判断抽样，虽然总体中的单位不具有相同的选中概率，但有时会产生有效的抽样结果。例如，欲了解消费者对平板电脑的需求，可以调查一部分使用平板电脑的大学生，因为大学生是平板电脑的主要购买群体。

滚雪球抽样在抽样过程中完全不考虑抽样的概率问题，首先选中一组调查单位对其实施调查，并根据该组调查单位提供的线索进行此后的调查，如滚雪球式，样本容量成倍增加。例如，欲对保姆进行调查，可首先调查 A 保姆，再对 A 保姆介绍的另外若干名保姆实施调查，这几名保姆再分别提供一部分保姆名单，如此滚雪球般获得足够数量的有效样本。

配额抽样类似于概率抽样中的分层抽样，是非随机抽样方式中应用最广的一种。所谓配额是指按照某变量，如性别、年龄等在总体中的实际分布比例来分配样本数量。配额抽样的最大优点是经济和便利，但配额抽样只管样本分配额度的完成，难以顾及额度分配中样本抽取的随机性原则，所以不太适合正式抽样。

抽样方式的选择，需要综合考虑研究的目的、研究所具备的条件和研究对象的特点等因素。

（4）重点调查。重点调查是从调查对象中选择一部分重点单位进行调查，以获得统计数据的一种非全面调查方式。重点单位是指调查单位数量只占全部调查单位数量的较小比重，而在调查的某项变量值上却占总体较大比重的单位。对这部分重点单位进行调查所获得的统计数据能够反映总体该项变量发展变化的基本趋势。例如，我们要了解全国钢铁产量的增长情况，只要对全国为数不多的大型钢铁企业的产量进行调查。和抽样调查不同的是，重点调查取得的数据只能反映总体的基本发展趋势，不能用以推断总体，因而只是一种补充性的调查方式。此种方式的优点是所投入的人力、物力少，又可以在短时间内收集到统计信息资料。一般来讲，在调查任务只要求掌握总体在某一方面的基本情况，而少部分单位又能比较集中地反映总体在这一方面的情况时，就可以采用重点调查方式。

（5）典型调查。典型调查是在对所研究对象进行全面分析的基础上，选择典型单位进行深入、周密研究的一种非全面调查方式。典型调查也被称为“解剖麻雀”。典型调查的目的是通过典型单位来描述或揭示同类事物的本质和规律，因此所选择的典型单位应具有所研究问题的本质属性或特征。例如，要研究工业企业的经济效益问题，可以在同行业中选择一个或几个经济效益突出的单位作为典型，做深入的调查，从中找出其经济效益好的原因和经验。典型调查的特点是调查单位少，且调查单位具有代表性，便于进行深入、具体、周密的调查。典型调查和全面统计结合，既可以使研究者掌握全面情况，又可以使研究者获得丰富、生动的典型材料。

2. 统计调查的方法

确定了调查的组织方式，也就确定了调查的范围和需要调查的个体，接下来就需要确定采集个体单位原始数据的具体方法。采集原始数据的方法有很多，可以归为 3 类，即访问法、观察法和实验法，如图 2-2 所示。对社会经济现象进行调查通常采用访问法或观察法，实验法更多地用于对自然现象的研究，在社会经济现象的调查中应用得较少。

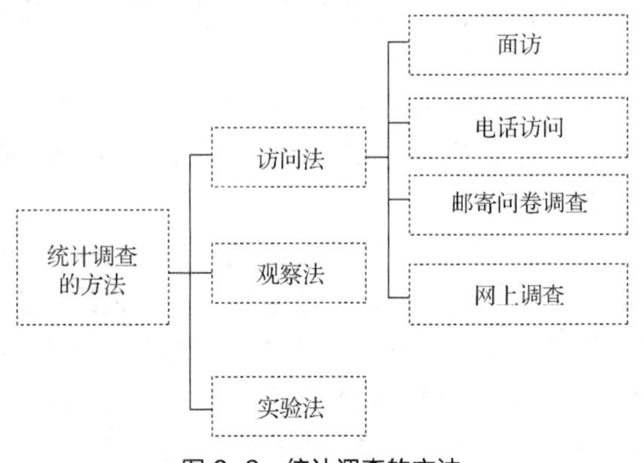

图 2-2　统计调查的方法

（1）访问法。访问法是调查者通过与被调查者直接或间接接触以获得原始数据的一种调查方法。

① 访问法按访问的内容可分为标准化访问和非标准化访问。

Ⅰ. 标准化访问又称结构化访问，是指按照调查者事先设计好的、有固定格式的问卷或表格，有顺序地依次提问，由被调查者做出回答。标准化访问是一种对访问过程高度控制的访问方法，获得的调查结果比较可靠，也便于对调查结果进行统计和定量分析。但这种访问方法缺乏弹性，难以对问题进行深入探讨，同时也不利于充分发挥调查者和被调查者的积极性、主动性。

Ⅱ. 非标准化访问又称非结构化访问，它事先不制作统一的问卷或表格，没有统一的提问顺序，由调查者按照一定的调查目的和一个粗线条的调查提纲进行访问，被调查者自由回答。非标准化访问有利于充分发挥调查者和被调查者的主动性、创造性，有利于了解原设计方案中没有考虑到的新情况、新问题。但这种方法对调查者的要求较高，对访问调查的结果难以进行定量分析。

② 访问法按访问的形式分为直接访问和间接访问。

直接访问是调查者与被调查者进行面对面的访问，如面访。间接访问是调查者通过电话、计算机、书面问卷等中介工具对被调查者进行的访问，如电话访问、邮寄问卷调查、网上调查等。

Ⅰ. 面访是指由调查者当面向被调查者提出问题，被调查者当场回答以使调查者获取所需资料的一种调查方法。面访根据一次访问的人数多少可分为个人访问和小组访问两种。

个人访问有入户访问、街头拦截式访问等形式。

小组访问采用小型座谈会的形式，因此也称为小组座谈法。

面访的优点是可以面对面交流，可以提高被调查者的参与意识，因此可提高调查的回答率；由于调查者可现场解释问题，因此可提高调查数据的质量。面访的缺点主要是调查成本较高；对调查过程的质量控制有一定难度，因为调查数据的质量与调查者的工作质量直接相关；调查需要的时间也比较长。

Ⅱ. 电话访问是调查者通过电话向被调查者询问有关调查内容的一种调查方法。电话访问的优点是速度快，能够在很短的时间内完成调查；回答率较高，一般能获得调查提纲中的多数回答；因为电话的普及，调查者可以得到较广泛的样本，且与面访相比费用更低；对访问过程的控制也比较容易，因为调查者的工作地点都一样，遇到问题可以及时解决。电话访问的缺点是，在电话拥有率不高的地方，以电话簿为抽样基础，所获得的样本容易失去代表性；电话访问的时间不能太长，故所获得的调查内容有限；由于存在空号、错号、拒访、不方便接听等原因，访问成功率较低。目前，电话访问正在向计算机辅助电话调查（Computer Assisted Telephone Interviews，CATI）方向发展。CATI 系统把计算机与电话访问连接起来，调查的问卷被输入计算机，调查者在计算机屏幕前操作，由计算机随机抽选出样本，并由计算机进行自动拨号。调查者将调查结果输入计算机，程序可以对输入的结果进行逻辑审核。在调查过程中可以随时得到即时的调查结果统计，了解到样本的分布情况并及时做出调整。对于无法接受调查的情况，CATI 系统可以自动记载下来，并在适当的时候会提示调查者进行重新调查。目前在发达国家，使用 CATI 系统已经成为数据收集的主要方法。

Ⅲ. 邮寄问卷调查是将设计好的问卷寄给被调查者，在没有调查者协助的情况下，由被调查者自己填写问卷完成调查，并将问卷寄回的调查方法。这是一种标准化调查，调查者与被调查者之间没有直接的语言交流，信息的传递完全依赖于问卷。其优点是调查区域广泛、调查费用低，可以避免调查者的主观偏差；缺点是回收率低、调查时间长、填答的问卷质量难以控制。随着电话、计算机、网络的普及，以及更快捷、有效的调查技术的使用，邮寄问卷调查的使用比例在下降。在我国的市场调查中，极少采用邮寄问卷调查的方法。在欧洲，邮寄问卷调查所占的比例也远远低于电话访问和面访，主要是因为邮寄问卷调查的上述缺点。

Ⅳ. 网上调查是指利用互联网进行数据调查的方法。随着互联网的快速普及，网上调查近几年得到了广泛的应用。网上调查作为“信息时代”的一种新兴的数据收集和处理方式，利用高效的互联网，实现了数据共享与数据的快速传递，极大地提高了调查效率，具有传统调查所不具备的很多优势。

网上调查的优势有以下几个方面。一是方便。网上调查不需要派出调查者、不需要印刷调查问卷，调查过程中最繁重、最关键的数据采集和录入工作分布到众多网络用户的终端上完成，可以无人值守和不间断地接受调查填表，数据检验和数据处理由计算机自动完成。网上调查问卷一般都是在线封闭式填写，所以回答非常方便。二是费用低。在传统调查方式中，纸张、印刷、邮寄、电话、人员培训、劳务，以及后期统计整理、分析等要耗费大量的人力和财力。通过互联网进行联机调查虽然没有降低调查的基本费用，如设计调查问卷、分析调查结果等费用，但确实降低了调查实施的附加成本、接触成本以及数据分析、处理方面的成本。网上调查的初期费用仅涉及组织核对 E-mail 地址、创建调查网页与数据库等，没有座谈场地、访问场合的要求，可以简单地在网上实现。三是快捷、高效。传统的市场调查周期一般较长，网上调查利用覆盖全球的互联网优势弥补了这一不足。问卷一上线，几乎在当天就可以得到调查结果。网络可以对调查数据自动地进行多元的整理、集中、计算和分析，可以即时自动生成各类网络统计报表，使统计分析效率大大提高。四是无时空限制。这是网上调查所独有的优势，网络分布广泛，可获得的样本容量大，网站可以全天接受调查填表。

网上调查也有其不足之处，包括以下几个方面。一是网络上的样本难以具有真正的代表性。互联网是一个极为开放的空间，任何人都可参与，另外，上网者大多属于年轻的群体。因此，网上调查受网上受众特征的限制，它所能代表的群体可能是有限的。二是调查结果受

制于调查对象。在互联网上，被调查者是在完全自愿的原则下参与调查的，网上调查的问卷能否收回，取决于被调查者对调查项目的兴趣，问卷也可能被重复填答，这将在一定程度上影响调查结果的可靠性和样本的准确性。

（2）观察法。观察法是指调查者在自然条件下，通过感官或借助一定的科学仪器，对被调查者的行为进行直接观察并记录以取得统计数据的调查方法。

观察法在市场调查中的应用如下。

① 对实际行动和迹象的观察，如调查者通过对顾客购物行为的观察，预测某种商品的销售情况。

② 对语言行为的观察，如观察顾客与售货员的谈话。

③ 对表现行为的观察，如观察顾客与售货员谈话时的面部表情等身体语言的表现。

④ 对空间关系和地点的观察，如对商品陈列、橱窗布置、所临街道的车流量和人流量等情况的观察和记录。

⑤ 对时间的观察，如观察顾客进出商店以及在商店逗留的时间等。

⑥ 对文字记录的观察，如观察人们对广告文字内容的反应等。

观察法直接记录调查的事实和被调查者的现场行为，因此获得的数据客观、准确、及时、生动。但它只能反映客观事实的发生过程，不能说明其发生的原因和动机；有些调查所需时间较长、调查费用较高。

（3）实验法。实验法是指在实验中控制一个或多个变量，以得到观测结果的一种统计调查方法。实验法的基本逻辑是，有意识地改变某个变量（设为 A 项）的情况，然后看另一个变量（设为 B 项）变化的情况。如果 B 项随着 A 项的变化而变化，就说明 A 项对 B 项有影响。

实验法主要用于考察变量之间的因果关系，研究自变量对因变量的影响或效应。例如，研究商品的价格、包装、陈列位置等因素对销售量的影响；研究品牌对消费者选择商品的影响；研究商品的颜色、名称对消费者口味的影响；研究各种促销方法对商品销量的影响；等等。实验法通常采用以下两种方式。

① 变动商品因素。在同一市场条件下，首先对正常经营情况下的各个商品因素进行测量，然后测量变动某个商品因素（如价格、包装、广告等）后的情况，通过销售的效果来测定该商品因素对购买行为的影响。

② 变动调查区域。市场形势的变化、商品购买力的变化，以及价格、消费心理、季节的变化等，都会不同程度地影响实验效果。如果在同一时间将不同区域的经营状况进行对比，则会大大提高实验效果。例如，把同一类商品采用某种特定的包装形式分别在条件大致相同的两个公司进行试销，然后调查其销售结果，来了解这种包装对购买行为的影响。

2.1.3 习题与实训

一、选择题

1. 二手数据的特点是（　　）。

   A. 采集数据的成本低　　B. 数据搜集比较容易

   C. 数据缺乏可靠性　　D. 不适合自己的研究需要

2. 原始数据的收集方法有（　　）。

   A. 实验法　　B. 抽样法　　C. 观察法　　D. 访问法

3. 下列调查方式中不是按随机性原则抽取样本的是（　　）。
A. 分层抽样　　B. 系统抽样　　C. 整群抽样　　D. 判断抽样
4. 下面的调查方式中其结果可以用于对总体参数进行估计的是（　　）。
A. 判断抽样　　B. 分层抽样　　C. 便利抽样　　D. 系统抽样
5. 与概率抽样相比，非概率抽样的缺点是（　　）。
A. 调查成本比较高
B. 存在抽样误差
C. 不适合探索性研究
D. 不能用样本的结果对总体相应参数进行推断

6. 物业管理人员在居民小区随机抽取了 60 户调查他们对小区物业服务的看法，采用入户填写问卷的方法，这种统计调查方法称为（　　）。
A. 小组座谈法　　B. 面访法
C. 邮寄问卷调查法　　D. 个别深度访问法
7. 对某省餐饮业从业人员的健康状况进行调查，调查单位是（　　）。
A. 该省餐饮业的全部网点　　B. 该省餐饮业的每个网点
C. 该省餐饮业所有从业人员数　　D. 该省餐饮业每个从业人员
8. 对一批食品进行质量检验，最适宜采用的调查方式是（　　）。
A. 全面调查　　B. 抽样调查　　C. 街头访问　　D. 问卷调查

二、简答题

1. 什么是二手数据？二手数据有什么作用？从什么角度评估二手数据？
2. 简述普查和抽样调查的特点。
3. 概率抽样和非概率抽样的方法各有哪些？
4. 统计调查方法有哪些？简述其优点和缺点。

三、综合应用题

1. 某咨询公司在为一个企业进行长期战略策划时，需要做一份潜在客户的地区性简介，公司希望找到各地区各企业的资料，包括企业地址、产品名录、主要领导姓名、员工数量、销售情况等。该咨询公司该如何获得上述资料呢？请设计合适的调查方法。

2. 某汽车修理厂为了解消费者对其服务工作的满意度，对消费者进行了回访调查。具体办法是：把修理好的车交给消费者后的两天内，打电话给消费者进行回访。通过这种调查可以得到对整个工作程序的评级。对低于平均水平的评分，访问者应当询问消费者为什么评分这么低。将评分按周、月、年进行汇总，以提供改进工作的目标。指出该调查中采用的调查方法。你是否有更好的调查方法？

2.2 统计调查方案

2.2.1 统计调查方案的内容

统计调查方案，从广义上讲，是包括从确定统计调查目的到形成统计调查报告的一个完整过程的设计，包括确定调查目的、形成调查计划、收集数据、整理和分析数据、形成调查报告等；从狭义上讲，它只是统计调查阶段的指导性文件。狭义的统计调查方案应包括图 2-3 所示的内容。

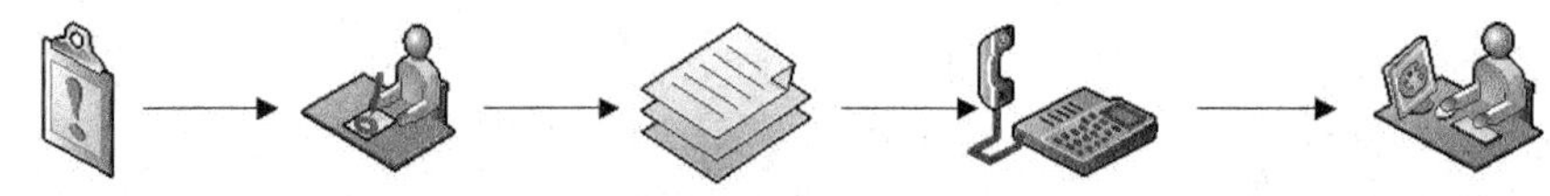

图 2-3　狭义的统计调查方案

1．明确调查目的

调查目的是调查者通过调查需要弄清楚和解决的问题。调查目的是由统计研究的任务所决定的，解决的是“为什么调查？（Why）”的问题。只有明确了调查目的，才能确定调查谁、调查什么、怎么调查等问题，因此，调查目的应规定得具体而明确。例如，在我国第七次全国人口普查方案中明确指出，普查目的是“全面查清我国人口数量、结构、分布、城乡住房等方面情况，为完善人口发展战略和政策体系，促进人口长期均衡发展，科学制定国民经济和社会发展规划，推动经济高质量发展，开启全面建设社会主义现代化国家新征程，向第二个百年奋斗目标进军，提供科学准确的统计信息支持。”

2．明确调查范围

调查范围包括调查对象范围、调查地区范围和调查时间范围等，解决的是“调查谁？（Who）”“到哪儿调查？（Where）”以及“什么时候调查？（When）”等问题。

（1）调查对象范围是根据调查目的确定的由所有调查单位构成的总体，调查单位是调查对象中的每一个单位，是调查内容的载体。例如，我国第七次全国人口普查中，普查对象为“普查标准时点在中华人民共和国境内的自然人以及在中华人民共和国境外但未定居的中国公民，不包括在中华人民共和国境内短期停留的境外人员。”

（2）调查地区范围是指调查活动所覆盖的地理范围。例如，我国第七次全国人口普查中，普查的地区范围是“中华人民共和国境内”。

（3）调查时间范围包括调查资料所属的时间和调查的工作期限。调查资料所属的时间有两种，对于时期数据是指数据所涵盖的一个时间段，对于时点数据是指登记该数据的时间点；调查的工作期限是指调查工作从开始到结束所持续的时间。例如，我国第七次全国人口普查中，普查标准时点是 2020 年 11 月 1 日 0 时，这是调查资料所属的时间；普查入户时间为 2020 年 10 月 11 日至 12 月 10 日，2021 年 5 月 11 日公布普查结果，从成立领导机构、宣传发动、人员培训、资料登记、资料上报、资料汇总直至最后发布人口普查数据的时间，都属于调查的工作期限。

3．明确调查内容

调查内容就是所要调查的调查单位所属的调查项目，解决的是向调查单位“调查什么？（What）”的问题。例如，我国第七次全国人口普查中，普查登记的主要内容包括：姓名、公民身份号码、性别、年龄、民族、受教育程度、行业、职业、迁移流动、婚姻生育、死亡、住房情况等。

在大多数的统计调查中，调查内容通常采用表格的形式来表现。使用调查表调查便于调查资料的登记和汇总、整理。常用的调查表有单一表和一览表两种形式。在一张表中只能记录一个调查单位资料的表格称为单一表；在一张表中能同时记录多个调查单位资料的表格称为一览表。表 2-1 所示为单一表，是我国“企业 R&D 及相关活动主要指标”填报表。表 2-2 所示为一览表，是我国人口统计中的流动人口统计表。

表 2-1　企业 R&D 及相关活动主要指标

20　　年　　　　　　单位：

指标名称	代码	年份	计量单位	数量
甲	乙	丙	丁	1
一、企业基本情况				
开展 R&D 活动的企业数	01		个	
二、R&D 人员情况				
R&D 人员	02		人	
#女性	03		人	
R&D 人员折合全时当量	04		人月	
三、R&D 经费情况				
R&D 经费内部支出	05		万元	
#政府资金	06		万元	
#企业资金	07		万元	
四、企业办研发机构情况	…			
机构数	12		个	
机构人员	13		人	
机构经费内部支出	14		万元	
仪器和设备原价	15		万元	
五、自主知识产权及相关情况				
专利申请数	16		个	
#发明专利	17		个	
有效发明专利	18		个	
六、政府相关政策落实情况				
研究开发费用加计扣除减免税	19		万元	
高新技术企业减免税	20		万元	

表 2-2　流动人口统计

序号	人员基本信息								已婚附加信息（略）	流动附加信息（略）	备注
	姓名	性别	民族	身份证号	户籍地	婚姻状况	现居住详细地址	工作单位			
1											
2											
3											
…											

有时将调查内容设计成问卷的形式。问卷是调查者根据调查的目的和要求所设计的由一系列问题、备选答案和问卷说明等组成的，在实际调查中扮演着十分重要的工具角色。例如，我国 2020 年第七次全国人口普查就采用了问卷的形式。有关问卷内容见 2.3 节。

4．明确调查方式与方法

明确调查方式就是决定采用何种收集调查数据的组织形式，是采用全面调查还是采用非全面调查。常用的统计调查方式主要有普查、统计报表、抽样调查、重点调查和典型调查。

明确调查方法就是指确定与被调查单位沟通的形式，常用的调查方法有面访、电话访问、邮寄问卷调查等。明确调查方式与方法解决的是“怎样调查？（How）”的问题。在具体调查过程中，还需明确资料登记方法，如 2015 年全国 1%人口抽样调查规定，住户可选择由调查员手持平板电脑入户登记，也可选择通过互联网自主填报调查表信息。

5．设计实施细则

调查的设计实施工作主要包括调查机构的成立，调查的宣传，调查人员的选择、组织、培训，调查表、问卷、调查人员手册等的印刷，调查文件的准备，调查经费的来源与开支预算以及试点工作，等等。

2.2.2 案例——我国住户收支与生活状况调查方案（2021 年）

1．调查目的

为全面、准确、及时了解全国和各地区城乡居民收入、消费及其他生活状况，客观监测居民收入分配格局和不同收入层次居民的生活质量，更好地满足研究制定城乡统筹政策和民生政策的需要，为国民经济核算和居民消费价格指数权重制定提供基础数据，依照《中华人民共和国统计法》规定，开展住户收支与生活状况调查（以下简称住户调查）。

2．调查对象

住户调查对象为中华人民共和国境内的住户，既包括城镇住户，也包括农村住户；既包括以家庭形式居住的住户，也包括以集体形式居住的住户。无论户口性质和户口登记地，中国公民均以住户为单位，在常住地参加本调查。

3．调查内容

住户调查内容主要包括居民现金和实物收支情况、住户成员及劳动力从业情况、居民家庭食品和能源消费情况、住房和耐用消费品拥有情况、家庭经营和生产投资情况、社区基本情况以及其他民生状况等。

4．样本抽选

样本抽选包括抽样方法设计、县级调查网点代表性评估、调查小区抽选以及摸底调查、调查住宅抽选、调查户落实等现场抽样工作。样本容量按满足以下代表性需求的标准确定：在 95%的置信度下，分省居民及分省分城乡居民人均可支配收入、消费支出以及主要收入项和消费项的抽样误差控制在 3%以内（个别人口较少的省在 5%以内）。由此汇总生成的全国居民及全国分城乡居民人均可支配收入和消费支出抽样误差控制在 1%以内，主要收入项和消费项的抽样误差控制在 3%以内。国家统计局使用统一的抽样框，以省为总体，在对县级调查网点进行代表性评估的基础上，采用分层、多阶段随机抽样方法抽选调查住宅，确定调查户。

5．数据采集

住户调查采用日记账和问卷调查相结合的方式采集基础数据。其中，居民现金收入与支出、实物收入与支出等内容主要使用记账方式采集。住户成员及劳动力从业情况、住房和耐用消费品拥有情况、家庭经营和生产投资情况、社区基本情况以及其他民生状况等数据使用问卷调查方式采集。

调查基础数据包括样本信息、调查户记账数据和问卷调查数据。由市县调查统计机构负责对记账数据进行编码，采用国家统计局指定的数据处理程序录入调查基础数据。有条件的地方可采用调查户电子记账和调查员手持电子终端方式采集数据。市、县调查统计机构对录入的数据进行初步审核。

6．数据处理

数据处理包括数据审核、加权、汇总和评估。全国、省、市、县各级汇总结果根据分户基础数据、采用加权汇总方式生成。各级汇总权数由国家统计局统一制定。

7．数据发布

分省住户调查结果数据按年度和季度发布，季度主要发布居民收支数据，其余数据按年度发布。季度数据于季后通过新闻发布会、国家统计局网站公布；年度数据除上述公布途径外，还在次年通过统计公报、《中国统计年鉴》和《中国住户调查年鉴》公布。

8．数据质量控制

住户调查实行全过程质量控制。国家统计局规范方案设计，科学抽选样本，认真组织培训，严格流程管理，加强监督检查。各级调查统计部门要加强调查基础工作，加强对调查过程的各个环节的监督检查，及时、独立上报数据。

9．其他

本方案实行全国统一的统计分类标准和编码，各级调查统计部门必须严格执行。

本方案自 2020 年 12 月 1 日开始执行。

本方案由国家统计局负责解释。（资料来源：国家统计局）

2.3 问卷设计

2.3.1 问卷的含义

问卷是调查者根据调查目的和要求所设计的，由一系列问题、备选答案和问卷说明组成。调查问卷广泛应用于对社会经济现象的调查研究中，是采集调查数据的一种重要工具。

2.3.2 问卷的基本结构

问卷的结构一般可分为三大部分：开头、主体和背景。

1．开头部分

开头部分一般包括问候语、填表说明、问卷编号等内容，不同的开头部分所包括的内容有一定差别。在问候语中通常包括称呼、问候、调查者介绍、调查目的、被调查者作答的意义和重要性、说明被调查者所需花的时间、感谢语等。问候语一方面要反映以上内容，另一方面要尽量简短。填表说明的作用是告知被调查者如何填写问卷，如何将问卷返回到调查者手中。问卷编号由调查者自行编制，用于存档。

2．主体部分

主体部分是问卷的核心内容。这一部分包括所要调查的全部问题，以及这些问题的所有可供选择的答案，是调查主题所涉及的具体内容。在拟定主体部分的问题及答案时，应紧扣调查主题，问题的多少应根据调查目的而定，在能够满足调查目的的前提下越少越好；能通过二手资料调查到的项目不要设计在问卷中。

3．背景部分

背景部分是关于被调查者的一些背景资料，通常放在问卷的最后，调查单位和调查者要对其保密。个人背景资料一般包括被调查者的性别、年龄、民族、家庭人口、婚姻状况、文化程度、职业、收入、所在地区等。为使调查结果更为客观、真实，问卷一般采用匿名的方式填写。在实际调查中，背景部分需要列入哪些具体项目、列入多少项目，应根据调查目的、调查要求而定，并非多多益善。

2.3.3 问卷设计的步骤

一般来说，问卷设计可按下列步骤进行。

（1）明确调查主题：根据所研究的问题确定需要调查的具体方向。

（2）分解调查主题：将调查主题经过细化变成更具体的二级指标或更细的三级指标。

（3）合理设计问卷题目：围绕指标设计合适的问题及问题答案。

（4）决定问卷的形式和结构：将问题按一定的原则组合成一份问卷。

（5）问卷的预先测试和评估：可用初步拟定的问卷进行试调查，以发现问卷设计中存在的问题。

（6）问卷的修订、定稿和印刷：形成用于正式调查的问卷。

2.3.4 问题的设计

1．问题的内容

问卷中的问题，从内容上看大致可分为3类。

（1）被调查者的行为。调查者可以从被调查者过去及现在的行为状况预测其未来行为发生的可能性，如消费行为的调查项目有购买品牌、购买数量、购买频率、购买动机、金额、续购性及人际推荐意愿等。

（2）被调查者的态度。这类问题的作用是研究被调查者对特定问题的感受、认识和观点。在实际工作中，处理态度性的问题比较麻烦，因为被调查者可能从未面临或思考过调查者所询问的问题，而且一个人的态度也很容易受到本身情绪及外在环境因素的影响。

（3）被调查者基本分类资料。被调查者基本分类资料即被调查者性别、年龄、文化程度、职业等信息的背景资料，这类问题通常放在问卷最后，但有时则因需要先确定被调查者是否符合调查所要求的条件，而必须放在问卷的开始部分。

2．问题的形式

问卷中的问题，从形式上一般分为开放式和封闭式两大类。

（1）开放式问题。只提问题，不给具体答案，要求被调查者根据自己的实际情况自由作答。

开放式问题的主要优点是允许被调查者充分、自由地发表自己的意见，所得的资料丰富、生动，还可得到一些意外的收获。缺点是资料不易编码和统计分析。

（2）封闭式问题。既提出问题又给出若干答案，被调查者在选中的答案中打“√”即可。封闭式问题的答案要具有穷尽性和互斥性，一方面要包括所有可能的答案，不能有所遗漏；另一方面各种答案互不相容，不能出现重叠。

封闭式问题的优点是回答问题很方便，省时省力，便于编码和统计分析。缺点是资料失去了自发性和表现力，回答中的各种偏误难以发现。

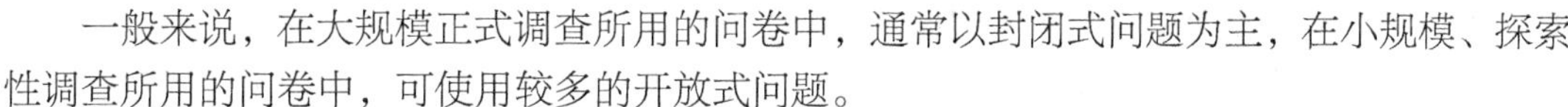

一般来说，在大规模正式调查所用的问卷中，通常以封闭式问题为主，在小规模、探索性调查所用的问卷中，可使用较多的开放式问题。

一份问卷应该包括多少个问题，这没有固定的标准，需要根据研究的内容等因素来决定，但总体来说，问题不宜太多，问卷不宜过长。一般以被调查者能在 30 分钟以内完成为宜。问题太多往往会引起被调查者心理上的畏难情绪和厌烦情绪，进而影响填答的质量和问卷的回收率。

3．问题次序排列原则

问题的次序直接影响到问卷的质量。问题次序排列的一般原则有以下几个。

（1）简单易答的问题、能引起被调查者兴趣的问题放在前面，开放式问题和容易引起被调查者紧张、顾虑的问题，如敏感性问题等放在后面。

（2）一般性的问题、被调查者较熟悉的问题放在前面，特殊性的问题、被调查者较生疏的问题放在后面。

（3）有关行为方面的问题放在前面，有关态度方面的问题放在后面。

（4）问题排列要有一定的逻辑次序，层次分明，询问同一类事物的问题尽可能放在一起，不要将它们打乱，以免分散被调查者回答时的思路和注意力。

4．问题的措辞

问题的措辞是构成良好问卷的关键因素。问题措辞的基本原则是简短、明确、通俗。要注意避免下列问题。

（1）诱导性问题，即以某种方式暗示被调查者应该如何回答的问题，应使用中性用语，不带有某种倾向性。

（2）双重问题，即在一个问题中询问两件事情，如“你的父母是工人吗？”包含着“你的父亲是工人吗？”和“你的母亲是工人吗？”。

（3）含糊的问题，即意思不确切，使被调查者难以理解或理解不一致的问题，如“您觉得您所在单位近几年来情况怎样？”，其中单位在什么方面的情况，问题中没有显示出来。

（4）避免用不确切的词，如“普通”“经常”“一些”等，不同的人对其的理解往往不一致，在问卷设计中应避免或减少使用。

2.3.5　问题答案的设计

1．封闭式问题答案的形式

封闭式问题答案的设计，可根据具体情况采用不同的形式，主要形式有以下几种。

问卷问题答案的设计

（1）两项式，是指提出的问题仅有两种答案可以选择，如“是”或“否”、“有”或“无”等。

（2）多项式——并列选择，是指对所提出的问题事先预备好两个以上的答案，被调查者可任选其中的一个或几个。由于所设答案不一定能表达出被调查者所有的看法，所以在问题的最后通常可设“其他”项目，以便被调查者表达自己的看法。

（3）多项式——顺序选择，即列出若干选项，由被调查者按重要性决定先后顺序。

（4）等级式，即问题的答案是程度类型的，一般设计 3 个等级或 5 个等级的答案。例如，问题是“您对我们的服务是否满意？”，答案可以是 5 个等级的：十分满意、比较满意、一般、不太满意、很不满意。

2．设计封闭式问题答案时应注意的问题

（1）答案要穷尽。设计封闭式问题答案时要将问题的所有答案尽可能列出，使每个被调查者都有答案可选，不至于因找不到合适的可选答案而放弃回答。

（2）答案须互斥。在设计答案时，一个问题所列出的不同答案必须互不相容、互不重叠，否则被调查者可能会做出有重复内容的双重选择。

（3）填答标记应恰当。对于封闭式问题，每一个答案都应有明显的填答标记，一般来说使用数字作为各个答案填答标记的情况较多，这样还可以起到问卷编码的作用。大规模地调查时，问卷设计最好给出如何在答案上做记号的范例。

2.3.6 案例——购物中心消费者意见调查问卷

先生（小姐）：您好！

我是××市场研究部的访问员，目前我们正在进行一项有关消费者意见的调查，耽误您几分钟，谢谢您！

访问员编号：__________　　督导员姓名：__________

访问日期：__________　　复查日期：__________

访问时间：__________　　访问地点：__________

访问员姓名：__________

1．请问您逛街购物或进行消费性娱乐活动（如看电影、去KTV等）时可接受的最长时间是多久？

□（1）1小时　□（2）1～2小时　□（3）2～3小时

□（4）3～4小时　□（5）4小时以上

2．请问您逛街购物或进行消费性娱乐活动时的出行方式通常是什么？

□（1）家用车　□（2）公交车　□（3）出租车　□（4）自行车

□（5）徒步　□（6）其他（请说明）

3．请问您逛街的目的通常是什么？（可复选）

□（1）购物消费　□（2）增广见闻　□（3）打发时间　□（4）看人潮来往

□（5）获悉流行商品信息　□（6）其他（请说明）__________

4．请问您经常进行哪些休闲活动？（可复选）

□（1）看电视　□（2）看电影　□（3）逛书店

□（4）参加文艺展览或文艺活动　□（5）品尝美食　□（6）钓鱼

□（7）去酒吧　□（8）阅读书报　□（9）去俱乐部　□（10）去KTV

□（11）听音乐　□（12）上网　□（13）逛街购物　□（14）参加球类运动

□（15）旅行　□（16）爬山、郊游

□（17）参加社团活动　□（18）其他（请说明）__________

5．您在逛街购物时，选择购物地点考虑的因素有哪些？（请按重要程度填写到题前的横线上，最重要填1，其次填2，以此类推排序。）

______（1）商圈形象　______（2）卖场气氛　______（3）交通便利性

______（4）停车方便性　______（5）商品种类　______（6）流行商品种类

______（7）折扣促销活动　______（8）其他（请说明）

6．若在××市××路兴建一座休闲购物中心，请问您会不会有兴趣到那里消费购物？

□（1）非常可能（原因：__________________________）

□（2）可能（原因：____）
□（3）不可能（原因：____）
□（4）非常不可能（原因：____）
□（5）不知道/无意见（原因：_____________________________________）

7. 在购物中心里，除购物外，哪些主题活动比较能够吸引您前往消费？

□（1）展览活动（如珠宝展、影展、旅游展等）
□（2）表演活动（如文艺团体表演、服装秀等 ）
□（3）亲子活动　　□（4）节庆活动　　□（5）各国商品周/美食节
□（6）民俗技艺活动（如捏陶等）　　□（7）影视歌星演唱会/签名会
□（8）其他（请说明）____________________

8. 如果您需要花费 20 分钟车程（第一商圈）到达这个购物中心，最有可能吸引您前往的设施、服务或活动是______________________；如果您需要花费 40 分钟车程（第二商圈）到达这个购物中心，最有可能吸引您前往的设施、服务或活动是______________________；如果您需要花费 60 分钟车程（第三商圈）到达这个购物中心，最有可能吸引您前往的设施、服务或活动是______________________。

9. 您希望这个购物中心增加哪些类型的商店或场所？（可复选）

（1）百货公司
（2）电影院
（3）娱乐场所
□① KTV、MTV、RTV
□② 电动游戏场
□③ 保龄球馆
□④ 其他（请说明）_________________
（4）综合型超市（如万客隆等）
（5）餐饮快餐类
□① 中式餐厅
□② 西式餐厅
□③ 快餐店
□④ 其他（请说明）_________________
（6）其他餐饮食品类
□① 饭店
□② 南北小吃
□③ 西点、面包店
□④ 水果店
□⑤ 饮料专卖店
□⑥ 休闲食品专卖店
□⑦ 其他（请说明）_________________
（7）衣饰类
□① 服装店
□② 袜帕杂货
□③ 化妆品专卖店

□④ 饰品、珠宝店

□⑤ 鞋店

□⑥ 皮件

□⑦ 其他（请说明）__________________

（8）百货类

□① 便利商店

□② 超级市场

□③ 百货专卖店

□④ 钟表眼镜

□⑤ 礼品专卖店

□⑥ 家庭饰品店

□⑦ 其他（请说明）__________________

（9）文教类

□① 体育用品专卖店

□② 书店，文具、玩具专卖店

□③ 文化艺术展览厅

□④ 补习班

□⑤ 集邮、古玩店

□⑥ 其他（请说明）__________________

（10）其他休闲娱乐类

□① 漫画小说出租店

□② 音像制品出租店

□③ 其他（请说明）__________________

（11）电子电器用品类

□① 视听产品、唱片行

□② 摄影器材

□③ 信息产品专卖店

□④ 家用电器

□⑤ 通信器材

□⑥ 其他（请说明）__________________

（12）卫生医疗类

□① 药店、医疗器械

□② 医院、诊所、兽医

□③ 美容店、发廊、美容用品店

□④ 瘦身中心

□⑤ 洗衣店

□⑥ 按摩

□⑦ 桑拿

□⑧ 其他（请说明）__________________

（13）家具装潢类

□① 沙发、床

□② 灯饰
□③ 建材
□④ 厨具
□⑤ 装潢设计
□⑥ 水电行
□⑦ 其他（请说明）______________

（14）服务类
□① 旅游咨询
□② 照片冲印店
□③ 专业服务店（如律师事务所、会计师事务所）
□④ 个人服务店（如修鞋、刻印）
□⑤ 花店
□⑥ 家庭服务（如清洁、保姆）
□⑦ 快递公司
□⑧ 银行、邮局
□⑨ 证券公司
□⑩ 投资顾问公司
□⑪ 汽车销售、保险公司
□⑫ 房屋中介公司
□⑬ 其他（请说明）______________

被调查者基本资料

1. 性别
□（1）男　□（2）女

2. 年龄
□（1）15～59 岁　□（2）20～29 岁　□（3）30～39 岁
□（4）40～49 岁　□（5）50～69 岁

3. 教育程度
□（1）小学及以下　□（2）初中　□（3）高中
□（4）专科或本科　□（5）研究生及以上

4. 职业
□（1）公务员、教育从业人员　□（2）商业从业人员
□（3）工业从业人员　□（4）自由职业者
□（5）自营业者　□（6）学生
□（7）家庭管理　□（8）其他（请说明）__________

5. 家庭平均月收入
□（1）5 000 元以下　□（2）5 000～10 000 元
□（3）10 000～15 000 元　□（4）15 000～20 000 元
□（5）20 000～25 000 元　□（6）25 000 元以上

* * *　问卷到此结束，非常感谢您的热心协助　* * *

2.3.7 习题与实训

一、简答题

1. 简述问卷的基本结构和问卷设计的步骤。
2. 问卷中问题及答案的设计应注意什么问题？
3. 一项完整的统计调查方案包括哪些内容？

二、综合应用题

确定一个你感兴趣的问题，以小组为单位，设计一个调查方案、一份调查问卷，并进行实地调查。

任务解析

完成一项调查任务，首先应设计一个完整的调查方案，明确调查的目的、调查的范围、调查方式与方法等，这是事先对调查过程的全盘考虑；其次应对调查过程进行控制，以降低调查误差。影响调查数据质量的客观因素和主观因素有很多，调查的每一个环节对调查结果来说都很重要。

以中国广视索福瑞媒介研究（CSM）有限公司的电视收视率调查为例，其流程大致可分为以下 4 个步骤：基础研究→抽样和建立固定样组→数据采集→数据处理。

第 1 步：基础研究。基础研究是为了得到被调查区域的详细资料而进行的抽样调查。基础研究需要获取被调查区域内的各项人口统计学特征信息，如当地居民的性别比例、年龄分布、职业和收入情况等，以及可能对收视率产生影响的因素，如收视设备的拥有情况、是否为有线用户、电视频道覆盖率情况及被调查者的常用语言及生活习惯等，为调查样本的抽取提供基础信息。CSM 不仅在新建站点时要进行基础研究，而且对已建站点每年也要进行一次基础研究，以把握调查总体结构特征的变化，确保调查样本对总体的代表性。

第 2 步：抽样和建立固定样组。在基础研究的大样本中，采用多阶段、PPS 系统抽样、整群抽样等抽样方法，抽取样本、建立固定样组。除进行一定比例的样本轮换外，样本相对比较固定。CSM 在抽取样本时，坚持样本户的各个重要特征（如户规模、电视机数目、收入水平、日用品购买者年龄、有小孩家庭比例以及有线户比例等）结构与基础研究的结果尽可能一致，以保证固定样本的代表性。

第 3 步：数据采集。CSM 目前通过日记卡法和收视率测量仪法这两种方法来采集电视收视率数据。

第 4 步：数据处理。收视率数据的处理流程一般包括 3 个环节，首先，将收视率调查的原始数据输入计算机（仅限日记卡法），并进行数据的净化，以确保原始数据的完整及合理；其次，将净化后的收视率数据与样本背景资料库及节目资料库合并形成一个更全面的“收视率资料库”；最后，在“收视率资料库”的基础上，对收视率调查的原始数据进行各种加权计算，产生各种收视率结果。

我们已进入“大数据时代”，借助于大数据技术，收视率调查突破了传统调查样本容量的制约，可以更广泛地采集收视率样本数据；得益于更大的样本容量，配合科学的计量方法，误差可以更小；数据自动采集和回传，全程由计算机自动完成，没有人为干预，可以保证数据的真实、可靠；数据的实时回传、实时分析、实时发布，可以满足“大数据时代”用户对收视率数据快速、高效的要求。2018 年 12 月 26 日，国家广播电视总局广播电视节目收视综合评价大数据系统正式上线。该系统的最大特点是将改变传统的数据采集方式，由过去的样本户调查变为逐步实现样本全覆盖。基于大数据、云计算技术，实时采集全样本、超规模海量收视率数据，可从根本上解决传统收视率调查中存在的样本代表性和数据可信度存疑等问题，有助于构建科学准确、客观公正、导向正确的收视率评价体系。

统计调查中的误差在所难免，我们需要通过法制化手段减少人为因素对数据质量的干扰，尽快让传统调查插上先进信息技术的“翅膀”，提高统计调查能力和调查数据质量。

相关知识图示

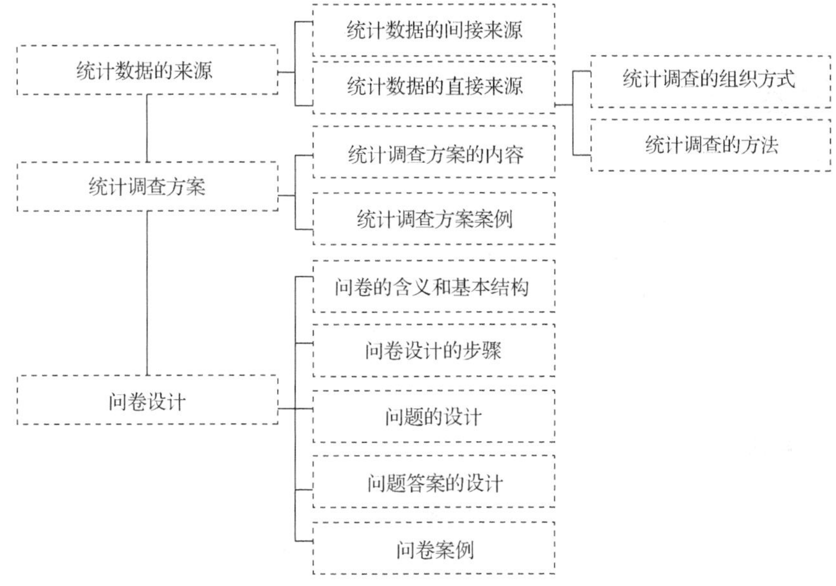

任务二 数据整理与显示

知识目标

（1）了解数据整理的程序。

（2）了解统计分组的概念、品质数据分组与数值型数据分组。

（3）了解频数分布的概念和常见形式。

（4）认识统计表。

（5）认识统计图。

能力目标

（1）能够正确理解统计分组的意义并实现对数据的合理分组。

（2）能够利用 Excel 对分类数据、顺序数据和数值型数据进行分组。

（3）能够利用 Excel 为分类数据、顺序数据和数值型数据绘制合适的统计图。

任务引入

见证奇迹

一个什么样的群体，其规模能在 24 年里增长 1 600 多倍？一个什么样的产品，其数量能在 24 年里增长 8 800 多倍？一个什么样的应用，其覆盖范围能在 24 年里增长 2 700 多倍？一项什么样的技术，其容量能在24 年里拓展 45 万多倍？答案就是：网民、域名、网站、国际出口带宽。

2022 年 2 月，中国互联网络信息中心（China Internet Network Information Center，CNNIC）在京发布了第 49 次《中国互联网络发展状况统计报告》。以下是用 3 种方式对调查结果的描述。

1．文字描述

网民方面，截止到 2021 年 12 月，我国网民规模达到 10.32 亿人，居世界第一，与 1997 年我国第 1 次互联网络发展状况统计时的 62 万人相比，增长约 1 664 倍，年均增长率高达 36.2%，占全球互联网用户的比重达 20%；互联网普及率达到 73.0%，超过全球平均水平（截止到 2021 年 3 月 31 日为 65.6%）约 7 个百分点；我国手机网民规模达到 10.29 亿人，手机网民规模占网民总数的比重由 2007 年的 24%增加到 99.7%。台式计算机和笔记本电脑的使用率均出现下降，手机不断挤占其他个人上网设备的使用空间，成为我国网民主要的上网终端。域名方面，截止到 2021 年 12 月，我国域名总数为 3 593 万个，是 1997 年的 8 837 倍，年均增长 46.0%左右，其中“.cn”域名总数为 2 041 万个，约占我国域名总数的 56.8%。为降低国人上网的难度，2010 年 6 月 25 日“.中国”作为中文顶级域名，正式纳入全球互联网根域名体系，中文上网不再是梦想。网站方面，截止到 2021 年 12 月，我国网站数为 418 万个，约是 1997 年的 2 787 倍，年均增长约 39.2%，但从 2018 年 6 月达到峰值 544 万个以后开始下降。与此同时，我国网络视频、短视频用户猛增，截至 2021 年 12 月，网民中网络视频、短视频用户使用率分别为 94.5%和 90.5%，用户规模分别达 9.75 亿和 9.34 亿。国际出口带宽方面，截至 2020 年 12 月，我国国际出口带宽的总容量为 11 511 397Mbit/s，是 1997 年的 45.31 万倍左右，年均增长 72.1%左右。

2．表格描述

表 3-1 所示为 1997 年 10 月和 2021 年 12 月我国互联网统计数据。

表 3-1　1997 年 10 月和 2021 年 12 月我国互联网统计数据

调查项目	1997 年 10 月	2021 年 12 月
网民数	62 万人	10.32 亿人
域名总数	4 066 个	3 593 万个
网站数	1 500 个	418 万个
国际出口带宽（Mbit/s）	25.408	11 511 397①

注：表中①为 2020 年 12 月的数据。

3．图形描述

图 3-1 和图 3-2 分别用饼图和条形图对网民构成进行了描述。

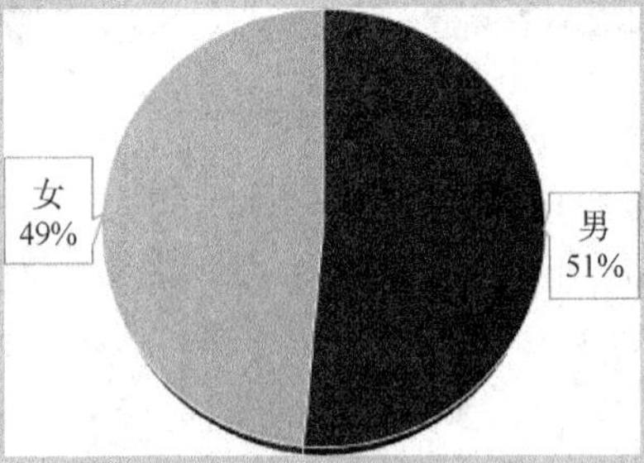

图 3-1　2021 年 12 月我国网民性别构成

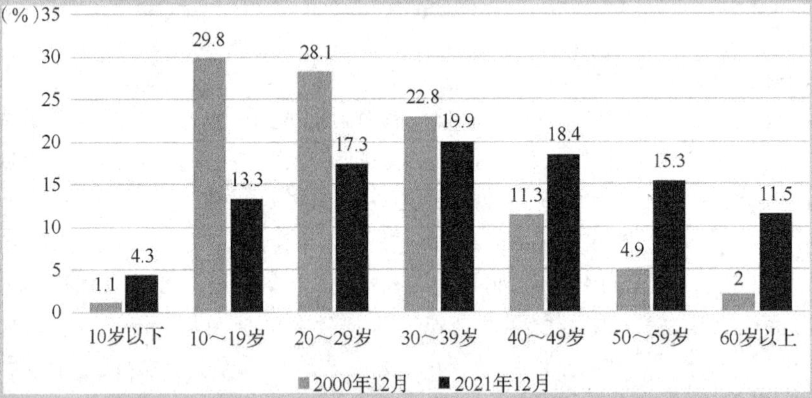

图 3-2　2000 年 12 月和 2021 年 12 月我国网民年龄构成

请思考，在完成一项调查之后，怎样进行数据的整理？以什么形式展示整理的结果？

知识链接

3.1　数据整理的程序

收集来的原始数据必须经过加工整理才能用于分析，数据整理既是数据收集工作的继续，又是数据分析工作的前提。调查所获得的原始数据是个体的、零散的和不系统的，整理可以使数据系统化、条理化，并得到反映总体特征的数据。数据整理的流程一般包括数据预处理、数据分类或分组及图表显示等内容，如图 3-3 所示。

图 3-3　数据整理的流程

1．数据预处理

数据预处理包括对个体数据的编码、审核、排序、筛选等内容。

（1）编码。编码就是给变量值以数字代码，便于计算机识别。

（2）审核。对原始数据的审核主要是审核其完整性和准确性。

① 完整性审核是指检查调查单位是否遗漏、调查项目填写是否齐全。

② 准确性审核是指检查填写的数据是否有错误。对二手数据除了审核其完整性和准确性之外，主要审核其适用性和时效性，确保与分析的任务相一致。在对原始数据进行审核和处理时，有时需要对某些数据进行折算、差分，将数据标准化，用插值的方法补齐空缺的数据等，以降低数据的计量单位不统一、缺失值等因素对分析结果的影响。

（3）排序。排序就是指按一定顺序排列数据。排序有助于数据的检查和纠错，也能为分类或分组提供依据。

（4）筛选。筛选是指将符合某种特定条件的数据筛选出来，通过筛选还可以剔除明显有错误的数据。

2. 数据分类或分组

数据整理的关键是数据分类或分组。可使用不同名类对数据进行归集。

3. 图表显示

表格和图形是展示数据整理结果的主要表现形式。可使用各类软件工具对数据进行图表显示，以展现统计分析结果。

3.2 统计分组

3.2.1 统计分组的概念

统计分组是数据整理的一项重要工作，分组是否恰当直接影响到统计分析的质量。

统计分组是指根据研究的目的，选择合适的分组标志将原始数据分成不同的组别。通过分组，可以将总体分为性质相异的不同组别，同时又将性质相同的个体单位归到某一组中。统计分组的主要目的是观察数据的分布特征。分组时应坚持以下原则。

（1）各组的划分应能体现出总体内部各组成部分之间的性质差别。

（2）要坚持互斥和穷尽的原则。互斥是指一个个体只能归属于某一组，而不能同时归属于几个组；穷尽是指总体中的每一个个体都必须有组可归。

（3）应能比较准确地反映出总体的分布特征。

统计分组所依据的标志有两类：品质标志和数量标志。品质标志的特点是其标志值用文字表示；数量标志的特点是其标志值用数字表示。

3.2.2 品质数据分组

品质数据分组就是按反映事物属性差异的品质标志进行分组，分组过程相对比较简单，因为事物的属性差异是客观存在的。有些品质标志用于分组时界限清晰，所以品质标志有几种，就可以将数据分成几组，如人口按性别、民族、职业、文化程度等品质标志分组，企业按所有制分组，等等。有些品质标志较为复杂，在实际社会经济生活中难以分辨，为此，联合国及各个国家都制定有适合一般情况的标准分类目录，如我国制定有《国民经济行业分类》（GB/T 4754—2017）、《数字经济及其核心产业统计分类（2021）》、《节能环保清洁产业统计分类（2021）》、《养老产业统计分类（2020）》等。品质数据有两种，即分类数据和顺序数据，表 3-2 中的我国网民的职业数据是分类数据，表 3-3 中的我国网民的学历数据是顺序数据。

表 3-2　我国网民按职业分组

职业	人数/人
学生	
党政机关事业单位领导干部	
党政机关事业单位一般人员	
企业/公司高层管理人员	
企业/公司中层管理人员	
企业/公司一般人员	
专业技术人员	
商业服务业人员	
制造生产型企业人员	
个体户/自由职业者	
农村外出务工人员	
农林牧渔劳动人员	
退休人员	
无业/下岗/失业人员	

表 3-3　我国网民按学历分组

学历	人数/人
小学及以下	
初中	
高中/中专/技校	
大学专科	
大学本科及以上	

3.2.3　数值型数据分组

数值型数据是用数字表示的，对数值型数据分组的过程要比对分类数据和顺序数据分组的过程复杂，分组时既要考虑研究对象的特点，还要考虑变量的特点。其具体分组形式有两种，即单项式分组和组距式分组。

1．单项式分组

单项式分组的特点是一个变量值作为一组。这种分组通常只适用于离散型变量，且变量值较少的情况。表 3-4 所示为对城市居民家庭按家庭成员数进行分组，属于单项式分组。

表 3-4　城市居民家庭按家庭成员数分组

家庭成员数/人	家庭数/个
1	
2	
3	
4 及以上	

2．组距式分组

组距式分组是将全部变量值依次划分为若干个区间，一个区间的变量值作为一组。对于连续型变量或者是变量值变化范围较大的离散型变量，通常采用组距式分组的形式。表 3-5

所示为对网民按年龄进行分组，属于组距式分组。

表 3-5　我国网民按年龄分组

年龄/岁	人数/人
10 以下	
10～19	
20～29	
30～39	
40～49	
50～59	
60 及以上	

组距式分组需要依次确定组数、组距、组限、组中值等。

（1）组数。一组原始数据应分多少组，这需要根据数据的特点来确定，应以能够显示数据的分布特征和规律为目的。若组数太少，数据的分布就会过于集中；若组数太多，则数据的分布就会过于分散，不便于观察数据的分布特征。一般情况下，组数不少于 5，不多于 15。组数可参照美国学者 H.A.斯特奇斯（H.A.Sturges）的经验公式计算，即

$$K = 1 + \frac{\lg n}{\lg 2}$$

式中，K 为组数；n 为数据个数。

实际应用时，要考虑数据本身的特点、数据的多少和分析的目的。

（2）组距。组距是每一组上限与下限之差。上限是一组的最大值，下限是一组的最小值。组距大小与组数有关，组数增多，组距必然变小；组数减少，组距变大。组距可以根据全部数据的最大值与最小值之差和组数来确定，即

组距 =(最大值−最小值)/组数

实际中获得一个满意的组数和组距往往要经过反复尝试。各组组距相等时，称为等距分组；各组组距不相等时，称为不等距分组。通常情况下采用等距分组。组距宜取整数，如 5 或 10 的倍数。

（3）组限。组限是指每一组的上限和下限。组限的确定以保证变量值“不重不漏”为原则，即同一个变量值既不能被重复统计也不能被遗漏。组限的形式有两种，即重叠组限和不重叠组限。重叠组限是指将同一个变量值分别作为顺序两组的上限和下限，表 3-6（a）所示为重叠组限，表 3-6（b）所示为不重叠组限。在表 3-6（a）中，1 000 既是“500～1 000”这一组的上限，又是“1 000～1 500”这一组的下限。在重叠组限中应坚持“上限不在内”的原则，以解决“不重”的问题，即当某个变量值同时作为相邻两组的上、下限时，将其统计在作为下限的这一组，如月收入为 1 000 元的网民应统计在“1 000～1 500”这一组。开口组是指没有下限或没有上限的组，如表 3-6（a）中，“500 以下”组有上限而没有下限，“8 000 以上”组则有下限而没有上限。

表 3-6（a）　网民按收入分组

收入/元	人数/人
无收入	
500 以下	

续表

收入/元	人数/人
500～1 000	
1 000～1 500	
1 500～2 000	
2 000～3 000	
3 000～5 000	
5 000～8 000	
8 000 以上	

表 3-6（b） 网民按月收入分组

月收入/元	人数/人
无收入	
500 以下	
501～1 000	
1 001～1 500	
1 501～2 000	
2 001～3 000	
3 001～5 000	
5 001～8 000	
8 000 以上	

采用何种组限形式应考虑变量的类型。对于离散型变量，两个整数变量之间没有小数，既可以采用不重叠组限形式，也可以采用重叠组限形式；对于连续型变量，由于两个整数变量之间有小数，所以为避免遗漏通常采用重叠组限的形式。

（4）组中值。组中值是组距式分组中每一组的代表值，这个代表值一般取每一组中点位置的值，即每一组上限与下限中间的值。使用组中值代表一组数据的条件是，各数据在本组内呈均匀分布或在组中值两侧呈对称分布。如果实际数据分布不符合这一条件，用组中值作为一组数据的代表值就会有一定的误差产生。

$$组中值=\frac{上限+下限}{2}$$

$$缺下限组的组中值=上限-\frac{邻组组距}{2}$$

$$缺上限组的组中值=下限+\frac{邻组组距}{2}$$

3.2.4 统计分组的形式

统计分组按分组标志的多少及其排列形式可分为简单分组、平行分组和复合分组。在现实经济生活中，这 3 种形式都有广泛的应用。

1．简单分组

简单分组就是对所研究现象总体仅按一个标志进行分组。这种分组比较简单，只能说明社会经济现象某一方面的状况。例如，表 3-2 至表 3-6 所示都是简单分组。

2．平行分组

对同一总体同时选择两个或两个以上的标志分别进行简单分组，然后并列在一起就形成了平行分组。表 3-7 所示为我国年末人口统计分组，它采用了平行分组的形式，分别按城乡、性别、年龄对人口进行分组。

表 3-7　我国年末人口统计分组

指标	年末数/万人
全国总人口	
其中：	
城镇	
乡村	
其中：	
男性	
女性	
其中：	
0～15 岁（含不满 16 周岁）	
16～59 岁（含不满 60 周岁）	
60 周岁及以上	
其中：	
65 周岁及以上	

3．复合分组

将总体按两个或两个以上的标志结合起来进行层叠分组，可形成复合分组。具体来说，先按一个标志分组，再按另一个标志对已经分好的各个组进行再分组。复合分组可以更深入、细致地研究总体的内部结构，反映问题全面。但其组数会随着分组标志的增加而成倍地增加，使各组的单位数减少，次数分布不集中，不易揭示总体的本质特征。因此，复合分组不宜采用过多的分组标志，也不适用于变量值较少的总体。如表 3-8 所示，对某校学生先按专业分组，再按性别分组，就形成了复合分组。

表 3-8　对某校学生进行分组

专业	性别	人数/人
工商管理	男	
	女	
市场营销	男	
	女	
物流	男	
	女	
金融与实务	男	
	女	
会计	男	
	女	

3.3 频数分布

3.3.1 频数分布的概念

在分组的基础上，计算出各组中数据出现的频数（次数），就形成了频数分布（次数分布）。频数分布又称频数分布数列，包括两个要素：总体分组和各组的频数。频数是统计分组后各组数据出现的次数；频率是某一组的次数占总次数的比重，通常用百分数（%）表示，各组频率之和等于 1 或 100%。对数据进行分组的过程也是频数分布的形成过程。

当需要观察某一数值以下或某一数值以上的频数之和时，就需要在分组的基础上计算累积频数。累积频数就是将各组的频数逐级累加起来。累积的方法有两种，一种是向上累积，另一种是向下累积。从变量值小的一方向变量值大的一方累加频数，称为向上累积；从变量值大的一方向变量值小的一方累加频数，称为向下累积。分类数据计算累积频数是没有意义的，顺序数据和数值型数据在需要时可以计算累积频数。累积频率就是将各组的频率逐级累加起来，也有向上累积和向下累积两种方法。

3.3.2 频数分布的编制

1. 分类数据频数分布的编制

在【例 3-1】中，等红灯时所做的事情属于分类数据，采用单项式分组形式，将其分项列出后，再列出每一项的人数，就形成了频数分布，如表 3-9 所示。

【例 3-1】 在一项关于“过马路”的调查中，调查了 126 个人。在问及“您在等红灯的时候一般会做什么事？”时，回答“拿出手机，无目的地翻看”的有 13 人，“打电话”的有 6 人，“用手机上网”的有 6 人，“用手机玩游戏”的有 2 人，“听音乐”的有 7 人，“看报纸、杂志等”的有 2 人，“静静等待红灯”的有 85 人，“其他”有 5 人。

表 3-9 等红灯的时候做什么

等红灯的时候做什么	人数/人
拿出手机，无目的地翻看	13
打电话	6
用手机上网	6
用手机玩游戏	2
听音乐	7
看报纸、杂志等	2
静静等待红灯	85
其他	5
合计	126

2. 顺序数据频数分布的编制

在【例 3-2】中，满意度属于顺序数据，采用单项式分组形式，先将其选项顺序列出，再列出每一组的人数，形成频数分布，还可以计算累积频数和累积频率，如表 3-10 所示。

【例 3-2】 某公司在进行客户满意度调查中，调查了 300 名客户，在问及“在了解我公司产品的过程中，您觉得我公司的市场人员在充分了解客户需求方面是否令您满意？”时，有 77 人回答“非常满意”，有 132 人回答“比较满意”，有 56 人回答“一般”，有 31 人回答

“比较不满意”，有 4 人回答“非常不满意”。

表 3-10 某公司客户满意度调查结果

满意度	人数/人	比重/%	向上累积		向下累积	
			人数/人	比重/%	人数/人	比重/%
非常不满意	4	1	4	1	300	100
比较不满意	31	10	35	11	296	99
一般	56	19	91	30	265	88
比较满意	132	44	223	74	209	70
非常满意	77	26	300	100	77	26
合计	300	100	—	—	—	—

3．数值型数据频数分布的编制

在【例 3-3】中，工资水平属于数值型数据，且工资水平是连续型变量，因此应采用组距式分组形式。数值型数据频数分布编制的具体步骤如下。

【例 3-3】 表 3-11 所示为某公司 45 名员工的月工资收入资料。

（1）确定组数、组距和组限。

极差=最大值−最小值=12 999−2 300=10 699（元），假设组数为 7，则组距=极差÷组数=10 699÷7≈1 500（元），各组组限确定为 2 500 以下、2 500～4 000、4 000～5 500、5 500～7 000、7 000～8 500、8 500～10 000、10 000 以上。

（2）计算各组人数，形成频数分布，如表 3-12 所示。

表 3-11 某公司 45 名员工的月工资收入资料

单位：元

编号	工资水平	编号	工资水平	编号	工资水平	编号	工资水平
1	7 900	13	2 400	25	4 700	37	5 400
2	3 700	14	5 700	26	8 200	38	7 500
3	3 000	15	3 400	27	2 300	39	5 800
4	3 800	16	3 000	28	3 400	40	4 600
5	5 000	17	6 500	29	3 300	41	3 100
6	4 100	18	6 000	30	2 500	42	11 700
7	5 200	19	8 900	31	2 700	43	12 999
8	2 800	20	4 900	32	2 700	44	2 600
9	3 500	21	4 500	33	6 400	45	3 600
10	4 400	22	5 500	34	4 900	—	—
11	2 500	23	9 400	35	4 900	—	—
12	4 600	24	3 500	36	6 300	—	—

表 3-12 某公司员工的月工资收入分布情况

工资水平/元	人数/人
2 500 以下	2
2 500～4 000	17
4 000～5 500	12
5 500～7 000	7
7 000～8 500	3
8 500～10 000	2
10 000 以上	2
合计	45

3.3.3 频数分布的常见统计图形式

将频数分布表绘制成图形，横轴是总体分组，纵轴是频数或频率，可以直观地看出频数分布的形式。在日常生活和社会经济管理中，常见的频数分布主要有钟形分布、J 形分布、U 形分布等几种类型，如图 3-4 所示。

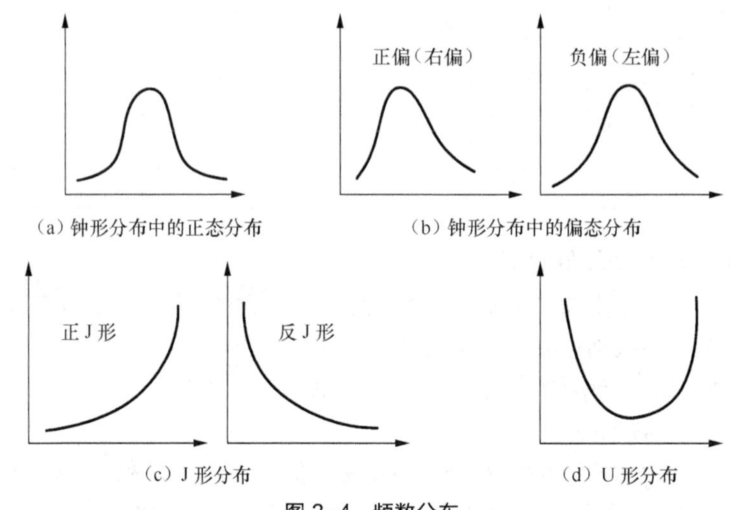

图 3-4 频数分布

（1）钟形分布。钟形分布的特征是“两头小，中间大”，即分布在中间位置的变量值比较多，位于两边的变量值比较少，其形式宛如一口古钟。如果以中心变量值为核心，左右两侧变量值的频数呈对称分布，这种分布在统计学中被称为正态分布，如图 3-4（a）所示；非对称的钟形分布是偏态分布，如图 3-4（b）所示。大量社会经济现象和自然现象的频数分布都趋向于正态分布。

（2）J 形分布。J 形分布有两种类型，即正 J 形和反 J 形，如图 3-4（c）所示。如经济学中的供给曲线，随着价格的提高，供给量以更快的速度增加，呈现为正 J 形；而需求曲线则表现为随着价格的提高，需求量以较快的速度减少，呈现为反 J 形。

（3）U 形分布。U 形分布的特征是两端的频数分布多，中间的频数分布少，如图 3-4（d）所示。如人和动物的死亡率就近似服从 U 形分布，因为人口中婴幼儿和老年人的死亡率较高，而中青年的死亡率则较低。

3.3.4 Excel 操作

在 Excel 中对数据进行分组并编制频数分布表有 4 种途径，分别是分类汇总、数据透视表、数据分析中的直方图和频数函数“FREQUENCY”。

1．分类汇总

（1）将【例 3-1】中的原始资料录入 Excel 表格中，并按“等红灯的时候做什么”排列，如图 3-5 所示。

（2）将光标定位在数据区域，单击“数据”→“分类汇总”，如图 3-6 所示。在弹出的“分类汇总”对话框中，“分类字段”选择“等红灯的时候做什么”，“汇总方式”选择“计数”，“选定汇总项”选择“等红灯的时候做什么”，其他默认，单击“确定”按钮，出现左侧带有三级目录的分类汇总结果，如图 3-7 所示。单击图 3-7 中左侧三级目录中的“2”，即可得到频数分布表，将 A 列标题改为“等红灯的时候做什么”，将 B 列标题改为“人数/人”，如图 3-8 所示。

	A	B
1	编号	等红灯的时候做什么
2	3	打电话
3	17	打电话
4	21	打电话
5	28	打电话
6	66	打电话
7	96	打电话
8	1	静静等待红灯
9	2	静静等待红灯

图 3-5　Excel 表格中的原始资料

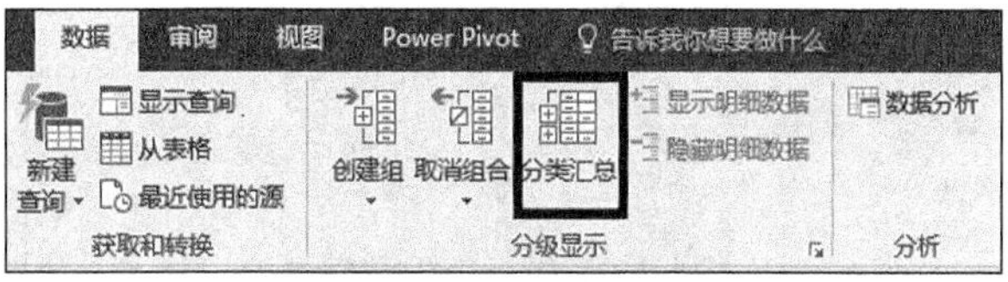

图 3-6　分类汇总路径

	A	B
1	编号	等红灯的时候做什么
2	3	打电话
3	17	打电话
4	21	打电话
5	28	打电话
6	66	打电话
7	96	打电话
8	打电话 计数	6
9	1	静静等待红灯
10	2	静静等待红灯

图 3-7　分类汇总结果

	A	B
1	等红灯的时候做什么	人数/人
8	打电话 计数	6
94	静静等待红灯 计数	85
97	看报纸、杂志等 计数	2
111	拿出手机，无目的地翻看 计数	13
117	其他 计数	5
120	用手机玩游戏 计数	2
127	用手机上网 计数	6
135	听音乐 计数	7
136	总计数	126

图 3-8　频数分布表

2．数据透视表

（1）将【例 3-2】中的原始资料录入 Excel 表格中，为选项确定代码，“非常满意”为 5，“比较满意”为 4，“一般”为 3，“比较不满意”为 2，“非常不满意”为 1，如图 3-9 所示。

	A	B	C
1	编号	满意度	代码
2	1	比较满意	4
3	2	非常满意	5
4	3	比较满意	4
5	4	非常满意	5
6	5	非常满意	5

图 3-9　Excel 表格中的原始资料

（2）将光标定位在数据区域，单击“插入”→“数据透视表”，如图 3-10 所示，弹出“创建数据透视表”对话框，单击“确定”按钮，如图 3-11 所示。在“数据透视表字段”窗口中，将“代码”拖至“值”框中，将“满意度”拖至“行”框中，将“值”框中的“求和”改为“计数”项，如图 3-12 所示。在新工作表的左上部分，已经生成了数据透视表，如图 3-13 所示，将生成的满意度分布表重新按顺序排列即可。

也可使用“推荐的数据透视表”，即单击“插入”→“推荐的数据透视表”，弹出“推荐的数据透视表”对话框，如图 3-14 所示。若选中最下面的透视表格式，再单击“确定”按钮，则弹出图 3-15 所示的满意度分布表。

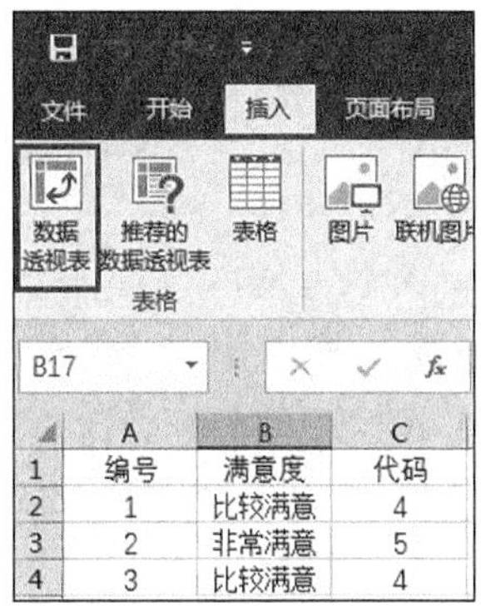

图 3-10　数据透视表

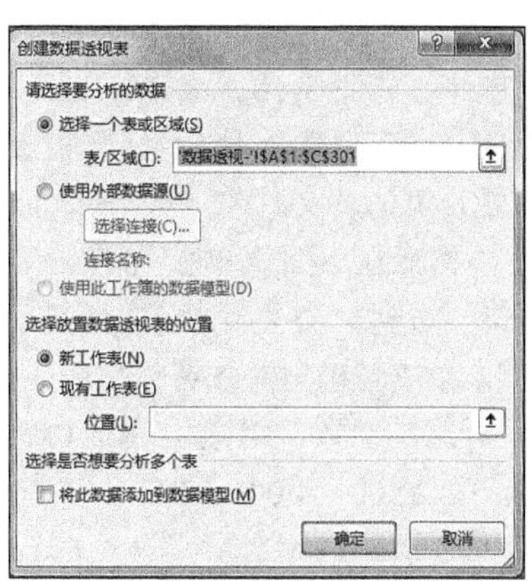

图 3-11　创建数据透视表

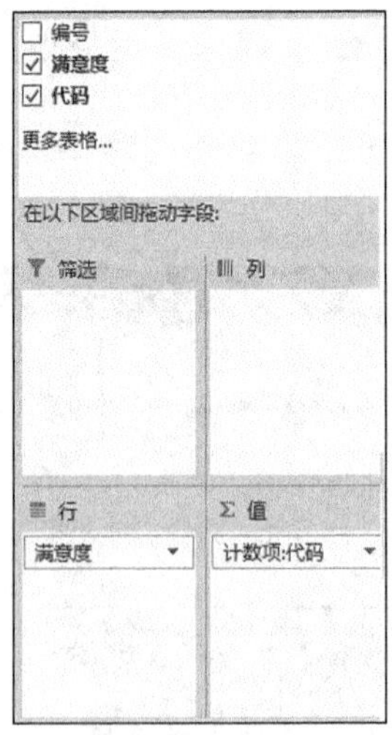

图 3-12　设置数据透视表字段

	A	B
1		
2		
3	行标签	计数项:代码
4	比较不满意	31
5	比较满意	132
6	非常不满意	4
7	非常满意	77
8	一般	56
9	总计	300

图 3-13　满意度分布表

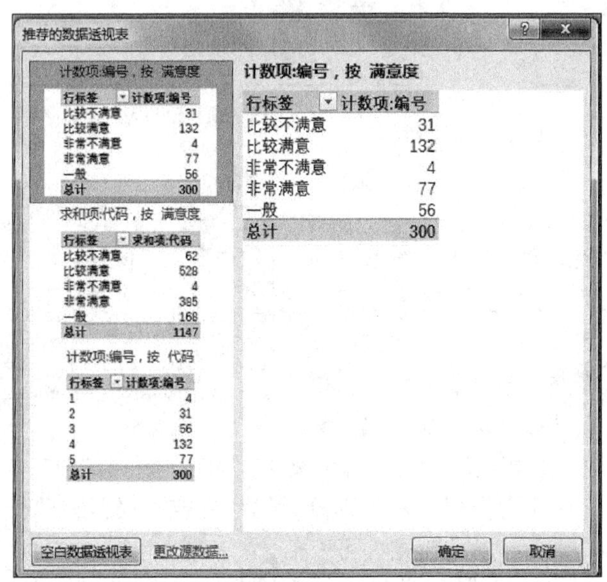

图 3-14　推荐的数据透视表

3	行标签	计数项:编号
4	1	4
5	2	31
6	3	56
7	4	132
8	5	77
9	总计	300

图 3-15　满意度分布表

3．数据分析——直方图

（1）将【例 3-3】中的原始资料录入 Excel 表格中，并按“工资水平”排序，如图 3-16 所示。

如果菜单中没有“数据分析”，则需要加载，步骤是：单击工作表左上角的“文件”，在“Excel 选项”对话框中，单击“加载项”，然后在下面“管理”下拉列表框中选中“Excel 加载项”，单击“转到”按钮后，在“加载项”对话框中选中“分析工具库”，单击“确定”按钮，完成“数据分析”加载。

	A	B	C
1	编号	工资水平	
2	27	2300	
3	13	2400	2499
4	11	2500	3999
5	30	2500	5499
6	44	2600	6999
7	31	2700	8499
8	32	2700	9999
9	8	2800	12999

图 3-16　Excel 表格中的原始资料

（2）确定分组的组数、组距和组限（参见【例 3-3】）。组数为 7，组距为 1 500，各组组限为 2 500 以下、2 500～4 000、4 000～5 500、5 500～7 000、7 000～8 500、8 500～10 000、10 000 以上。将各组的最大变量值输入 Excel 表格中的任意一列（注意：上限不在内），这里是 C3:C9，如图 3-16 所示。

（3）单击“数据”→“数据分析”，在“数据分析”对话框中选择“直方图”，如图 3-17 所示。单击“确定”按钮，在“直方图”对话框的“输入区域”中选择工资原始数据所在区域，这里是 B2:B46；“接收区域”选择 C3:C9；“输出区域”选择任意单元格，这里是 D2，如图 3-18 所示，单击“确定”按钮，得到图 3-19 所示的频数分布表。

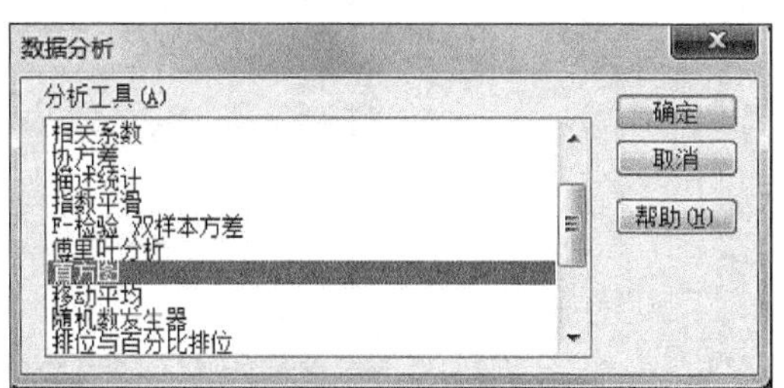

图 3-17　选择“直方图”

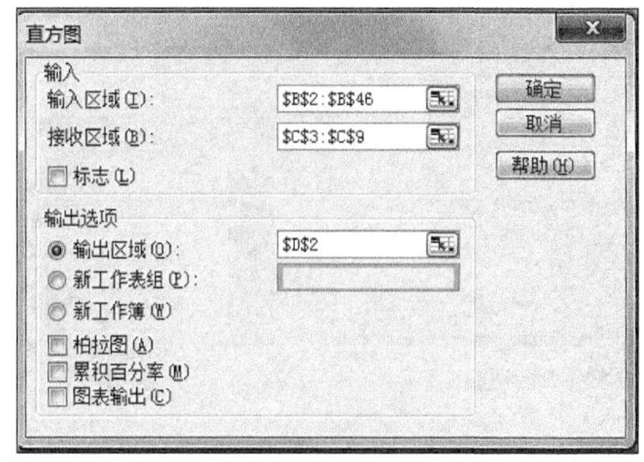

图 3-18　“直方图”对话框

（4）在图 3-19 中，将“接收”改为“工资水平/元”，将各组单变量值改为组距式；将“频数”改为“人数/人”；将“其他”改为“合计”，并填上合计人数，得到图 3-20。

接收	频数
2499	2
3999	17
5499	12
6999	7
8499	3
9999	2
12999	2
其他	0

图 3-19　Excel 输出的频数分布表

工资水平/元	人数/人
2500以下	2
2500～4000	17
4000～5500	12
5500～7000	7
7000～8500	3
8500～10000	2
10000以上	2
合计	45

图 3-20　工资水平频数分布表

4．频数函数“FREQUENCY”

（1）以【例 3-2】中的原始资料为例，将原始资料输入 Excel 表格中，为选项确定代码，如图 3-21 所示。

（2）将满意度代码 1～5 输入 Excel 表格的任意一列中，这里是 D2:D6；拖动鼠标指针选定将要存放频数分布的单元格，这里是 E2:E6。单击“公式”→“插入函数”（或单击按钮），出现“插入函数”对话框，函数类别选择“统计”，函数选择“FREQUENCY”，如图 3-21 所示。单击“确定”按钮，出现“函数参数”对话框，在“Data_array”框中输入“C2:C301”，在“Bins_array”框中输入“D2:D6”，如图 3-22 所示。使用“Ctrl+Shift+Enter”组合键，得到各组频数，如图 3-23 所示。

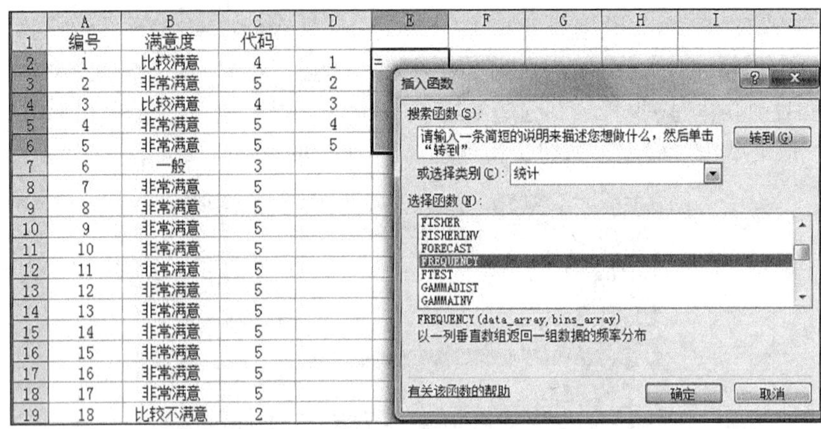

	A	B	C	D	E	F	G	H	I	J
1	编号	满意度	代码							
2	1	比较满意	4	1	=					
3	2	非常满意	5	2						
4	3	比较满意	4	3						
5	4	非常满意	5	4						
6	5	非常满意	5	5						
7	6	一般	3							
8	7	非常满意	5							
9	8	非常满意	5							
10	9	非常满意	5							
11	10	非常满意	5							
12	11	非常满意	5							
13	12	非常满意	5							
14	13	非常满意	5							
15	14	非常满意	5							
16	15	非常满意	5							
17	16	非常满意	5							
18	17	非常满意	5							
19	18	比较不满意	2							

图 3-21 选择“FREQUENCY”函数

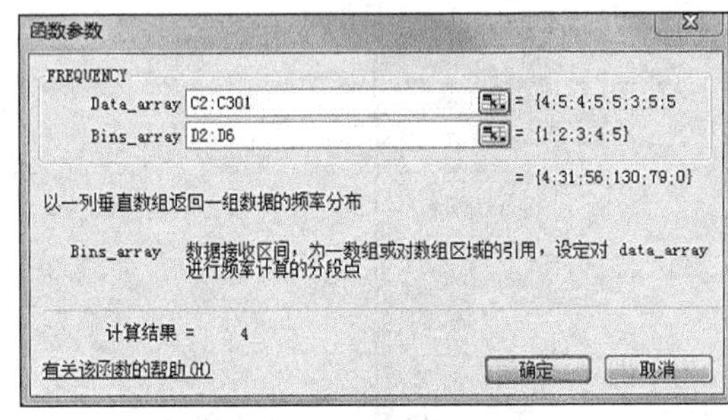

图 3-22 “函数参数”对话框

	A	B	C	D	E
1	编号	满意度	代码		
2	1	比较满意	4	1	4
3	2	非常满意	5	2	31
4	3	比较满意	4	3	56
5	4	非常满意	5	4	132
6	5	非常满意	5	5	77
7	6	一般	3		

图 3-23 满意度的各组频数

3.3.5 习题与实训

一、选择题

1. 数据整理后落在某一特定类别或组中的数据个数称为（ ）。

A. 频率 B. 频数 C. 频数分布表 D. 累积频数

2. 总体中各组的数据个数与全部数据个数之比称为（ ）。

A. 频率 B. 频数 C. 累积频率 D. 累积频数

3. 将各有序类别或组的频数逐级累加起来称为（ ）。

A. 频数 B. 频率 C. 累积频率 D. 累积频数

4. 按年收入分组，其分组依次为 10 万元以下、10 万～20 万元、20 万～30 万元、30 万元以上，则（ ）。

A. 10 万元应归入第一组 B. 20 万元应归入第二组

C. 20 万元应归入第三组 D. 30 万元应归入第三组

5. 频数分布中各组频率之和（ ）。

A. 大于 100% B. 小于 100% C. 不等于 100% D. 等于 100%

6. 组中值是（ ）。

A. 一个组的上限与下限之差 B. 一个组的最小值

C. 一个组的上限与下限之间的中点值 D. 一个组的最大值

7. 若按年收入分为 10 万元以下、10 万～20 万元、20 万～30 万元、30 万元以上 4 组，最末一组的组中值近似为（ ）。

A. 30 万元 B. 35 万元 C. 40 万元 D. 45 万元

二、思考题

1. 简述数据整理的意义和流程。
2. 简述统计分组的概念和统计分组应遵循的原则。
3. 数值型数据分组有哪两种形式？它们各有什么特点？
4. 统计分组在形式上有哪几种类型？
5. 什么是频数分布？频数分布有哪几种常见的分布形式？

三、综合应用题

1. 30 位用户在被问到对某品牌手机质量的评级时，回答有很好（5）、较好（4）、一般（3）、较差（2）、很差（1）5 个等级，资料如表 3-13 所示。要求：（1）指出数据的类型；（2）对 30 位用户评级的资料进行分组，形成频数分布表并计算累积频数。

表 3-13　某品牌手机质量的评级

5	1	3	4	5	2	3	4	1	2	1	5	2	4	4
1	4	3	2	3	2	4	3	4	3	2	3	4	2	4

2. 某公司所属 38 个企业某月的营业收入如表 3-14 所示。试对该公司下属企业按营业收入进行分组整理，编制频数分布表。

表 3-14　38 个企业某月的营业收入　　单位：万元

165	100	172	165	270	180	278	155	265	182	295	187	230
258	182	120	174	202	410	223	352	179	246	256	260	220
268	247	230	190	245	310	230	236	248	330	244	219	

3.4　统计表和统计图

3.4.1　统计表

统计表是以纵横交叉的线条绘制出的用以表现数据的表格。统计表是表现统计数据的基本形式。利用统计表来表现统计数据，可以使数据更有条理，使人一目了然，便于阅读和检查，也便于计算和分析。在数据的收集、整理和分析的每一个阶段都要使用统计表，但这里探讨的不是数据收集阶段所使用的统计表，而主要是数据整理和分析阶段所使用的统计表。

1. 统计表的构成

统计表从形式上看，一般由总标题、行标题、列标题和数字资料 4 部分组成，如表 3-15 所示。

表 3-15　我国 2021 年各种运输方式完成旅客运输量及其增长速度　←总标题

指标	绝对数/亿人次	比上年增长/%
旅客运输总量	83.0	−14.1
其中：铁路	26.1	18.5
公路	50.9	−26.2
水路	1.6	9.0
民航	4.4	5.5

←列标题　行标题　数字资料

注：数据来自《中华人民共和国 2021 年国民经济和社会发展统计公报》。

总标题位于表的上方，包括表序和表题，当表中数据的计量单位相同时，可将计量单位放在表的右上角；行标题是横行的名称，在统计表中通常用以代表统计表所要说明的对象，一般放在表的左侧；列标题是纵列的名称，在统计表中通常用来放置统计指标，一般位于表的上方；数字资料是由行标题和列标题交叉所决定的指标值。另外，有些统计表在表下还需列出资料来源、指标注解等。

2．统计表的种类

整理后的统计表可以分为两类，即简单汇总表和分组表。

（1）简单汇总表。简单汇总表是指按总体单位的名称排列，或按地区或时间顺序排列，并列出相应的指标值所形成的表格，如表3-16所示。

表3-16 简单汇总表

商品名称	单位	产量
大豆	万吨	9 652
铁矿砂及其精矿	万吨	112 432
煤及褐煤	万吨	32 322
原油	万吨	51 298
天然气	万吨	12 136
纸浆	万吨	2 969
钢材	万吨	1 427
集成电路	亿个	6 355
汽车（包括底盘）	万辆	94

（2）分组表。分组表的常见形式有简单分组表、复合分组表和交叉分组表。

简单分组表是指按一个标志分组所形成的表格，如表3-15所示。

复合分组表和交叉分组表都同时按两个或两个以上的标志分组。复合分组是指同时按两个或两个以上的标志重叠分组，如表3-17所示；交叉分组是指同时在横行和纵列按不同的标志进行分组，如表3-18所示。

表3-17 复合分组表

职工收入/元		人数/人
2 500以下	男	30
	女	36
2 500～3 500	男	42
	女	50
3 500～4 500	男	33
	女	26
4 500以上	男	25
	女	10
合计	—	252

表 3-18 交叉分组表

职工收入/元	人数/人		
	男	女	合计
2 500 以下	30	36	66
2 500～3 500	42	50	92
3 500～4 500	33	26	59
4 500 以上	25	10	35
合计	130	122	252

3. 编制统计表应注意的问题

由于使用者的目的和数据的特点不同，统计表在结构和形式上会表现出一些变化，但在设计上的基本要求是一致的，具体来说应注意以下几点。

编制统计表应注意的问题

（1）表的整体结构应合理。在形式上，统计表的横竖长度比例要适当，应避免过高或过宽的表格形式；在内容上，对行标题、列标题和数字资料位置的安排要合理。

（2）表头的设计。表头一般包括表序和总标题。总标题应简明扼要地概括出统计表的内容，一般应包括统计数据的时间、地点和类型。若表中全部数据的计量单位相同，也可将数据的计量单位置于表头（表的右上角）；若计量单位不同，则将计量单位放在相应变量的后面，或将所有计量单位单独列出一列标明。

（3）表线的使用。表格的上基线和下基线一般用粗线；表格的其他线用细线，列标题之间可用竖线分开，行标题之间尽量少用横线；表的左右两端可以不用竖线封口，采用“开口式”。

（4）数据的填写。表中数据一般是右对齐的，有小数点的数据应统一保留至小数点后相同位数，并以小数点对齐；不应有数据的单元格用“—”表示；缺少数据的单元格用“…”表示。一张填好的统计表不应有空白单元格。

（5）表的注释。必要时应在表下方注明数据来源，这样既能方便读者查阅，也体现了对他人劳动成果的尊重。如果需要对表中指标进行解释，也可将其置于表的下方。

3.4.2 统计图

统计图是指利用几何图形（点、线、面、形）或其他图形来表现研究对象的特征、内部结构、相互关系的一种图形，在社会经济现象分析中的使用非常广泛。

“一图抵千字”是说一张精心设计的统计图能更有效地表达数据所传递的信息。计算机的普及以及图表软件的使用，可以帮助人们轻松地制作出花样繁多且质量上乘的统计图。常用的统计图有圆形图（饼图）、条形图、环形图、茎叶图、箱线图、直方图、折线图、散点图、统计地图等。

在选择图形时，应考虑数据的类型。显示分类数据可供选择的图形比较少，通常使用饼图和条形图。在对比两个或多个总体内部结构时可使用环形图。对于顺序数据，分类数据适用的图形顺序数据都适用，而且对顺序数据还可以绘制累积频数（或频率）图。显示数值型数据的图形有很多，适用于分类数据和顺序数据的图形也适用于数值型数据，同时，对数值型数据还可绘制出更多样的图形。

1. 圆形图

圆形图也称饼图，是指使用圆形及圆内扇形的面积来表示数值大小的图形。如图 3-24 所示，饼图一般用于表示总体中各部分所占的比例，对于研究结构性问题十分有用。

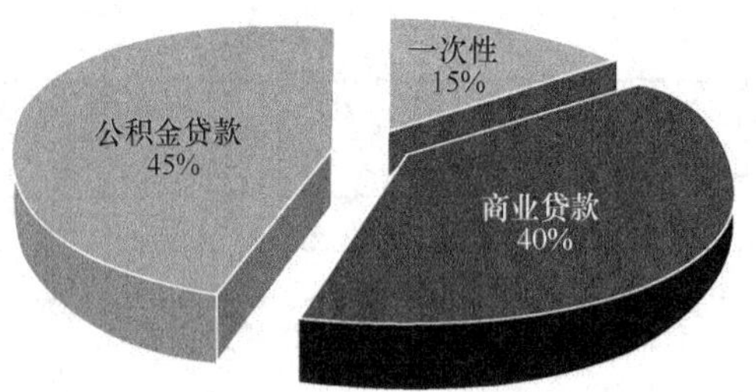

图 3-24　某房地产公司客户付款方式的构成

2．条形图/柱形图

条形图/柱形图是指使用宽度相同的条形的高低或长短来表示数据多少的图形。在 Excel 中，各条形如果横置，称为条形图，如图 3-25 所示；如果纵置，称为柱形图，如图 3-26 所示。条形图/柱形图还可分为简单条形图/柱形图和复合条形图/柱形图，图 3-25 所示为简单条形图，图 3-26 所示为复合柱形图。另外，条形图/柱形图还可以绘制成分段的形式，如图 3-27 所示。

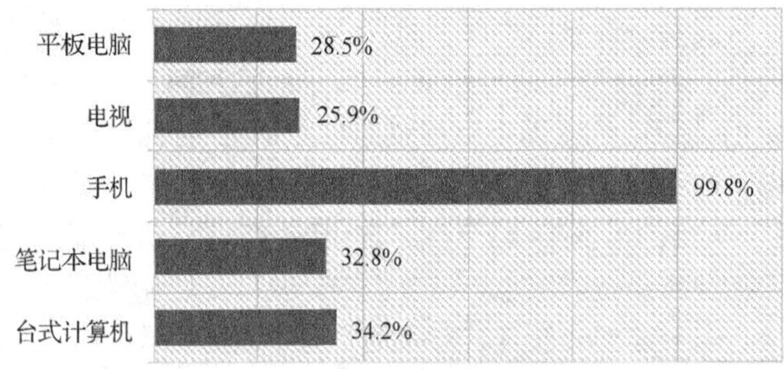

图 3-25　2022 年 12 月我国互联网络接入设备上网比例

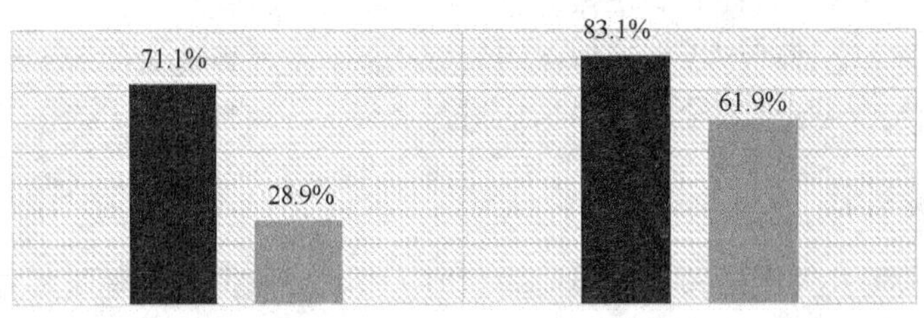

图 3-26　2022 年 12 月我国城乡网民结构及互联网普及率

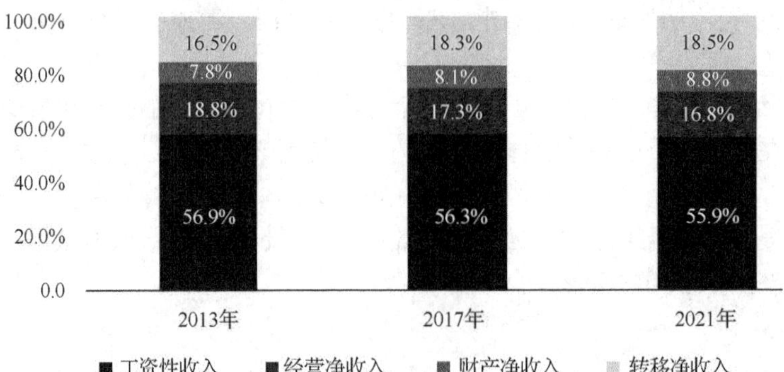

图 3-27　全国居民人均可支配收入构成变化

3．环形图

环形图与饼图类似，区别是饼图只能显示一个总体各部分所占的比例，而环形图则可以同时显示多个总体内部各部分所占的比例，有利于进行对比研究，如图 3-28 所示。

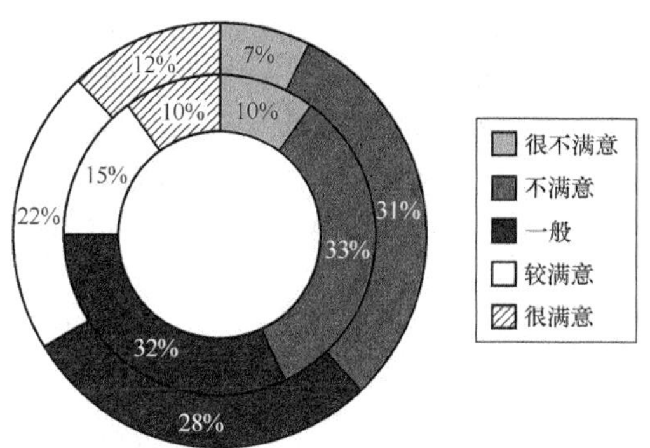

图 3-28　两地对某通信公司服务的满意程度

4．茎叶图

茎叶图是由“茎”和“叶”两部分组成、用于显示原始数据分布状况的一种图形。通过茎叶图，我们可以观察数据的分布状况及数据的离散状况，如数据分布是否对称、是否有极端值存在等。茎叶图不同于其他图形的一点，就是在反映数据分布状况的同时保留了原始数据的信息，如图 3-29 所示。

树茎	树叶	频数
1	1 2 2 2 3	5
1	5 5 6	3
1	7 7 8 8 9	5
2	0 0 0 1 1 1 1 2 2 2 2 3 3 3 3 3	16
2	4 4 4 4 5 5 5 5 6 6 6 6 6	13
2	7 7 7 7 7 7 7 7 8 8 8 8 8 8 8 8 8 8 8 8 8 9 9 9	24
3	0 1 1 1 2 2 2 2 2 2 3 3 3 3 3	15
3	4 4 4 4 4 4 4 4 5 6 6	11
3	7 7 7 7 7 8 8 9	8
4	1 1 2 2 2 3	6
4	4 6	2
4	8 9	2

图 3-29　茎叶图

从图 3-29 中可以看出，茎叶图由 3 列构成，以图中数据为例，“树茎”列表示“十位数”上的数据；“树叶”列表示“个位数”上的数据；“频数”列表示所在行的数据个数。

制作茎叶图时，应首先把一个数值分成两部分，通常以该数值的高位数值作为树的“茎”，树的“叶”只保留该数值的最后一位数字。实际应用中，茎叶图行数需要根据数据的分散状况及数据的数量来确定，以充分显示出以数据的分布特征为目的。

茎叶图与直方图的功能非常相似，茎叶图实际上可以近似地被看成直方图横向放置的结果。二者的主要差异是，茎叶图既反映出了数据的分布状况，又保留了原始数据的信息，而直方图虽然能很好地显示数据的分布状况，但不能保留原始数据的信息。直方图一般适用于数据量较大的情况，而茎叶图在数据量较小时优势非常明显。

5．箱线图

箱线图由一个长方形箱子、箱子中间的竖线、向外延伸出来的两条线及最外端可能有的表示异常值的点组成。箱子中间的竖线表示该组数据的中位数，箱子两端分别表示上四分位数（即 75%的百分位数）和下四分位数（即 25%的百分位数），外延线两端分别是最大值和最小值。箱子中间包含了总体 50%的数据。上四分位数和下四分位数之间的距离称为四分位数间距，即四分位差。如果一个数据离箱子两端的距离超过四分位数间距的 1.5 倍以上，通常被认为是异常值。如图 3-30 所示，箱线图中包含一组数据的 5 个点：最大值、上四分位数、中位数、下四分位数、最小值。

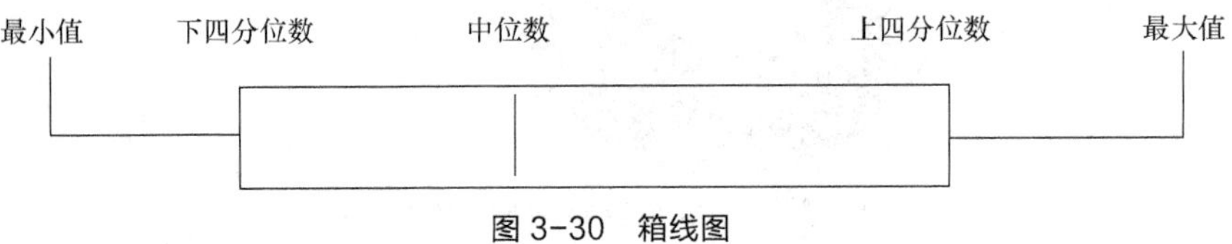

图 3-30　箱线图

6．直方图

直方图是用来显示分组后的数值型数据频数分布的图形。如图 3-31 所示，横轴表示数据分组，纵轴表示频数（或频率）。

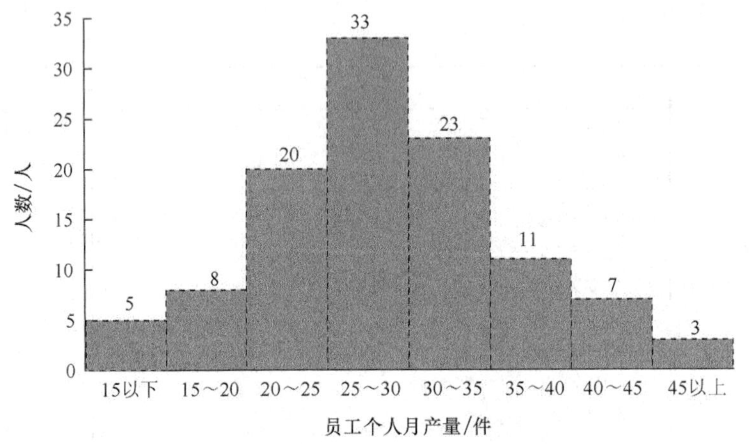

图 3-31　某公司员工月加工量直方图

直方图与条形图很相似，二者的主要区别是：条形图既可以用于显示分类数据和顺序数据的分布，也可以用于显示数值型数据的分布，直方图主要用于显示数值型数据的分布；条形图的各条形是分开排列的，直方图的各矩形通常是连续排列的。

7．折线图

折线图是在平面坐标系内用折线表现数据变化特征和规律的图形。折线图适用于显示随时间而变化的数据，以反映数据动态变化的规律和趋势。如图 3-32 所示，反映互联网普及率的部分就是折线图，反映网民规模的部分则是柱状图。

8．散点图

前述图形主要反映一个变量的分布状况（如饼图、直方图、茎叶图、箱线图等）或一个变量的变化趋势（如折线图）。散点图常被用来表现两个变量或多个变量之间的关系，用在二维坐标或三维坐标中散点的密集程度和形态表示两个变量或多个变量之间的相关关系。这里主要介绍常用的反映两个变量之间相关关系的二维散点图（或称简单散点图），图 3-33 所示反映的是某市居民收入与社会商品零售额的关系。

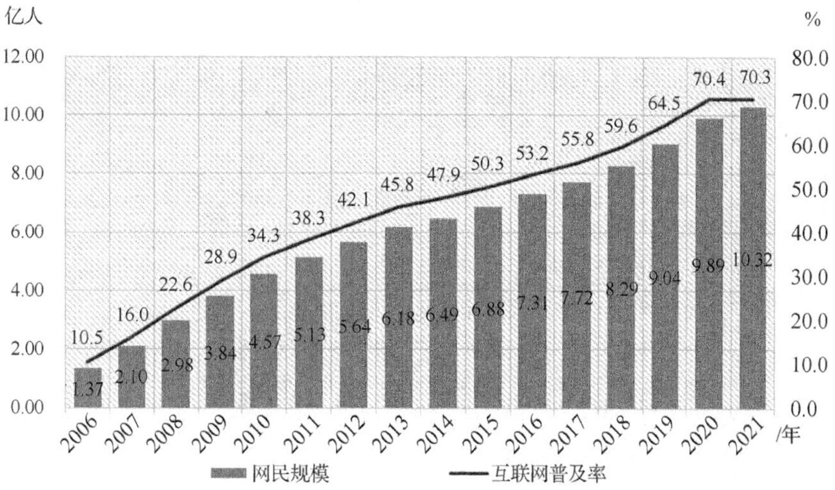

图 3-32　2006 年 12 月至 2021 年 12 月中国网民规模和互联网普及率

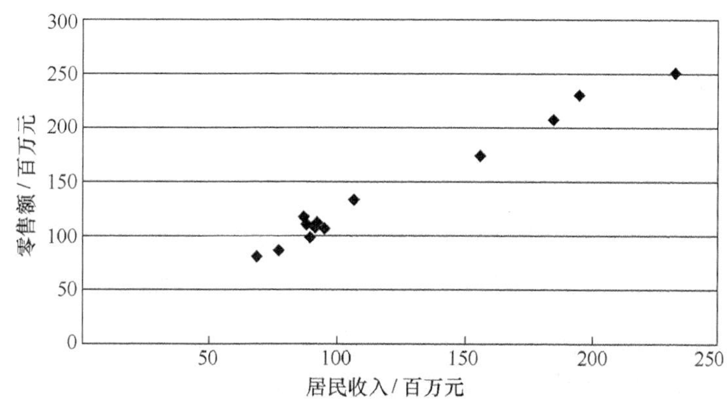

图 3-33　某市居民收入与社会商品零售额的关系

9．统计地图

统计地图是借助于地图反映研究对象数量特征的一种图形。Excel 2016 新增了三维地图功能，当需要按地理位置展示数据时，Excel 三维地图能够自动识别地理信息，并在地图上的相应城市、省份或国家利用三维地图加图表的方式生动形象地进行展示，给人耳目一新的感觉。

3.4.3　Excel 操作

在 Excel 界面，单击“插入”→“推荐的图表”（或单击图表区域右下角的按钮），如图 3-34 所示。出现“插入图表”对话框，单击“所有图表”，出现各种可选的图形，如图 3-35 所示。Excel 2016 增加了 6 种新图表，如图 3-35 中显示的树状图、旭日图、直方图、箱形图、瀑布图，还有三维地图。

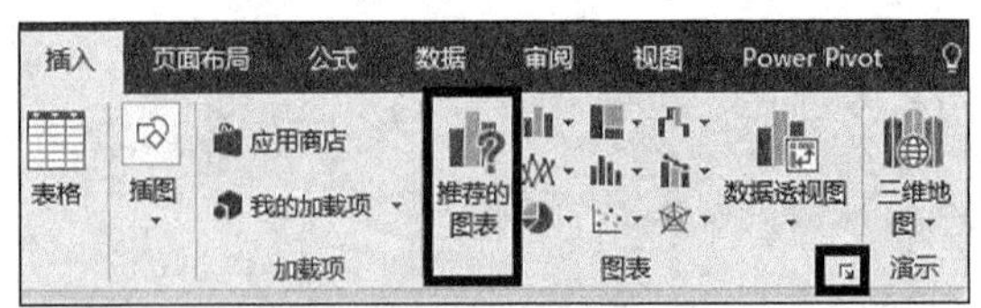

图 3-34 插入图表

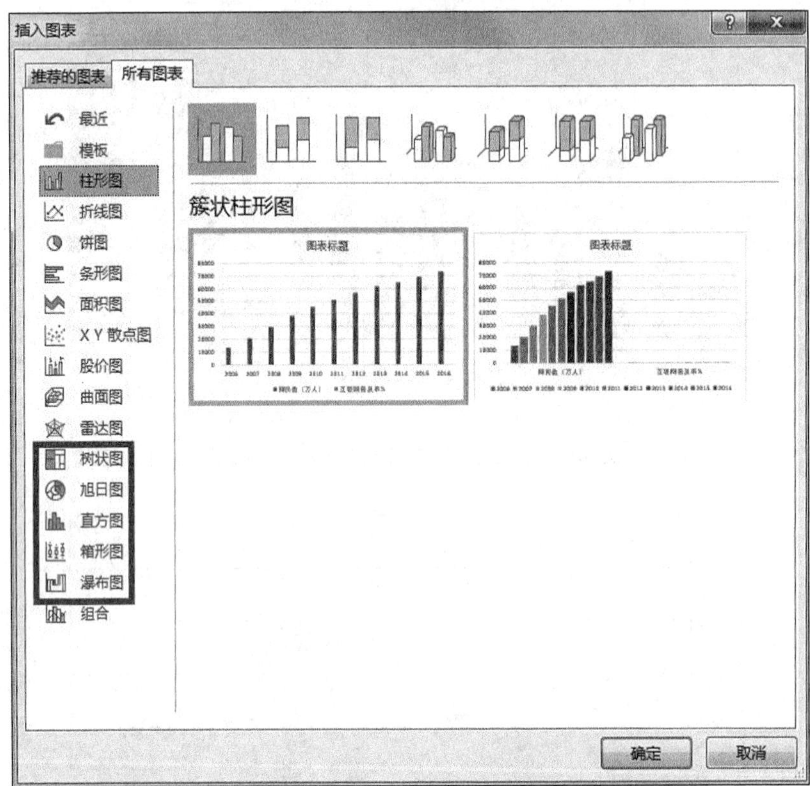

图 3-35 “插入图表”对话框

【例 3-4】 以表 3-9 所示资料为例，进行条形图的绘制。

（1）将表 3-9 中的资料输入 Excel 表格中，如图 3-36 所示。

（2）将光标定位在数据区域，单击“插入”→“推荐的图表”，出现“插入图表”对话框，选择“条形图”，单击“确定”按钮，输出条形图，修饰后如图 3-37 所示。

【例 3-5】 以表 3-10 所示资料为例，进行饼图的绘制。

（1）将表 3-10 中的资料输入 Excel 表格中，如图 3-38 所示。

	A	B
1	等红灯的时候做什么	人数 / 人
2	拿出手机，无目的地翻看	13
3	打电话	6
4	用手机上网	6
5	用手机玩游戏	2
6	听音乐	7
7	看报纸、杂志等	2
8	静静等待红灯	85
9	其他	5

图 3-36 Excel 中的频数分布资料

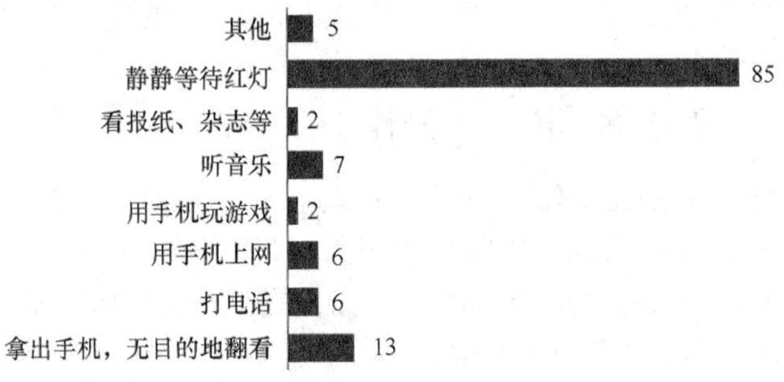

图 3-37 条形图

（2）绘图方法同【例 3-4】，唯一的区别是在选择图表类型时选择“饼图”。输出饼图如图 3-39 所示。

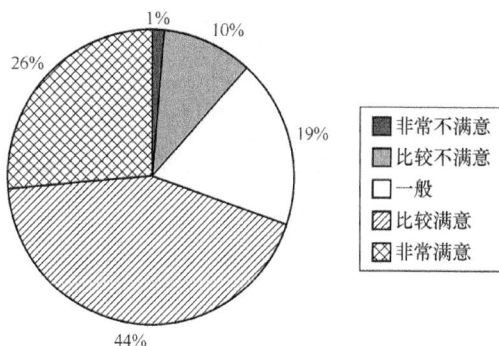

	A	B
1	满意度	比重
2	非常满意	26%
3	比较满意	44%
4	一般	19%
5	比较不满意	10%
6	非常不满意	1%

图 3-38　Excel 中的频数分布资料

1%
10%
26%
19%
44%
非常不满意
比较不满意
一般
比较满意
非常满意

图 3-39　饼图

【例 3-6】 以表 3-11 所示资料为例，进行直方图的绘制。

（1）将表 3-11 中的原始资料录入 Excel 表格中，如图 3-40 所示。

（2）将光标定位在数据区域，单击“插入”→“推荐的图表”，在“插入图表”对话框中选择“直方图”，单击“确定”按钮，输出直方图，添加数据标签，如图 3-41 所示。直方图一般用于分析数据在各个区间分布的比例，可以看到，根据表中数据生成的直方图默认分为 5 个矩形，分别代表各个数据区间内的数据分布情况。本例中，工资在 2 300～4 700 元的人数最多，有 25 人。

	A	B
1	工资	
2	2300	
3	2400	
4	2500	
5	2500	
6	2600	

图 3-40　45 名员工的工资

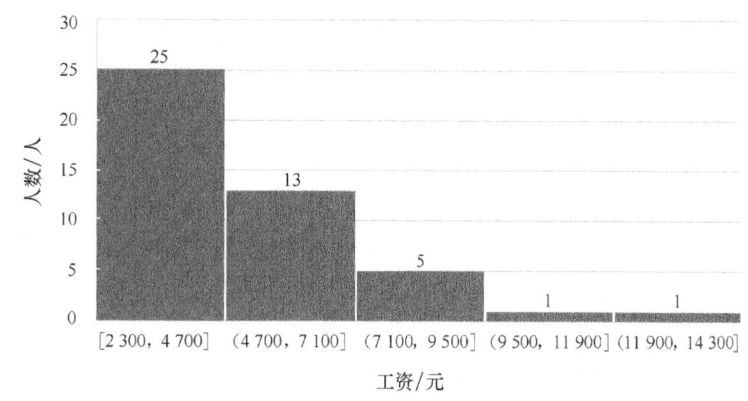

图 3-41　直方图 1

（3）如果对默认生成的直方图不满意，如想多划分几个区间，则可以自定义直方图。将光标放在横轴区域，右击，选择“设置坐标轴格式”命令，在“设置坐标轴格式”任务窗格中，选中“坐标轴选项”下面的“箱”中的“箱宽度”单选按钮，在文本框中输入“1 500.0”，如图 3-42 所示。随后可看到工作表中的直方图由刚才的 5 个“箱”变成了 8 个“箱”，如图 3-43 所示。在新的直方图中，工资在 2 300～3 800 元这一组的人数最多，有 19 人。

图 3-42　设置坐标轴格式

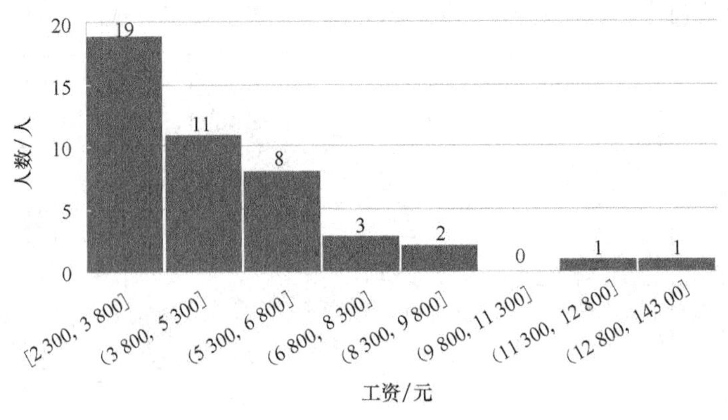

图 3-43　直方图 2

3.4.4　习题与实训

一、选择题

1. 以条形的高低代表各组数据频数大小的图形称为（　　）。

   A. 条形图　　B. 饼图　　C. 对比条形图　　D. 直方图

2. 适用于比较研究两个或多个总体结构性问题的图形是（　　）。

   A. 饼图　　B. 条形图　　C. 环形图　　D. 累积频数图

3. 顺序数据适合绘制的图形有（　　）。

   A. 饼图　　B. 条形图　　C. 环形图　　D. 累积频数图

4. 对于时间序列数据，用于描述其变化趋势的图形通常是（　　）。

   A. 条形图　　B. 直方图　　C. 箱线图　　D. 折线图

5. 由一组数据的最大值、最小值、中位数和两个四分位数绘制而成的，反映一组数据分布的图形称为（　　）。

   A. 条形图　　B. 茎叶图　　C. 直方图　　D. 箱线图

6. 考察两个变量之间是否存在某种关系时，适合采用的图形是（　　）。

   A. 条形图　　B. 散点图　　C. 箱线图　　D. 环形图

7. 与直方图相比，茎叶图（　　）。

   A. 没有保留原始数据的信息　　B. 保留了原始数据的信息

   C. 适用于描述小批量数据的分布　　D. 更适合描述分类数据

8. 对已分组的数据通常使用（　　）来显示其分布。

   A. 茎叶图　　B. 直方图　　C. 折线图　　D. 箱线图

9. 统计表从形式上看，一般包括（　　）。

   A. 总标题　　B. 行标题　　C. 列标题

   D. 统计资料　　E. 调查单位

二、思考题

1. 适合分类数据和顺序数据的图示方法有哪些？
2. 描述数值型数据常用的图形有哪些？
3. 统计表主要由哪几部分组成？编制统计表需要注意哪些问题？

三、综合应用题

1. 据调查，某地消费者主要选择的银行机构集中在 5 家，依次是中国工商银行（38.9%）、中国建设银行（19.4%）、中国农业银行（13.3%）、招商银行（10.8%）、中国银行（8.2%），其余的只占 9.4%。指出上述数据的类型，并绘制饼图显示其分布。

2. 某公司 3 月 31 天的销售额资料如表 3-19 所示，指出数据的类型，根据数据绘制茎叶图、箱线图和直方图。

表 3-19　某公司 3 月 31 天的销售额资料　　单位：万元

41	46	35	42	25	36	28	36	29	45	46	37	47	37	34	37
38	37	30	49	34	36	37	39	30	45	44	42	38	43	26	

3. 某公司 48 名员工的教育程度资料如表 3-20 所示，绘制一个条形图以反映该公司员工的教育程度分布。

表 3-20　某公司 48 名员工的教育程度

本科	高中	高中	本科	初中	高中	高中	高中	高中	大专	大专	大专
本科	大专	硕士	高中	大专	大专	初中	本科	高中	大专	本科	硕士
本科	大专	大专	高中	高中	硕士	高中	大专	本科	高中	高中	大专
初中	本科	本科	硕士	大专	高中	大专	大专	初中	大专	初中	高中

任务解析

本任务的资料引自中国互联网络信息中心 2022 年 2 月在京发布的第 49 次《中国互联网络发展状况统计报告》。中国互联网络信息中心自 1997 年开始，对我国网民规模、结构特征、接入方式和网络应用情况进行连续的调查研究，并于每年 1 月和 7 月定期发布《中国互联网络发展状况统计报告》。

在完成一项调查之后，应怎样进行数据的整理呢？以什么形式展示整理的结果呢？本任务解答的就是这个问题。数据整理的目标是将调查所获得的大量零散的个体资料转化成总体资料，数据整理的基本方法就是统计分组，即将个体资料归到不同的组或类别，分组后形成的频数分布可以让研究者清晰地看出总体内部的结构或分布特征。一项调查会涉及很多问题，而一次只能整理一个问题，一个问题就代表一个数据，这些数据或者是分类数据、顺序数据，或者是数值型数据，如网民的性别是分类数据，网民的文化程度是顺序数据，网民的收入水平是数值型数据。数据的类别不同，整理的方法也有所不同，本任务分别介绍了分类数据、顺序数据和数值型数据的整理方法。《中国互联网络发展状况统计报告》就是由一个个问题的整理结果组成的。图、表是展示统计整理结果必不可少的工具，是简明、高效地表现统计数据的重要方式。本任务介绍了统计表的基本结构和类型、统计图的常见形式及适用条件。《中国互联网络发展状况统计报告》图文并茂，充分运用了图表的表现形式。

相关知识图示

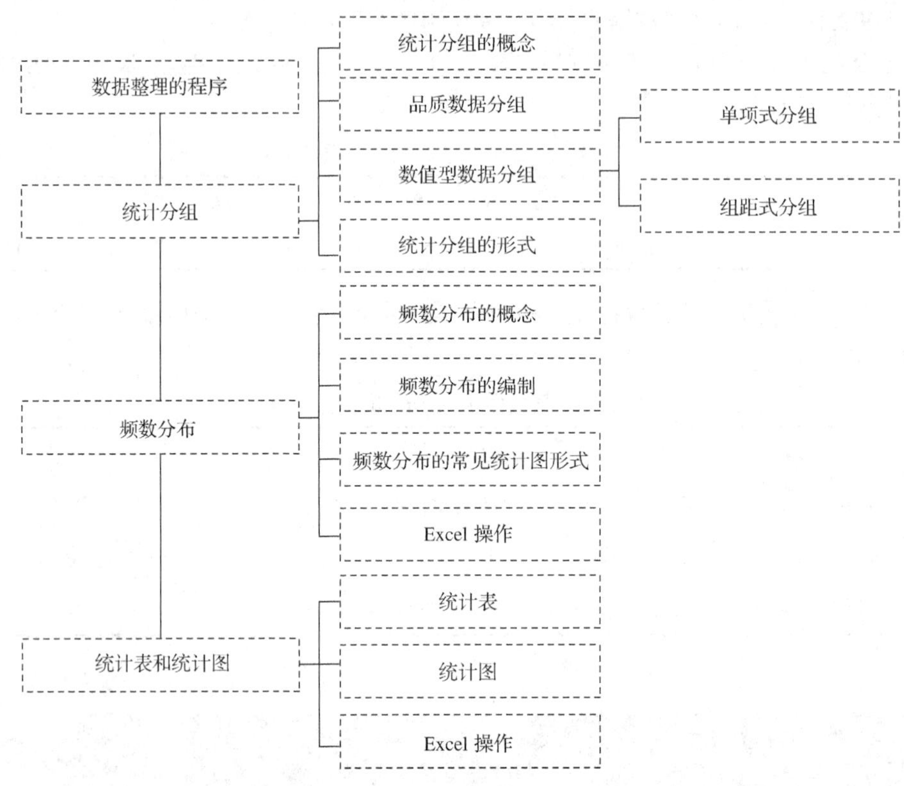
数据整理的程序
统计分组
统计分组的概念
品质数据分组
数值型数据分组
单项式分组
组距式分组
统计分组的形式
频数分布
频数分布的概念
频数分布的编制
频数分布的常见统计图形式
Excel 操作
统计表和统计图
统计表
统计图
Excel 操作

数据特征的描述

知识目标

（1）总量指标和相对指标的含义、种类与计量方法。

（2）集中趋势的含义及算术平均数、调和平均数、众数、中位数、几何平均数的计算。

（3）离散程度的含义及异众比率、四分位差、极差、平均差、标准差、离散系数的计算。

能力目标

（1）能正确选择总量指标和相对指标对研究对象进行描述。

（2）能正确选择和使用平均指标及离散指标描述社会经济现象的数量特征。

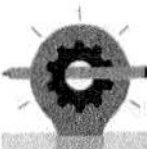

任务引入

中华人民共和国2022年国民经济和社会发展统计公报（部分内容）

初步核算，全年国内生产总值1 210 207亿元，比上年增长3.0%。其中，第一产业增加值88 345亿元，比上年增长4.1%；第二产业增加值483 164亿元，增长3.8%；第三产业增加值638 698亿元，增长2.3%。第一产业增加值占国内生产总值比重为7.3%，第二产业增加值比重为39.4%，第三产业增加值比重为53.8%。

……

年末全国就业人员73 351万人，其中城镇就业人员45 931万人，占全国就业人员比重为62.6%。全年城镇新增就业1 206万人，比上年少增63万人。全年全国城镇调查失业率平均值为5.6%。全国农民工总量29 562万人，比上年增长1.1%。其中，外出农民工17 190万人，增长0.1%；本地农民工12 372万人，增长2.4%。

……

年末国家外汇储备31 299亿美元，比上年末减少1 225亿美元。全年人民币平均汇率为1美元兑6.726 1元人民币，比上年贬值4.1%。

……

全年全国居民人均可支配收入36 883元，比上年增长5.0%，扣除价格因素，实际增长2.9%。全国居民人均可支配收入中位数31 370元，增长4.7%。按常住地分，城镇居民人均可支配收入49 283元，比上年增长3.9%，扣除价格因素，实际增长1.9%。城镇居民人均可支配收入中位数45 123元，增长3.7%。农村居民人均可支配收入20 133元，比上年增长6.3%，扣除价格因素，实际增长4.2%。农村居民人均可支配收入中位数17 734元，增长4.9%。按全国居民五等份收入分组，低收入组人均可支配收入8 601元，中间偏下收入组人均可支配收入19 303元，中间收入组人均可支配收入30 598元，中间偏上收入组人均可支配收入47 397元，高收入组人均可支配收入90 116元。全国农民工人均月收入4 615元，比上年增长4.1%。全年脱贫县农村居民人均可支配收入15 111元，比上年增长7.5%，扣除价格因素，实际增长5.4%。

……

下面结合《中华人民共和国2022年国民经济和社会发展统计公报》，说明数据特征描述的基本方法，指出上述统计公报中出现的指标分别属于总量指标、相对指标或平均指标中的哪一种类型。

知识链接

4.1 总量与相对量的测度

4.1.1 总量指标

1. 总量指标的含义

总量指标是描述社会经济现象在一定时间、地点和条件下总规模、总水平的统计指标，一般以绝对数的形式存在，又称为绝对量。两个总量指标之间的差额，即绝对量相减的结果仍是总量指标。例如，某公司今年实现利润 240 万元，去年实现利润 200 万元，则 240 万元、200 万元，以及增加额 40 万元都是总量指标。

总量指标是认识现象数量特征的起点指标，也是计算相对指标和平均指标的基础指标。例如，反映一个公司的概况，首先用资金总额、产值、实现的销售收入、利润、职工人数等反映总体规模、水平的总量指标，接下来使用总量指标之间的对比指标（即两个总量指标相除），如“资金利润率”“销售利润率”等相对指标和“平均工资”等平均指标。相对指标和平均指标是总量指标的派生指标，对现象的深入认识需要这些反映数量对比关系的指标。

2．总量指标的计量单位

总量指标的计量单位有 3 类：实物单位、价值单位和劳动单位。

（1）实物单位。实物单位是反映事物自然属性和特征的计量单位，具体表现形式有自然单位、度量衡单位、标准实物单位、双重单位和复合单位等。自然单位如汽车以辆为单位，牛、马以头为单位，啤酒以瓶为单位，人口以人为单位，等等。度量衡单位是指根据统一的度量衡制度来计量实物的重量、长度、面积、容积等的单位，如吨、米、平方米、立方米等。标准实物单位是按统一的折算标准来进行计量的一种实物单位，如把各种能源都折算成热量值为 7 000 大卡/千克的标准煤、把含氮量不同的化肥都折算成含氮 100%的标准化肥等。双重单位是指用两种或两种以上的单位结合起来进行计量的单位，如船舶以艘/吨为单位、起重机以台/吨为单位等。复合单位是两个单位的乘积，如汽车货运量用吨千米计量、发电量用千瓦时计量等。实物指标反映了某一类事物实物量的规模。

（2）价值单位。价值单位是以货币作为计量尺度的计量单位，如元、万元、亿元等。以价值单位计算的价值量指标具有较强的综合概括能力，可以反映某一类或若干类事物价值量的总规模，如 GDP 总量、商品销售额、工资总额等。不同实物单位计量的实物指标不能简单加总，但在需要对其进行加总时，就可以采用价值单位计算并进行简单加总。如不同商品的销售量因实物单位不同而不能简单加总，将不同商品的销售量乘单价，换算成用价值单位表示的销售额就可以简单加总了。

（3）劳动单位。劳动单位以劳动时间作为计量单位，一般用工日、工时表示。一个人工作一小时称为一个工时，一个人工作一天称为一个工日。劳动单位是评价劳动时间利用程度和计算劳动生产率的依据，是制定劳动定额或统计产出的一种计量工具。

3．总量指标的种类

（1）总量指标按反映的内容不同，分为总体单位总量和总体标志总量。

总体单位总量就是一项调查中的调查单位数量。例如，对某市工业企业进行经营状况调查，该市全部工业企业的个数就是总体单位总量。

总体标志总量就是总体各单位某一数量标志的总和。还是对某市工业企业经营状况进行调查，该市所有工业企业的从业人员总数、所有工业企业实现的销售收入总额、实现利润总额等汇总指标就是总体标志总量。

（2）总量指标按反映的时间状况不同，分为时期总量和时点总量。

时期总量反映现象在一定时间范围内发展变化的累积总规模，又称流量（Flow），如某月商品销售量是该月每天商品销售量的总和，销售量就是一个时期总量指标。时期总量指

标的特点可以归纳为 3 点：第一，在一定时期内不同时间单位上的时期总量可以简单累加；第二，不同时间单位上的时期总量是通过连续不断地记录取得的；第三，累加后数据的大小与指标所包含的时期长短成正比关系，即指标所包含的时期越长，指标值就越大，反之越小。

时点总量是现象在某一时点上的总规模，并以此代表现象在某一段时间内的总水平，又称存量（Stock）。例如，某月职工人数，可用月初或月末这一时点上的人数代表，而不能用该月每天人数的简单合计，这样就重复了。时点总量指标的特点也可归纳为 3 点：第一，在一定时期内不同时间单位上的时点总量不可以简单累加；第二，时点总量不必连续不断地登记，通常在一定时期（如月度、季度或年度）的期初或期末登记一次即可；第三，时点总量指标数值的大小与时点总量指标所反映的时期长短无直接关系。

4.1.2 相对指标

1．相对指标的含义

相对指标也称相对数，是社会经济现象中两个有联系的指标数值之比，用以反映现象发展的程度、结构、强度、普遍程度或比例关系等。例如，某企业一季度实现销售收入 100 万元，二季度 120 万元，三季度 132 万元。则从相对量上看，三季度比二季度增长 10% $\left(\frac{132}{120}-1=0.1=10\%\right)$，二季度比一季度增长 20% $\left(\frac{120}{100}-1=0.2=20\%\right)$，三季度的增长速度较二季度减缓。相对指标的特点是把两个具体的数值抽象化，抽象化后的相对量更便于现象之间的对比。相对指标的计算公式如下。

$$相对指标=\frac{比数}{基数}$$

2．相对指标的计量单位

相对指标的计量单位有两种：有名数和无名数。

（1）有名数。有名数一般是将对比的比数和基数的计量单位同时使用所形成的计量单位，通常表现为复名数的形式，如人口密度的计量单位是“人/平方千米”、平均工资的计量单位是“元/人”等。

（2）无名数。无名数是一种抽象化的计量单位，两个总量指标对比后其计量单位都被抽象了，这时，相对指标就用系数、倍数、成数、百分数或千分数来表示。当把对比的基数抽象为 1 时，得到的相对指标就表现为系数或倍数，例如，甲的月工资是 6 000 元，乙的月工资是 3 000 元，则可以说甲的工资是乙的 2 倍，或者说乙的工资是甲的一半（0.5）；当把对比的基数抽象为 10 时，得到的相对指标就表现为成数，如本月产量是 1 100 件，上月产量是 1 000 件，则可以说本月产量比上月增长了 1 成；当把对比的基数抽象为 100 时，得到的相对指标就表现为百分数，如本月计划产量是 1 000 件，实际产量是 1 200 件，则可以说本月产量的计划完成程度是 120%，比数、基数数值差异不大时通常用百分数表示；当把对比的基数抽象为 1 000 时，得到的相对指标就表现为千分数，千分数适用于对比的比数数值比基数数值小得多的情况，如人口出生率、死亡率等。

3．相对指标的种类及计算方法

实际工作中，经常进行以下 6 种形式的对比，形成 6 种相对指标，如图 4-1 所示。

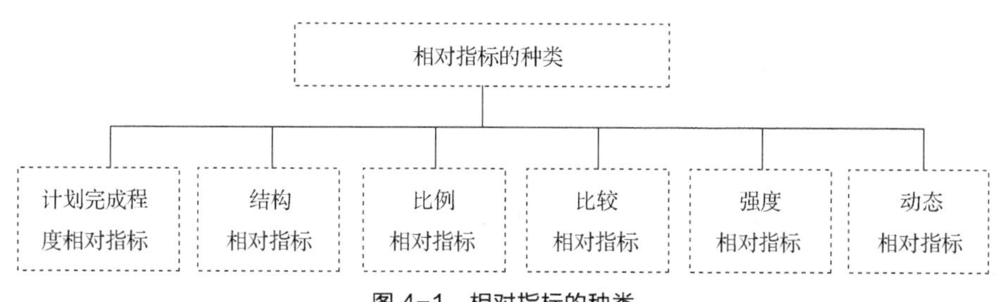

图 4-1 相对指标的种类

（1）计划完成程度相对指标。计划完成程度是实际完成数与同期计划任务数之比，是用来检查、监督计划完成情况的综合指标，一般用百分数（%）表示，基本公式如下。

$$计划完成程度=\frac{实际完成数}{同期计划任务数}\times 100\% \tag{4-1}$$

计划完成程度的检查方法分为短期计划检查和中长期计划检查，如图 4-2 所示。

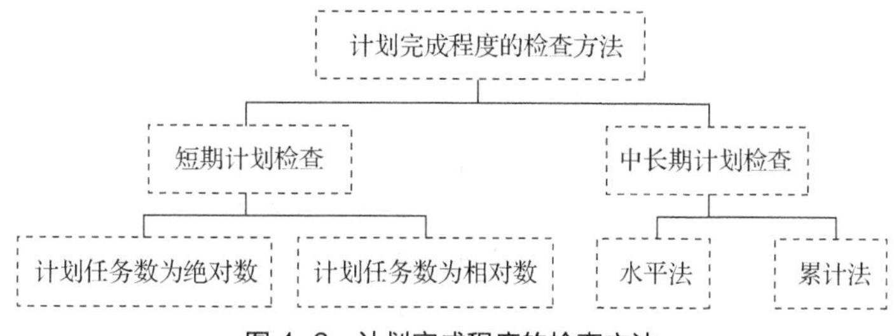

图 4-2 计划完成程度的检查方法

① 短期计划检查，是指将月度、季度或年度的实际完成数与同期计划任务数进行对比。同期计划任务数是绝对数时举例如下。

【例 4-1】 某企业 8 月计划利润总额达到 270 万元，实际利润总额为 300 万元，求该企业 8 月计划完成程度。

$$计划完成程度=\frac{实际完成数}{同期计划任务数}\times 100\%=\frac{300}{270}\times 100\%\approx 111.11\%$$

则 8 月计划完成程度约为 111.11%，超额完成计划 11.11%左右。

同期计划任务数是相对数时举例如下。

【例 4-2】 某企业 9 月计划销售收入比上月增长 6%，实际增长了 9%，求该企业 9 月销售收入的计划完成程度。

$$计划完成程度=\frac{1+实际增长率}{1+计划增长率}\times 100\%=\frac{1+9\%}{1+6\%}\times 100\%\approx 102.83\%$$

本例中，销售收入是正指标，对于正指标来说，计划完成程度大于 100%说明超额完成计划，小于 100%说明没有完成计划。9 月计划完成程度约为 102.83%，超计划完成 2.83%左右。

【例 4-3】 某企业 B 产品去年单位成本为 500 元，今年计划比去年单位成本降低 8%，实际单位成本降低了 4%。求该企业 B 产品单位成本降低计划完成程度。

可以采用以下两种计算方法。

方法一：用两个绝对量对比。

B 产品实际单位成本为 500×(1−0.04)=480（元）。

B 产品计划单位成本为 500×(1−0.08)=460（元）。

$$计划完成程度=\frac{实际单位成本}{计划单位成本}\times100\%=\frac{480}{460}\times100\%\approx104.35\%$$

方法二：用两个相对量对比。

$$计划完成程度=\frac{1-单位成本实际降低率}{1-单位成本计划降低率}\times100\%=\frac{1-4\%}{1-8\%}\times100\%\approx104.35\%$$

本例中，单位成本是逆指标，对于逆指标来说，计划完成程度大于 100%属于未完成计划。B 产品的计划完成程度约为 104.35%，所以，单位成本没有完成计划规定的水平，还差 4.35%左右。

实际工作中，还可以用实际完成的百分比与计划完成的百分比相减来表示实际与计划的对比，但相减后的差额用“百分点”表述。例如，在【例 4-2】中，9 月的实际销售收入增长率比计划多了 3 个百分点；在【例 4-3】中，B 产品单位成本实际降低率比计划少了 4 个百分点。

② 中长期计划检查，是指对 5 年或 5 年以上计划任务的检查。

中长期计划检查有两种方法：水平法和累计法。

水平法适用于只规定计划期末要达到某种水平的现象，此时计划完成程度的计算公式如下。

$$计划完成程度=\frac{计划期末实际完成水平}{计划期末计划任务水平}\times100\%$$

【例 4-4】 某企业某种产品的销售额，按 5 年计划的规定，连续 4 个季度要达到 100 万元。计划执行情况如表 4-1 所示，该企业是否按期完成了 5 年计划？

表 4-1　某种产品 5 年销售额计划执行情况统计　　单位：万元

时间	第 1 年	第 2 年	第 3 年	第 4 年				第 5 年			
				第 1 季	第 2 季	第 3 季	第 4 季	第 1 季	第 2 季	第 3 季	第 4 季
销售额	78	82	89	24	24	24	25	25	26	26	28

$$计划完成程度=\frac{25+26+26+28}{100}\times100\%=105\%$$

该企业计划完成程度为 105%，超计划完成 5%。该企业从第 4 年第 3 季度至第 5 年第 2 季度的销售额总和已达到计划规定的 100 万元水平，所以提前两个季度（即 6 个月）完成了 5 年计划。

累计法适用于规定计划期全期累计应达到某个总量的现象，此时计划完成程度的计算公式如下。

$$计划完成程度=\frac{计划期实际完成累计数}{同期计划任务累计数}\times100\%$$

【例 4-5】 某企业 2018—2022 年计划投资总额为 2 500 万元，实际完成情况如表 4-2 所示。该企业 5 年基本建设投资计划完成情况如何？

表 4-2　某企业 2018—2022 年实际投资情况统计　　单位：万元

时间	2018 年	2019 年	2020 年	2021 年	2022 年			
					第 1 季	第 2 季	第 3 季	第 4 季
投资总额	480	508	600	612	120	180	250	150

$$计划完成程度=\frac{480+508+600+612+(120+180+250+150)}{2\,500}\times100=116\%$$

该企业 5 年计划的计划完成程度为 116%，超计划完成 16%。由于到 2021 年的第 2 季度就累计完成了 2 500 万元的投资计划目标，所以提前 6 个月完成了计划。

（2）结构相对指标。结构相对指标是总体中一部分数值与总体全部数值对比的结果，用于反映总体内部的构成情况，一般用百分数（%）表示，各部分占总体的比重之和应等于 100%。其计算公式如下。

$$结构相对指标=\frac{总体某一部分数值}{总体全部数值}\times100\% \tag{4-2}$$

反映总体内部构成的结构相对指标在实际中应用较为广泛，如第一产业、第二产业、第三产业增加值占国内生产总值的比重可反映国民经济的三次产业构成；城市、农村人口占总人口的比重可反映城乡人口构成等。

（3）比例相对指标。比例相对指标是总体中某一部分数值与另一部分数值对比的结果，用于反映总体中各部分数值之间的对比关系，既可以用百分数表示，也可以用小数、倍数等形式表示。其计算公式如下。

$$比例相对指标=\frac{总体中某一部分数值}{总体中另一部分数值} \tag{4-3}$$

例如，某地区年度外贸进出口总额为 38 亿美元，其中，出口 24 亿美元，进口 14 亿美元，则出进口比例约为 1.714 3，即出口是进口的 1.714 3 倍左右；或者说出口是进口的 171.43% 左右；或者可以表示为，进口与出口之比约为 1∶1.714 3（或 100∶171.43）。

比例相对指标与结构相对指标都用来揭示事物内部的关系，都在总体分组的基础上进行计算，但对比方法不同。结构相对指标反映的是部分与总体的关系，比例相对指标反映的是部分与部分之间的关系，在实际工作中，两种相对指标经常结合使用。

例如，某地区第一产业增加值为 3 771 亿元，第二产业增加值为 22 059 亿元，第三产业增加值为 21 362 亿元。若用结构相对指标反映生产总值的内部构成，就分别用三次产业的增加值与生产总值相除，得到第一产业占比约 8%，第二产业占比约 46.7%，第三产业占比约 45.3%；若用比例相对指标来反映地区生产总值内部三次产业的关系，一般以第一产业为基数，分别用第二产业和第三产业增加值除以第一产业增加值，则三次产业增加值之比约为 1∶5.8∶5.7。

（4）比较相对指标。比较相对指标是在同一时间不同空间条件下同类指标数值对比的结果，这里的不同空间，可以是不同国家、不同地区、不同企业或不同部门。比较相对指标可用百分数或小数、倍数表示，计算公式如下。

$$比较相对指标=\frac{某一空间条件下某种指标数值}{另一空间条件下的同类指标数值} \tag{4-4}$$

例如，2021 年中国月最低工资标准最高的是上海市，为 2 590 元，最低的是甘肃省，为 1 620 元，则甘肃省的月最低工资水平仅为上海市的 62%，该指标是比较相对指标。

计算比较相对指标时，其比数、基数在指标含义、指标口径、计算方法、计量单位等方面必须一致，以保证可比性。

（5）强度相对指标。强度相对指标是两个性质不同但又有密切联系的总量指标对比的结果，强度相对指标反映现象的强度、密度和普遍程度。其计算公式如下。

$$强度相对指标=\frac{某一总量指标数值}{另一个性质不同但又有密切联系的总量指标数值} \tag{4-5}$$

强度相对指标一般有两种计量单位，一种是有名数，如人口密度“人/平方千米”、商业网点密度“人/个”和人均国内生产总值“元/人”等；另一种是无名数，如以千分数（‰）表示的人口出生率、以百分数（%）表示的资金利润率等。例如，某地区某年末人口数为100万人，年末拥有1 200个商业网点，商业网点密度可表示为：拥有的商业网点数为12个/万人，或者商业网点服务的人数为833人/个，这是用有名数表示的强度相对指标。

强度相对指标的分子和分母位置可以互换，这样可得到强度相对指标的正指标和逆指标。正指标是指强度相对指标数值的大小与现象发展的强度、密度和普遍程度呈正向关系，如每万人拥有的商业网点数是正指标，该指标数值越大，表示经济实力越强；反之为逆指标，如每个商业网点服务的人口数，该指标数值越小，表示经济实力越强。

（6）动态相对指标。动态相对指标是某一指标数值在不同时期对比的结果，用于反映现象的动态变化。动态相对指标一般用百分数（%）表示，当报告期与基期相隔较远，两个时期的水平相差较大时，也可采用倍数表示。其计算公式如下。

$$动态相对指标=\frac{报告期水平}{基期水平} \tag{4-6}$$

例如，某地区2022年地区生产总值为52 567万元人民币，比上年增长8.2%，8.2%就是一个动态相对指标。

4.1.3 习题与实训

一、选择题

1. 总量指标数值大小（　　）。

A. 随总体范围的增大而增大　　B. 随总体范围的增大而减小

C. 随总体范围的缩小而增大　　D. 与总体范围的大小无关

2. 下列指标属于时期总量的是（　　）。

A. 国内生产总值　　B. 商品库存量

C. 利税总额　　D. 年末居民储蓄存款余额

E. 固定资产原值　　F. 职工人数

3. 总体的一部分数值与总体全部数值之比是（　　）。

A. 比例相对指标　B. 比较相对指标　C. 结构相对指标　D. 动态相对指标

4. 某产品单位成本计划规定比基期下降3%，实际比基期下降3.5%，单位成本计划完成程度为（　　）。

A. 85.7%　B. 99.5%　C. 100.5%　D. 116.7%

5. 相对指标数值的表现形式有（　　）。

A. 小数　B. 有名数　C. 百分数　D. 千分数

6. 把基数抽象为100计算出来的相对指标称为（　　）。

A. 百分数　B. 倍数　C. 成数　D. 千分数

二、思考题

1. 什么是总量指标？总量指标的计量单位是什么？

2. 举例说明什么是时期总量指标和时点总量指标。

3. 有哪几种常用的相对指标？其比数和基数分别是什么？分别采用何种形式的计量单位？

三、综合应用题

1．某公司所属 3 个分公司某年下半年利润额资料如表 4-3 所示。

表 4-3　下半年利润额资料

公司＼季度	第 3 季度利润/万元	第 4 季度					第 4 季度为第 3 季度的百分比/%
		计划		实际		计划完成百分比/%	
		利润/万元	比重/%	利润/万元	比重/%		
A 公司	1 082	1 234		1 358			
B 公司	1 418	1 724				95	
C 公司	915			1 140		105	
合计	3 415						

要求：①补填表中的空白部分；②判断表中指标分别属于哪种总量指标或相对指标？

2．某地区 2021 年和 2022 年的生产总值及三次产业增加值资料如表 4-4 所示，计算该地区 2021 年生产总值和三次产业的增长速度以及 2022 年的三次产业构成。

表 4-4　增加值资料

指标＼年份	2021 年	2022 年
地区生产总值/亿元	43 120	47 156
其中：第一产业增加值/亿元	4 959	5 093
第二产业增加值/亿元	20 611	22 682
第三产业增加值/亿元	17 550	19 381

3．从政府统计网站或报纸、杂志上摘录统计数据，并利用本任务学习的相关知识判断其中指标的计算方法及指标类型。

4.2　集中趋势的测度

4.2.1　集中趋势的含义

集中趋势是一组数据向其中心值靠拢的倾向和程度，它反映了一组数据中心值所在的位置。测度集中趋势就是寻找数据的中心值或一般水平的代表值。一组数据的中心值或代表值是将该组数据的差异抽象化后的结果，代表了该组数据的一般水平，能够反映总体分布的集中趋势。

4.2.2　集中趋势的测度方法

测度集中趋势的常用方法有算术平均数、调和平均数、中位数、众数、几何平均数等。其中，算术平均数是应用最为广泛的反映总体分布集中趋势的测度指标。集中趋势的测度方法如图 4-3 所示。

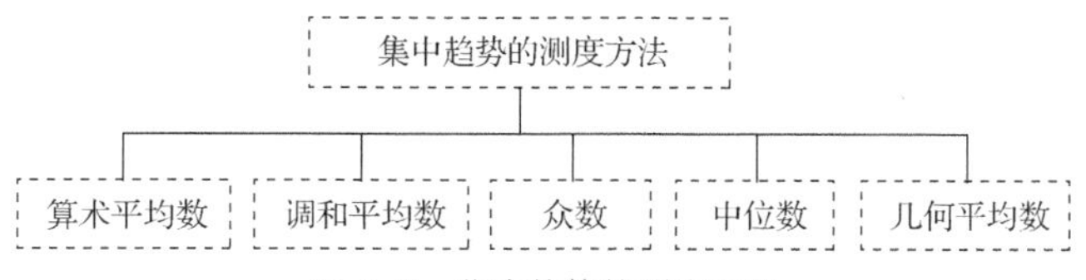

图 4-3　集中趋势的测度方法

1．算术平均数

算术平均数（Average）是一组数据相加后除以数据个数的结果，也称为均值，主要用于反映数值型数据的平均水平。算术平均数是根据全部数据计算出的，优点是利用了全部数据，缺点是容易受极端值的影响，当极端值存在时算术平均数代表性较差。算术平均数是大多数人所熟悉的、应用最为广泛的一种平均数。根据所计算的数据是否分组，算术平均数又分为简单算术平均数和加权算术平均数两种计算形式。

（1）简单算术平均数。简单算术平均数是对未经分组的数据资料计算平均数而采用的计算形式。设一组数据有 n 个变量值，分别为 x_1，x_2，…，x_n，求这一组变量值的简单算术平均数，可以将变量值简单相加再除以变量值的个数，公式如下。

$$\bar{x} = \frac{x_1 + x_2 + \cdots + x_n}{n} = \frac{\sum_{i=1}^{n} x_i}{n} \quad (4\text{-}7)$$

这里的平均数“$\bar{x}$”读作 x－bar，“$\sum$”读作“西格玛”，是求和的符号。

【例 4-6】某企业销售部门 7 名业务员的月收入分别是 8 500、5 400、9 500、5 100、6 500、8 500、7 600（元）。这 7 人的平均月收入为

$$\bar{x} = \frac{8\,500+5\,400+9\,500+5\,100+6\,500+8\,500+7\,600}{7} = \frac{51100}{7} = 7\,300 \text{（元）}$$

对于数据量比较小的未分组数据，采用手工计算尚可；而对于数据量大的未分组数据，在 Excel 等数据软件的帮助下可以快速而准确地求出平均数。

（2）加权算术平均数。加权算术平均数是对已分组的数据资料计算平均数而采用的计算形式。若将一组原始数据分为 k 组，各组数据出现的频数不相等，就需要以各组的频数作为权数对各组的变量值进行加权平均。其计算公式如下。

$$\bar{x} = \frac{x_1 \cdot f_1 + x_2 \cdot f_2 + \cdots + x_k \cdot f_k}{f_1 + f_2 + \cdots + f_k} = \frac{\sum x \cdot f}{\sum f} \quad (4\text{-}8)$$

式中，x_1，x_2，…，x_k 是各组的变量值（在单项式分组中是各组的变量值，在组距式分组中是各组的组中值），f_1，f_2，…，f_k 是各组的频数。

当各组权数表现为比重或频率形式 $\left(\frac{f}{\sum f}\right)$ 时，计算算术平均数的公式如下。

$$\bar{x} = x_1 \cdot \frac{f_1}{\sum f} + x_2 \cdot \frac{f_2}{\sum f} + \cdots + x_k \cdot \frac{f_k}{\sum f} = \sum\left(x \cdot \frac{f}{\sum f}\right) \quad (4\text{-}9)$$

① 由单项式分组计算加权算术平均数。对于单项式分组，可以直接用各组的权数对各组变量值进行加权平均。

【例 4-7】按家庭拥有汽车的数量对调查的 100 户居民进行分组，如表 4-5 所示。计算 100 户居民户均拥有的汽车数量。

表 4-5　100 户居民汽车平均拥有量计算

居民家庭拥有汽车数量 x/辆	居民户数 f/户	$x \cdot f$
0	30	0
1	67	67
2	2	4
3 及以上	1	3
合计	100	74

$$\bar{x}=\frac{\sum x\cdot f}{\sum f}=\frac{74}{100}=0.74\ （辆）$$

计算结果表明，100 户居民家庭平均拥有汽车 74 辆，户均 0.74 辆。

② 由组距式分组计算加权算术平均数。组距式分组中各组的变量值表现为变量变动的一个区间，因此，首先需要确定各组的代表值，一般用各组的组中值作为各组的代表值，然后加权计算算术平均数。

【例 4-8】 某公司 400 名职工工资资料如表 4-6 所示，计算 400 名职工的平均工资。

表 4-6 某公司 400 名职工平均工资计算

月工资/元	组中值 x/元	职工人数 f/人	$x\cdot f$	比重 $\frac{f}{\sum f}$/%	$x\cdot\frac{f}{\sum f}$
①	②	③	④=②×③	⑤=③÷400	⑥=②×⑤
6 000 以下	5 250	60	315 000	15	787.5
6 000～7 500	6 750	100	675 000	25	1 687.5
7 500～9 000	8 250	140	1 155 000	35	2 887.5
9 000～10 500	9 750	60	585 000	15	1 462.5
10 500 以上	11 250	40	450 000	10	1 125
合计	—	400	3 180 000	100	7 950

首先计算各组组中值，然后分别采用频数和频率两种权数形式计算该公司职工的平均工资，两种方法的计算结果相同。

方法一：以各组职工人数（频数）f 为权数，计算公式为

$$\bar{x}=\frac{x_1\cdot f_1+x_2\cdot f_2+\cdots+x_k\cdot f_k}{f_1+f_2+\cdots+f_k}=\frac{\sum x\cdot f}{\sum f}=\frac{3\,180\,000}{400}=7\,950\ （元）$$

方法二：以各组职工人数比重（频率）为权数，计算公式为

$$\bar{x}=x_1\cdot\frac{f_1}{\sum f}+x_2\cdot\frac{f_2}{\sum f}+\cdots+x_k\cdot\frac{f_k}{\sum f}=\sum\left(x\cdot\frac{f}{\sum f}\right)$$

$$=5\,250\times0.15+6\,750\times0.25+8\,250\times0.35+9\,750\times0.15+11\,250\times0.10$$

$$=7\,950\ （元）$$

由上述计算可以看出，加权算术平均数的大小受两个因素的影响：一是各组变量值（x）的大小，二是各组权数（f 或 $\frac{f}{\sum f}$）的大小。假设各组变量值不变，各组频数或频率就能对加权算术平均数的大小起到举足轻重的作用，因此，频数或频率也称为权数。权数对加权算术平均数的决定作用表现为，哪个组的频数在总频数中占的比重大，则该组的变量值对平均数的影响就越大，相反就越小。以表 4-6 中的资料为例，7 500～9 000 组的频数最大，为 140 人，在总频数中所占的比重最大，为 35%，则平均数 7 950 就落在该组中；频数越小的组，其变量值越远离平均数。

（3）算术平均数的两个数学性质。算术平均数在统计学中具有重要地位，是统计分析与统计推断的基础。为便于读者对统计学其他内容的学习，这里介绍算术平均数两个重要的数学性质。

性质一：各变量值与其算术平均数离差之和等于 0，即 $\sum_{i=1}^{n}(x_i-\bar{x})=0$。

性质二：各变量值与其算术平均数离差平方和最小，即 $\sum_{i=1}^{n}(x_i-\bar{x})^2=$ 最小值 。

2．调和平均数

调和平均数（Harmean）是各变量值倒数的算术平均数的倒数，也称为倒数平均数。在实际中，当遇到被平均变量的权数未知而总量已知的情况时，可将算术平均数的公式变形为调和平均数的公式来对变量值进行平均。调和平均数也分为简单调和平均数和加权调和平均数两种形式。

（1）简单调和平均数。简单调和平均数适用于各变量值总量相等的情况，其公式为

$$\bar{x}_{\mathrm{H}}=\frac{1+1+1}{\frac{1}{x_1}+\frac{1}{x_2}+\frac{1}{x_3}}=\frac{n}{\sum\frac{1}{x}} \tag{4-10}$$

【例 4-9】 某种蔬菜，甲市场单价为 2 元/千克，乙市场单价为 2.3 元/千克，丙市场单价为 2.6 元/千克，若在 3 个市场各买 1 元的该种蔬菜，则其平均价格是多少呢？

根据常识，平均价格是购买金额与购买量之比，购买金额是 3 元，3 个市场的购买量分别是 1/2、1/2.3、1/2.6，则

$$\text{平均价格}=\frac{\text{购买金额}}{\text{购买量}}=\frac{1+1+1}{\frac{1}{2}+\frac{1}{2.3}+\frac{1}{2.6}}\approx 2.27\ (\text{元/千克})$$

（2）加权调和平均数。加权调和平均数适用于各变量值总量不相等的情况，其公式为

$$\bar{x}_{\mathrm{H}}=\frac{m_1+m_2+m_3}{\frac{m_1}{x_1}+\frac{m_2}{x_2}+\frac{m_3}{x_3}}=\frac{\sum m}{\sum\frac{m}{x}} \tag{4-11}$$

【例 4-10】 在【例 4-9】中，若在 3 个市场各买 1 元、1.2 元、1.5 元的该种蔬菜，则其平均价格是多少呢？这时，购买金额是 3.7 元，3 个市场的购买量分别是 1/2、1.2/2.3、1.5/2.6，则

$$\text{平均价格}=\frac{\text{购买金额}}{\text{购买量}}=\frac{1+1.2+1.5}{\frac{1}{2}+\frac{1.2}{2.3}+\frac{1.5}{2.6}}\approx 2.31\ (\text{元})$$

【例 4-11】 某企业 3 种产品的单位成本和总成本资料如表 4-7 所示。

表 4-7 某企业 3 种产品的单位成本和总成本

产品名称	单位成本 x/元	总成本 m/元	产量 $\frac{m}{x}$/件
甲	35	7 700	220
乙	40	12 400	310
丙	46	4 600	100
合计	—	24 700	630

平均单位成本是总成本与产量之比，该例中，3 种产品的产量未知，但可以根据已知的单位成本和总成本计算出来，即用 3 种产品各自的总成本除以单位成本，即

$$\bar{x}_{\mathrm{H}}=\frac{\sum m}{\sum\frac{m}{x}}=\frac{24\,700}{630}=39.2\ (\text{元/件})$$

3. 众数

众数（Mode）是一组数据中出现频率最高的数值，用“M_o”表示。

一般来说，在总体单位数足够多，且数据具有明显的集中趋势时，用众数反映一组数据的集中趋势才有意义。由于数据分布有不同的特点，在某一组数据中，可能没有众数，也可能有不止一个众数。众数的表现如图 4-4 所示。

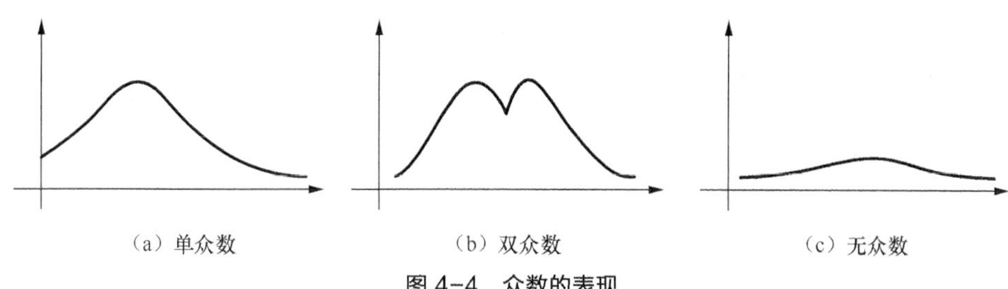

图 4-4　众数的表现

众数的应用并不像算术平均数那样普遍，只在某些情况下才是总体合适的代表值。例如，饮料零售商进货时更关心哪种饮料会有更高的销售量，而不是所有饮料的平均销售量；服装生产商、批发商、零售商在做有关生产或进货的决策时，更感兴趣的是销售量较大的尺寸而不是平均尺寸；大学生的平均年龄可使用众数；确定菜市场上同种蔬菜的平均价格也可使用众数。

对于分类数据、顺序数据，分类汇总后即可知道众数，频数最大的类别就是众数；对于数值型数据，分组后形成频数分布表，由此可以确定出众数（单项式分组）或众数所在组（组距式分组）。

（1）由未分组数据确定众数。

【例 4-12】 某个班级 21 名学生的年龄按大小排序依次是 18、19、19、19、19、19、19、19、19、19、19、19、19、19、19、19、19、20、20、20、21。21 个学生中，有 16 个学生的年龄是 19 岁，19 岁就是众数，可以作为学生年龄的平均数。

（2）由分组数据确定众数。

【例 4-13】 对 50 名大学生有关食堂服务满意度的调查结果如表 4-8 所示。用众数原理确定大学生的基本态度。从表中可以看出，认为服务“一般”的学生最多，有 20 人，“一般”就是众数，大学生对食堂服务的基本态度就是“一般”，倾向于“较好”。

表 4-8　大学生食堂服务满意度调查

满意度	人数/人
很好	5
较好	11
一般	20
较差	9
很差	5
合计	50

对于大部分数值型数据的分组来说，一般采用组距式分组形式，根据组距式分组确定众数需要使用下列公式。

下限公式：

$$M_o = L + \frac{\Delta_1}{\Delta_1 + \Delta_2} \cdot i \qquad (4\text{-}12)$$

或上限公式：

$$M_o = U - \frac{\Delta_2}{\Delta_1 + \Delta_2} \cdot i \qquad (4\text{-}13)$$

式中，L 是众数所在组的下限，U 是众数所在组的上限，Δ_1 是众数所在组的次数与前一组次数之差，Δ_2 是众数所在组的次数与后一组次数之差，i 是众数所在组的组距。

【例 4-14】 以表 4-6 所示数据为例计算该公司 400 名职工工资水平的众数值，如表 4-9 所示。

表 4-9　某公司 400 名职工工资众数计算

月工资/元	职工人数 f/人	
6 000 以下	60	众数所在组：7 500～9 000 L 为 7 500 U 为 9 000 Δ_1=140−100=40 Δ_2=140−60=80 i=1 500
6 000～7 500	100	
7 500～9 000	140	
9 000～10 500	60	
10 500 以上	40	
合计	400	

下限公式：$M_o = L + \frac{\Delta_1}{\Delta_1 + \Delta_2} \cdot i = 7\,500 + \frac{40}{40+80} \times 1500 = 8\,000$（元）

上限公式：$M_o = U - \frac{\Delta_2}{\Delta_1 + \Delta_2} \cdot i = 9\,000 - \frac{80}{40+80} \times 1500 = 8\,000$（元）

4．中位数

中位数（Median）是一组数据按大小顺序排列后，处于中间位置上的数据，用“M_e”表示。如果一组数据中含有异常的或极端的数据，就有可能得到代表性不高甚至可能产生误导的算术平均数，这时使用中位数来作为一组数据的代表值比较合适。

（1）根据未分组数据确定中位数。根据未分组数据确定中位数，首先要对数据进行排序，然后确定中位数所在位置，中点位置是 $\frac{n+1}{2}$（n 为变量值的个数），该位置上的变量值就是中位数。如果是偶数项，则没有明确的居中观测值，中位数一般取两个居中观测值的平均数。

【例 4-15】 某公司一个部门 9 名员工的工资按大小排序分别是 6 500、7 500、7 800、8 500、8 600、8 800、9 300、16 300、20 000（元）。中点位置是第 5 个员工，其工资是 8 600 元，8 600 元就是这 9 名员工的工资中位数。

（2）根据单项式分组确定中位数。根据已分组数据确定中位数，步骤如下（只考虑奇数项）。

① 计算累积频数（向上累积或向下累积）。

② 确定中位数所在组：首先包含 $\frac{\sum f}{2}$ 的累积频数所在组就是中位数所在组。

③ 中位数所在组的变量值即中位数。

【例 4-16】 对【例 4-12】中 21 名学生按年龄分组得表 4-10。

表 4-10　学生按年龄分组

年龄	人数/人	向上累积频数	向下累积频数
①	②	③	④
18	1	1	21
19	16	17	20
20	3	20	4
21	1	21	1
合计	21	—	—

如果采用向上累积的方法，表 4-10 中第③列中的累积人数“17”首先包含总人数的一半，所以，中位数所在组是“19”岁这一组，“19”岁就是学生年龄中位数。表 4-10 中第④列中的累积人数“20”首先包含总人数的一半，所以，学生年龄中位数是“19”岁。采用向下累积的结果与采用向上累积的结果一致。

（3）根据组距式分组确定中位数。由组距式分组确定中位数，需要用公式推算，公式如下。

下限公式（采用向上累积）：

$$M_e = L + \frac{\frac{\sum f}{2} - S_{m-1}}{f_m} \cdot i \qquad (4\text{-}14)$$

上限公式（采用向下累积）：

$$M_e = U - \frac{\frac{\sum f}{2} - S_{m+1}}{f_m} \cdot i \qquad (4\text{-}15)$$

式中，L 是中位数所在组的下限，U 是中位数所在组的上限，f_m 是中位数所在组的次数，S_{m-1} 是向上累积时中位数所在组前一组的累积频数，S_{m+1} 是向下累积时中位数所在组前一组的累积频数，i 是中位数所在组的组距。

【例 4-17】以表 4-6 所示数据为例，计算该公司 400 名职工工资水平的中位数，如表 4-11 所示。

表 4-11　组距式分组中位数计算

月工资/元	职工人数 f/人	向上累积人数/人	向下累积人数/人
①	②	③	④
6 000 以下	60	60	400
6 000～7 500	100	160	340
7 500～9 000	140	300	240
9 000～10 500	60	360	100
10 500 以上	40	400	40
合计	400	—	—

如果采用向上累积的方法，表 4-11 中第③列中的累积人数“300”首先包含总人数的一半（200），所以，中位数所在组是 7 500～9 000，中位数用下限公式推算。

$$M_e = L + \frac{\frac{\sum f}{2} - S_{m-1}}{f_m} \cdot i = 7\,500 + \frac{\frac{400}{2} - 160}{140} \times 1\,500 \approx 7\,928.57 \text{（元）}$$

如果采用向下累积的方法，表 4-11 中第④列中的累积人数“240”首先包含总人数的一半（200），所以，中位数所在组是 7 500～9 000，中位数用上限公式推算。

$$M_e = U - \frac{\frac{\sum f}{2} - S_{m+1}}{f_m} \cdot i = 9\,000 - \frac{\frac{400}{2} - 100}{140} \times 1\,500 \approx 7\,928.57 \text{（元）}$$

5. 算术平均数、众数、中位数的关系

算术平均数、众数、中位数的关系

算术平均数、众数、中位数是反映数据分布集中趋势的 3 个主要测度指标。

算术平均数的应用最为广泛，是反映一组数据代表性的常用指标，它利用了全部数据，但却容易受数据中极端值的影响，当极端值存在时算术平均数代表性较差。中位数和众数被称为位置平均数，在特殊情况下具有

更好的代表性。中位数是数据排序后位于中点位置上的数据，不受极端值的影响，在一组数据的偏斜程度较大时，使用中位数比较合适。众数是出现频率最高的数据，不受极端值的影响，只有在数据量较大时使用才有意义。

利用算术平均数、众数、中位数的关系，可以观察数值型数据的分布。对于任一组数值型数据，如果数据的分布是对称的，如图 4-5（a）所示，则平均数（ $\bar{x}$ ）、众数（ M_o ）和中位数（ M_e ）是相等的；如果数据呈右偏分布，如图 4-5（b）所示，说明数据存在极大值，极大值使算术平均数偏大，这时 $\bar{x} > M_e > M_o$；如果数据呈左偏分布，如图 4-5（c）所示，说明数据存在极小值，极小值使算术平均数偏小，这时 $\bar{x} < M_e < M_o$。

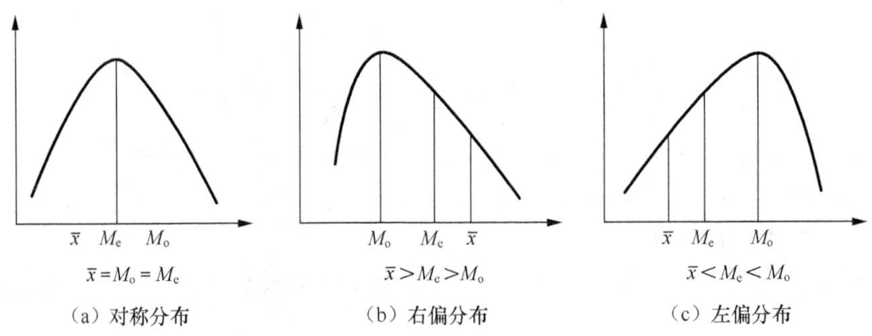

图 4-5 算术平均数、众数、中位数的关系

6．几何平均数

几何平均数（Geomean）是 n 个变量值乘积的 n 次方根，用 $\bar{x}_g$ 表示。几何平均数主要用于计算平均比率、平均速度等。几何平均数又分为简单几何平均数和加权几何平均数两种计算形式。

（1）简单几何平均数。简单几何平均数适用于未分组数据，其计算公式可以表示为

$$\bar{x}_g = \sqrt[n]{x_1 \cdot x_2 \cdots x_n} = \sqrt[n]{\Pi x} \tag{4-16}$$

式中，x_1，x_2，…，x_n 为 n 个变量值；n 个变量值的乘积 $x_1 \cdot x_2 \cdots x_n$ 表示变量值的总量；乘积的 n 次方根 $\sqrt[n]{\Pi x}$ 表示变量值的平均数，Π 为连乘符号。

有些变量可以通过“求和”得到变量值的总量，计算平均值时就需要用变量值的个数去“除”这个“总和”，这就是算术平均数的计算原理；有些变量需要通过“连乘”求得变量值的总量，这时对“乘积”进行“开方”才能得到变量值的平均数，这就是几何平均数的计算原理。

【例 4-18】 某公司连续 4 年实现了利润的正增长，2019—2022 年，利润分别比上年增长 7%、10%、12%、14%，求 4 年利润的平均增长率。

根据已知数据，假设 2018 年的利润为 100，则 2019 年的利润为 100×1.07=107；2020 年为 107×1.10=117.7；2021 年为 117.7×1.12≈131.82；2022 年为 131.82×1.14≈150.27。由于各年度环比发展速度的连乘积等于总速度，所以 2019—2022 年的总速度为

$$107\% \times 110\% \times 112\% \times 114\% = \frac{107}{100} \times \frac{117.7}{107} \times \frac{131.82}{117.7} \times \frac{150.27}{131.82} \approx 1.502\,7 = 150.27\%$$

注意

各年度环比增长速度（或增长率）的连乘积不等于总增长速度（或增长率）。

对总速度开 4 次方就得到了 2019—2022 年的年平均发展速度，公式为

$$\bar{x}_g = \sqrt[n]{x_1 \cdot x_2 \cdots x_n} = \sqrt[4]{1.07 \times 1.10 \times 1.12 \times 1.14} \approx 1.107\,2 = 110.72\%$$

年平均增长率约为 10.72%（110.72%−100%）。

（2）加权几何平均数。加权几何平均数适用于已分组数据，其计算公式可以表示为

$$\bar{x}_g = \sqrt[\Sigma f]{x_1^{f_1} \cdot x_2^{f_2} \cdots x_n^{f_n}} = \sqrt[\Sigma f]{\Pi x^f} \tag{4-17}$$

式中，x_1，x_2，…，x_n 为 n 个变量值；f_1，f_2，…，f_n 为各个变量值的权数。

【例 4-19】 某银行的贷款利率以复利计算，10 年间的贷款利率中，前 2 年利率为 6%，之后 5 年利率为 7%，有 2 年利率为 8%，最后 1 年利率为 9%。计算该银行 10 年的平均年利率。

$$\begin{aligned}\bar{x}_g &= \sqrt[\Sigma f]{x_1^{f_1} \cdot x_2^{f_2} \cdots x_n^{f_n}} = \sqrt[\Sigma f]{\Pi x^f} \\ &= \sqrt[10]{1.06^2 \times 1.07^5 \times 1.08^2 \times 1.09^1} \\ &\approx 1.061\ 96 \\ &= 106.196\%\end{aligned}$$

则平均年利率约为 6.196%。

应用几何平均数时，应注意以下两点。

① 当一组数据中有一项数值为 0 或负数时不能计算几何平均数。

② 当所平均的速度或比率的数值差别不大时，几何平均数与算术平均数的计算结果相差不大；当各速度或比率的数值差别较大时，两种平均数的计算结果差别明显。几何平均数的值一般小于算术平均数的值，但在一般情况下，计算平均比率或平均速度使用几何平均数而不使用算术平均数。

4.2.3 Excel 操作

1．利用函数计算

在 Excel 中，可以利用函数来计算集中趋势的几个度量指标。所用函数分别是算术平均数函数 AVERAGE、调和平均数函数 HARMEAN、众数函数 MODE、中位数函数 MEDIAN、几何平均数函数 GEOMEAN。其使用方法是单击“公式”→“插入函数”（或直接单击函数图标 f_x）（见图 4-6），在函数类别中选择“统计”函数（见图 4-7），再选择具体的函数。下面说明这些函数的使用方法。

图 4-6　插入函数

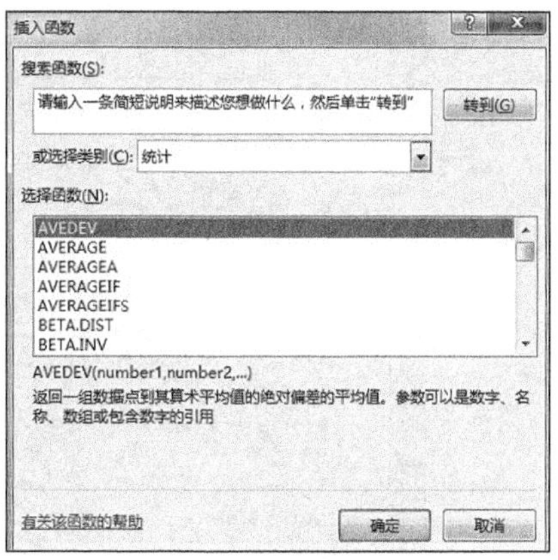

图 4-7　选择函数类别

（1）算术平均数——AVERAGE 函数。某高校 110 名学生月消费支出额资料如表 4-12 所示。

表 4-12　某高校 110 名学生月消费支出额资料　　单位：元

编号	金额	编号	金额	编号	金额	编号	金额	编号	金额	编号	金额	编号	金额
1	920	17	1 182	33	1 352	49	1 458	65	1 540	81	1 758	97	2 065
2	928	18	1 206	34	1 355	50	1 458	66	1 551	82	1 771	98	2 081
3	1 010	19	1 230	35	1 379	51	1 464	67	1 554	83	1 798	99	2 116
4	1 021	20	1 236	36	1 379	52	1 464	68	1 554	84	1 798	100	2 116
5	1 058	21	1 238	37	1 379	53	1 471	69	1 559	85	1 803	101	2 121
6	1 063	22	1 243	38	1 379	54	1 474	70	1 564	86	1 816	102	2 150
7	1 087	23	1 246	39	1 381	55	1 485	71	1 636	87	1 851	103	2 177
8	1 092	24	1 251	40	1 410	56	1 495	72	1 644	88	1 882	104	2 216
9	1 114	25	1 259	41	1 421	57	1 495	73	1 649	89	1 888	105	2 413
10	1 127	26	1 304	42	1 426	58	1 503	74	1 668	90	1 909	106	2 479
11	1 143	27	1 307	43	1 426	59	1 506	75	1 707	91	1 943	107	2 508
12	1 153	28	1 312	44	1 445	60	1 506	76	1 713	92	1 975	108	2 548
13	1 156	29	1 326	45	1 445	61	1 517	77	1 723	93	1 983	109	2 940
14	1 175	30	1 347	46	1 448	62	1 524	78	1 737	94	2 010	110	3 383
15	1 180	31	1 352	47	1 450	63	1 530	79	1 737	95	2 063		
16	1 180	32	1 352	48	1 450	64	1 530	80	1 750	96	2 065		

将 110 名学生月消费支出额的原始数据输入 Excel 表中，如图 4-8 所示。

	A	B
1	学生编号	月消费支出额/元
2	1	920
3	2	928
4	3	1010
5	4	1021
6	5	1058
7	6	1063
8	7	1087
9	8	1092
10	9	1114
11	10	1127

图 4-8　Excel 表格中的学生月消费支出额

单击任意单元格（准备存放计算结果），这里单击 C1 单元格；单击“公式”→“插入函数”，在“插入函数”对话框中选择函数类别“统计”，选择“AVERAGE”函数，单击“确定”按钮，出现 AVERAGE“函数参数”对话框，如图 4-9 所示；在“Number 1”文本框中输入原始数据所在区域，这里输入“B2:B111”，单击“确定”按钮，在 C1 单元格中输出算术平均数的结果“1582.8636”，如图 4-10 所示。

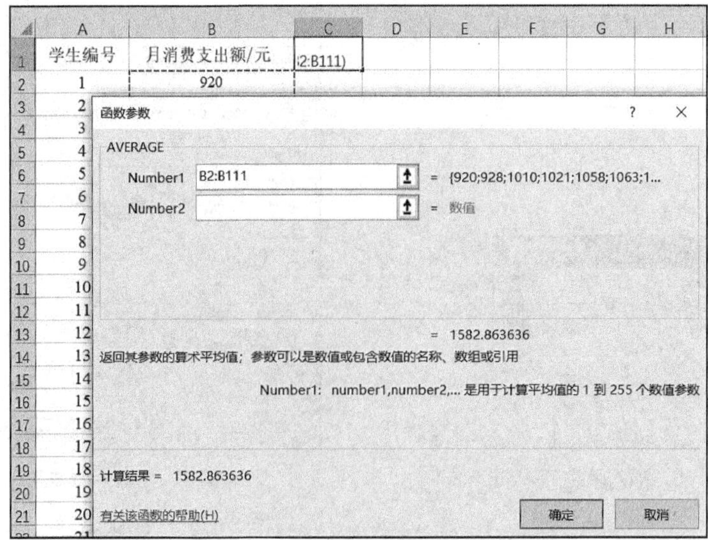

图 4-9　AVERAGE“函数参数”对话框

C1 =AVERAGE(B2:B111)

	A	B	C	D
1	学生编号	月消费支出额/元	1582.8636	
2	1	920		
3	2	928		

图 4-10　AVERAGE 函数计算结果

（2）调和平均数——HARMEAN 函数。将【例 4-9】中某种蔬菜 3 个市场的单价和购买金额输入 Excel 表格中。

单击任意单元格（准备存放计算结果），这里单击 C1 单元格；单击“公式”→“插入函数”，选择函数类别“统计”，选择“HARMEAN”函数，单击“确定”按钮，出现 HARMEAN“函数参数”对话框，如图 4-11 所示；在“Number 1”文本框中输入原始数据所在区域，这里输入“A2:A4”，单击“确定”按钮，在 C1 单元格中输出调和平均数的结果“2.2 737 643”，如图 4-12 所示。

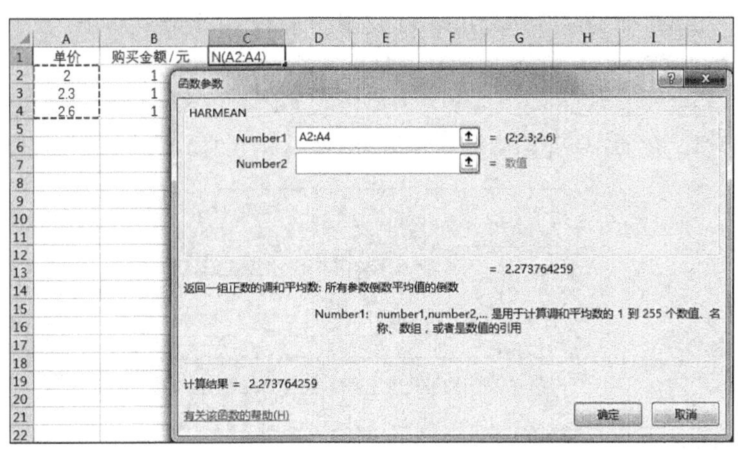

图 4-11　HARMEAN“函数参数”对话框

C1 =HARMEAN(A2:A4)

	A	B	C	D
1	单价	购买金额/元	2.2737643	
2	2	1		
3	2.3	1		
4	2.6	1		

图 4-12　HARMEAN 函数计算结果

（3）众数——MODE 函数。利用图 4-8 所示的学生月消费支出额资料。

单击任意单元格（准备存放计算结果），这里单击 C1 单元格；单击“公式”→“插入函数”，选择函数类别“统计”，选择“MODE”函数，单击“确定”按钮，出现 MODE“函数参数”对话框；在“Number 1”文本框中输入原始数据所在区域，这里输入“B2:B111”，单击“确定”按钮，在 C1 单元格中输出众数“1379”，如图 4-13 所示。

C1 =MODE.SNGL(B2:B111)

	A	B	C	D
1	学生编号	月消费支出额/元	1379	
2	1	920		
3	2	928		

图 4-13　MODE 函数计算结果

（4）中位数——MEDIAN 函数。利用图 4-8 所示的学生月消费支出额资料。

单击任意单元格（准备存放计算结果），这里单击 C1 单元格；单击“公式”→“插入函数”，选择函数类别“统计”，选择“MEDIAN”函数，单击“确定”按钮，出现 MEDIAN“函数参数”对话框；在“Number 1”文本框中输入原始数据所在区域，这里输入“B2:B111”，单击“确定”按钮，在 C1 单元格中输出中位数“1490”，如图 4-14 所示。

C1 =MEDIAN(B2:B111)

	A	B	C
1	学生编号	月消费支出额/元	1490
2	1	920	
3	2	928	

图 4-14 MEDIAN 函数计算结果

（5）几何平均数——GEOMEAN 函数。利用【例 4-18】中的资料，将某公司连续 4 年的利润增长率输入 Excel 表格中，并将增长率转化成带基数的发展速度 107%、110%、112%、114%。

单击任意单元格（准备存放计算结果），这里单击 D1 单元格；单击“公式”→“插入函数”，选择函数类别“统计”，选择“GEOMEAN”函数，单击“确定”按钮，出现 GEOMEAN“函数参数”对话框；在“Number 1”文本框中输入原始数据所在区域，这里输入“C2:C5”，单击“确定”按钮，在 D1 单元格中输出几何平均数“110.719 7”，如图 4-15 所示。

D1 =GEOMEAN(C2:C5)

	A	B	C	D
1	年份	年增长率/%	环比发展速度/%	110.7197
2	2018	7	107	
3	2019	10	110	
4	2020	12	112	
5	2021	14	114	

图 4-15 GEOMEAN 函数计算结果

2. 利用“描述统计”工具

以图 4-8 所示的学生月消费支出额资料为例。

单击“数据”→“数据分析”，选中“描述统计”（见图 4-16），单击“确定”按钮，进入“描述统计”对话框。将光标移至“输入区域”框中，选中原始数据所在区域，这里是“\$B\$2:\$B\$111”，在“输出区域”框中输入任意单元格，这里输入“\$C\$1”，勾选“汇总统计”“平均数置信度”“第 K 大值”“第 K 小值”，如图 4-17 所示。单击“确定”按钮，得到描述统计的输出结果，其中，算术平均数是“1582.8636”，中位数是“1490”，众数是“1379”，如图 4-18 所示。

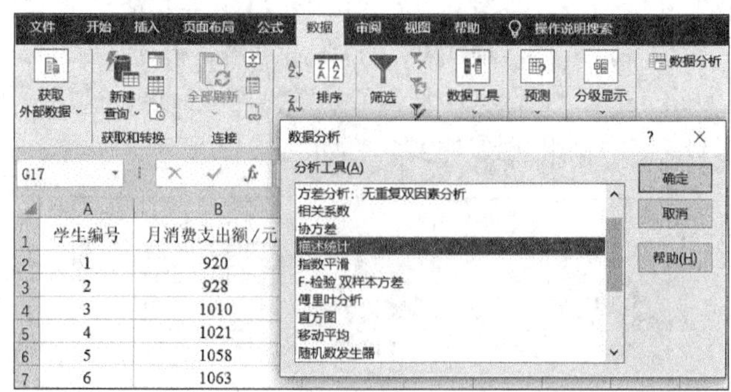

图 4-16 选中“描述统计”

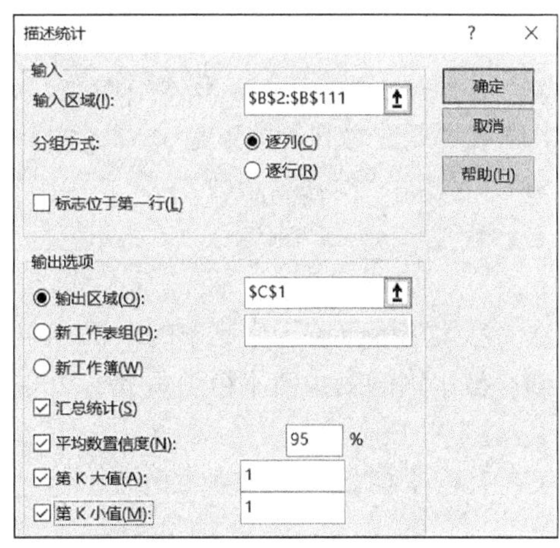

图 4-17 “描述统计”对话框

	A	B	C	D
1	学生编号	月消费支出额/元	列1	
2	1	920		
3	2	928	平均	1582.8636
4	3	1010	标准误差	39.679144
5	4	1021	中位数	1490
6	5	1058	众数	1379
7	6	1063	标准差	416.15837
8	7	1087	方差	173187.79
9	8	1092	峰度	3.0352939
10	9	1114	偏度	1.3730549
11	10	1127	区域	2463
12	11	1143	最小值	920
13	12	1153	最大值	3383
14	13	1156	求和	174115
15	14	1175	观测数	110
16	15	1180	最大(1)	3383
17	16	1180	最小(1)	920
18	17	1182	置信度(95.0	78.642773

图 4-18 描述统计结果

3．利用单元格操作计算

在 Excel 中，计算算术平均数、调和平均数、几何平均数的函数都是针对简单平均而言的，对于加权平均计算，Excel 中没有现成的函数可用，可以通过单元格操作来完成。下面以表 4-6 所示数据为例说明加权算术平均数计算的 Excel 操作。

将表 4-6 中某公司 400 名职工工资的分组资料输入 Excel 表格中，如图 4-19 中的 A 列和 B 列所示。

（1）计算组中值 x，如图 4-19 中的 C 列所示。

（2）计算各组工资额 $x \cdot f$，如图 4-19 中的 D 列所示。单击 D2 单元格，输入“=B2*C2”，得“6 000 以下”组的工资额为“315 000”；当鼠标指针在 D2 单元格右下角变成十字形时，将其向下拖至 D6 单元格，得到其他组的工资额；单击 D7 单元格，输入“=SUM（D2:D6）”，得到各组工资额的合计。

（3）单击 E7 单元格，输入“=D7/B7”，按“Enter”键得到平均工资“7 950”。

E7　=D7/B7

	A	B	C	D	E
1	月工资/元	职工人数/人 f	组中值/元 x	$x \cdot f$	
2	6 000以下	60	5250	315000	
3	6 000～7 500	100	6750	675000	
4	7 500～9 000	140	8250	1155000	
5	9 000～10 500	60	9750	585000	
6	10 500以上	40	11250	450000	
7	合计	400	—	3180000	7950

图 4-19 加权算术平均数的计算

4.2.4 习题与实训

一、选择题

1. 平均数反映了一组数据的（　　）。

   A. 集中趋势　　B. 离中趋势　　C. 变动趋势　　D. 分布特征

2. 一组数据中出现次数最多的变量值是（　　）。

   A. 众数　　B. 中位数　　C. 几何平均数　　D. 算术平均数

3. 一组数据相加后除以数据个数得到的结果称为（　　）。
   A. 众数　　B. 中位数　　C. 几何平均数　　D. 算术平均数
4. 如果一组数据呈现出右偏分布，平均数、中位数和众数之间的关系是（　　）。
   A. 平均数>中位数>众数　　B. 中位数>平均数>众数
   C. 众数>中位数>平均数　　D. 众数>平均数>中位数
5. 计算几何平均数应满足的条件是（　　）。
   A. 总比率等于若干个比率之和　　B. 总比率等于若干个比率的乘积
   C. 总速度等于若干个速度的乘积　　D. 被平均的变量值不得为负数
6. 当一组数据中有一项为 0 时，不能计算（　　）。
   A. 众数　　B. 中位数　　C. 几何平均数　　D. 算术平均数

二、思考题

1. 简述算术平均数、中位数和众数的应用条件及三者的相互关系。
2. 简述几何平均数与算术平均数的不同点。

三、综合应用题

1. 某公司 3 月 31 天的销售额资料如表 4-13 所示。

表 4-13　销售额　　　　单位：万元

41	46	35	42	25	36	28	36	29	45	46	37	47	37	34	37
38	37	30	49	34	36	37	39	30	45	44	42	38	43	26	

要求：计算众数、中位数和算术平均数。

2. 某大学在校学生每月观看电影次数的资料如表 4-14 所示。

表 4-14　学生每月观看电影次数

观看电影次数/次	观看电影学生人数/人
0	70
1	200
2	260
3	400
4 及以上	70
合计	1 000

要求：计算在校学生每月观看电影次数的众数、中位数和算术平均数。

3. 某酒店 3 个月内每日就餐人数资料如表 4-15 所示。

表 4-15　每日就餐人数资料

就餐人数/人	天数/天
500 以下	6
500～1 000	21
1 000～1 500	34
1 500～2 000	19
2 000 以上	10
合计	90

要求：计算该酒店平均每日就餐人数的算术平均数、中位数和众数。

4. 某公司员工的月工资基本分为 3 个等级，各等级的工资水平及工资总额如表 4-16 所示。

表 4-16 各等级的工资水平及工资总额

月工资水平/元	工资总额/元
8 000	48 000
10 000	90 000
15 000	45 000
合计	183 000

计算该公司的员工平均工资。

5. 某投资公司有一项为期 10 年的投资，前 4 年的年利润率为 7%，后 6 年的年利润率为 9%，求该项投资 10 年的年平均利润率（按复利计算）。

6. 某投资者近 4 年投资基金的年收益率分别为 12%、13%、24%、15%，试计算该投资者 4 年的年平均收益率。

4.3 离散程度的测度

4.3.1 离散程度的含义

数据的离散程度是指一组数据各变量值远离其中心值的程度，也称离中趋势，是数据分布的另一个重要特征。离散指标反映的是变量值之间的差异程度，结合集中趋势的代表值可以使我们对一组数据的分布有更深入、全面的认识。

集中趋势测度值对一组数据代表性的高低，取决于该组数据的离散程度。离散程度越大，集中趋势测度值的代表性越低；反之，代表性越高。如果有甲、乙两组数据，其算术平均数相同，但甲组数据的离散程度小于乙组数据的离散程度，我们就有理由认为甲组平均数的代表性高于乙组。

4.3.2 离散程度的测度方法

测度离散程度的常用方法有异众比率、四分位差、极差、平均差、标准差和离散系数，如图 4-20 所示。

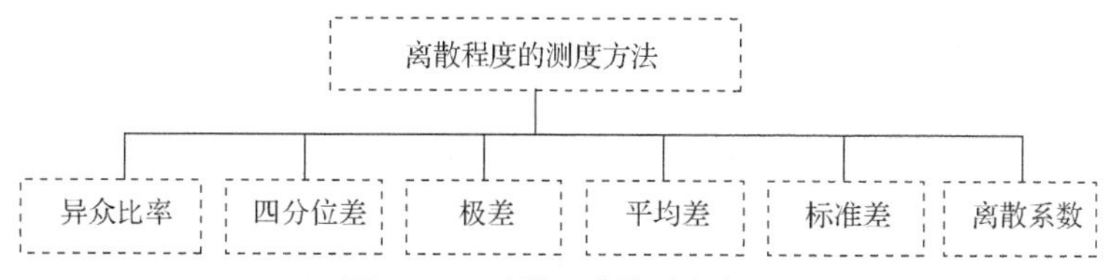

图 4-20 离散程度的测度方法

1. 异众比率

异众比率主要用于衡量众数对一组数据的代表性，用非众数组的频数之和占总频数的比重（%）表示。

【例 4-20】 随机抽选 100 名顾客，调查他们购买 AI 牌产品的地点。其中 20 人声称只去 AI 专卖店，70 人说只去商场或超市，10 人说专卖店和商场或超市都去。如果认为购买 AI

牌产品的主要地点是商场或超市，则商场或超市就是众数。众数的代表性如何呢？

本例中，异众比率为30%，则商场或超市作为主要购物地点是有代表性的。

2．四分位差

如果将一组数据排序后分为4份，处于中点位置（即50%位置）上的数据是中位数，处于25%和75%位置上的数据分别是下四分位数 Q_L 和上四分位数 Q_U。四分位差 Q_d 是上四分位数 Q_U 和下四分位数 Q_L 之差，即 $Q_d = Q_U - Q_L$，如图4-21所示。

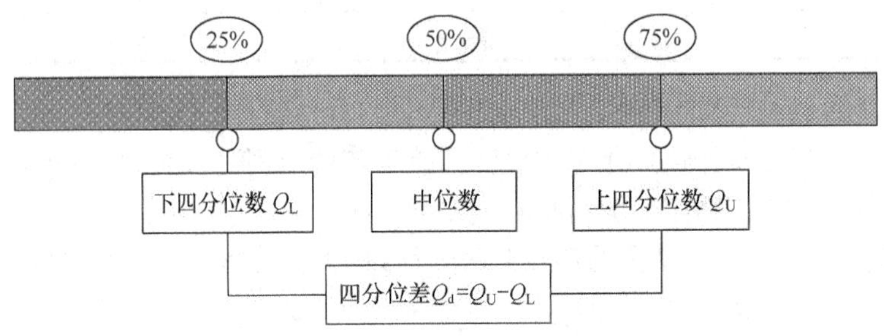

图4-21　四分位数及四分位差

若有 n 个数据，下四分位数 Q_L 和上四分位数 Q_U 的位置是

$$Q_L\text{ 的位置}=\frac{n+1}{4} \qquad Q_U\text{ 的位置}=\frac{3(n+1)}{4}$$

四分位差的意义是，约有50%的数据应落在上四分位数和下四分位数之间，表示占全部数据一半的中间数据的离散程度。四分位差越大，表示数据离散程度越大；反之，越小。四分位差适用于顺序数据和数值型数据，尤其是当用中位数测度数据集中趋势时，就特别适合用四分位差来描述数据的离散程度。

【例4-21】 以图4-8所示Excel表格中的学生月消费支出额资料为例，通过四分位差说明110名学生月消费支出额的离散程度。

对110名学生的月消费支出额排序后，可求出中位数及分位数的位置和金额。

中位数 M_e 的位置是第55.5$\left(\frac{110+1}{2}=55.5\right)$人，中位数 M_e 是第55人和第56人的平均支出额1 490$\left(\frac{1\,485+1\,495}{2}=1\,490\right)$元；下四分位数 Q_L 的位置是第27.75$\left(\frac{110+1}{4}=27.75\right)$人，下四分位数 Q_L 是第27人和第28人的加权算术平均数1 310.75（1 307×0.25+1 312×0.75=1 310.75）元；上四分位数 Q_U 的位置是第83.25$\left(\frac{3\times(110+1)}{4}=83.25\right)$人，上四分位数 Q_U 是第83人和第84人的加权算术平均数1 798（1 798×0.75+1 798×0.25=1 798）元。

四分位差 $Q_d=Q_U-Q_L$=1 798−1 310.75=487.25（元），四分位差 Q_d 的一半是243.625（487.25÷2=243.625）元，表明有一半学生的月均消费支出额在中位数1 490±243.625元范围内，即在1 246.375～1 733.625元，中间一半学生月均消费支出额的最大差额是487.25元。

3．极差

极差是一组数据的最大值与最小值之差，又称为全距，用"R"表示。

【例4-22】 某品牌店两组营业员（各5人）的销售量（单位：件）分别如下。甲组：20、40、50、90、50。乙组：50、55、45、50、50。通过极差说明甲、乙两组数据的离散程度。

甲组的极差 $R_{甲}$=90−20=70（件）

乙组的极差 $R_{乙}=55-45=10$（件）

则甲组的离散程度大，乙组的离散程度小。

极差是离散指标中计算最简单的，但它只强调了两个极端值，而忽视了其他的观察值。两组水平相差较大的数据可能有相同的极差，这时，极差难以反映两组数据真实的离散程度。一组数据中有极大值或极小值存在的情况下不适合使用极差。

4．平均差

平均差是各变量值与其算术平均数离差的绝对值的平均数，用“$A.D$”表示。

平均差考虑到了每个变量值与算术平均数的离差，但离差有正有负，按照算术平均数的性质之一，$\sum(x-\bar{x})=0$，为避免“0”的出现，需要消除正负号的影响，这里对离差取绝对值。

平均差分为简单平均差与加权平均差。

（1）简单平均差。简单平均差适用于未分组数据。设有 n 个变量值 x_1，x_2，…，x_n，其算术平均数为 $\bar{x}$，则简单平均差的计算公式为

$$A.D=\frac{\sum|x-\bar{x}|}{n} \tag{4-18}$$

【例 4-23】 用【例 4-22】中的数据计算甲组和乙组营业员销售量（单位：件）的平均差。

$$A.D_{甲}=\frac{\sum|x-\bar{x}|}{n}=\frac{|20-50|+|40-50|+|50-50|+|90-50|+|50-50|}{5}=16\text{（件）}$$

$$A.D_{乙}=\frac{\sum|x-\bar{x}|}{n}=\frac{|50-50|+|55-50|+|45-50|+|50-50|+|50-50|}{5}=2\text{（件）}$$

计算结果表明，甲组和乙组销售量的平均数均为 50 件，但甲组的平均差大于乙组，因此乙组的平均销售量更具有代表性。

（2）加权平均差。加权平均差适用于已分组数据。若将一组变量值分为 k 组，则有 k 个变量值（或组中值）x_1，x_2，…，x_k，相应地有 k 个权数 f_1，f_2，…，f_k，其加权算术平均数为 $\bar{x}$，则加权平均差的计算公式为

$$A.D=\frac{\sum|x-\bar{x}|\cdot f}{\sum f} \tag{4-19}$$

【例 4-24】 甲汽车零件批发商销售某品牌型号的零件，上半年平均日销售量为 310 件，平均差为 18 件。乙汽车零件批发商也销售同品牌型号的零件，销售情况如表 4-17 所示。

表 4-17　乙汽车零件批发商上半年日销售量分组数据

零件个数/件	天数 f/天	组中值 x/件	$x\cdot f$	$\lvert x-\bar{x}\rvert$	$\lvert x-\bar{x}\rvert\cdot f$
270 以下	15	260	3 900	50	750
270～290	25	280	7 000	30	750
290～310	35	300	10 500	10	350
310～330	65	320	20 800	10	650
330 以上	40	340	13 600	30	1 200
合计	180	—	55 800	—	3 700

比较甲、乙汽车零件批发商日销售量的波动程度。

根据表 4-17 中的数据可得：

$$\bar{x}_{乙}=\frac{\sum x\cdot f}{\sum f}=\frac{55\ 800}{180}=310\text{（件）}$$

$$A.D_{乙}=\frac{\sum\left|x-\bar{x}\right|\cdot f}{\sum f}=\frac{3\ 700}{180}=20.56\text{（件）}$$

甲、乙汽车零件批发商日销售量的平均水平相同，但甲的平均差小于乙，故甲汽车零件批发商日销售量的波动程度小于乙。

5．标准差

标准差是各变量值与其算术平均数离差平方的算术平均数的平方根。标准差也是根据全部数据计算的，反映的是一组数据与其算术平均数的平均离差程度。标准差的平方就是方差。

标准差与平均差的意义基本相同，都表示各变量值与其算术平均数的平均离差程度，但在数学处理上有所不同。平均差采用绝对值的方法消除离差的正负号，标准差则采用离差平方的方法消除离差的正负号，在数学处理上比平均差更为合理。因此，标准差在实际中的应用更为广泛。

（1）总体标准差。

① 根据未分组数据计算标准差可以使用简单式，计算公式如下。

$$\text{总体标准差}\ \sigma=\sqrt{\frac{\sum(x-\mu)^2}{N}}\qquad（4\text{-}20）$$

式中，x 代表总体中各变量值，μ 代表总体均值，N 代表总体单位数。

② 根据已分组数据计算标准差需要使用加权式，计算公式如下。

$$\text{总体标准差}\ \sigma=\sqrt{\frac{\sum(x-\mu)^2\cdot f}{\sum f}}\qquad（4\text{-}21）$$

式中，x 代表总体分组数据中各组的组中值，μ 代表总体均值，f 代表总体分组数据中各组的频数，$\sum f$ 代表各组频数之和。

（2）样本标准差。

① 根据未分组数据计算标准差可以使用简单式，计算公式如下。

$$\text{样本标准差}\ s=\sqrt{\frac{\sum(x-\bar{x})^2}{n-1}}\qquad（4\text{-}22）$$

式中，x 代表样本的各变量值，$\bar{x}$ 代表样本的简单算术平均数，n 代表样本单位数，$n-1$ 代表样本自由度。当样本容量较大时，公式中的 $n-1$ 可用 n 代替。

② 根据已分组数据计算标准差需要使用加权式，计算公式如下。

$$\text{样本标准差}\ s=\sqrt{\frac{\sum(x-\bar{x})^2\cdot f}{\sum f-1}}\qquad（4\text{-}23）$$

式中，x 代表样本分组数据中各组的组中值，$\bar{x}$ 代表样本的加权算术平均数，f 代表各组的频数，$\sum f$ 代表各组频数之和。当样本容量较大时，公式中的 $\sum f-1$ 可用 $\sum f$ 代替。

【例 4-25】 用【例 4-22】中的数据计算甲组和乙组营业员销售量（单位：件）的样本标准差。

$$s_{甲}=\sqrt{\frac{\sum(x-\bar{x})^2}{n-1}}$$

$$=\sqrt{\frac{(20-50)^2+(40-50)^2+(50-50)^2+(90-50)^2+(50-50)^2}{5-1}}\approx25.5\text{（件）}$$

$$s_{乙}=\sqrt{\frac{\sum(x-\bar{x})^2}{n-1}}$$

$$=\sqrt{\frac{(50-50)^2+(55-50)^2+(45-50)^2+(50-50)^2+(50-50)^2}{5-1}}\approx 3.5（件）$$

计算结果表明，甲、乙两组的平均数相同，但甲组的标准差大于乙组，所以甲组销售量的离散程度大于乙组。

【例 4-26】 仍以【例 4-24】中甲、乙两个汽车零件批发商销售某品牌型号的汽车零件为例，上半年甲汽车零件批发商平均日销售量为 310 件，标准差为 19.22 件。乙汽车零件批发商的销售数据如表 4-18 所示。

乙汽车零件批发商日销售量标准差的计算步骤为：①计算日销售量的加权算术平均数；②计算各组销售量组中值与平均日销售量的离差以及离差的平方；③计算离差平方的加权算术平均数（即方差）；④对方差开平方。

表 4-18　乙汽车零件批发商标准差计算（分组数据）

零件个数/件	天数 f/天	组中值 x/件	$x \cdot f$	$(x-\bar{x})^2$	$(x-\bar{x})^2 \cdot f$
270 以下	15	260	3 900	2 500	37 500
270～290	25	280	7 000	900	22 500
290～310	35	300	10 500	100	3 500
310～330	65	320	20 800	100	6 500
330 以上	40	340	13 600	900	36 000
合计	180	—	55 800	—	106 000

$$\bar{x}_{乙}=\frac{\sum x\cdot f}{\sum f}=\frac{55\,800}{180}=310（件）$$

$$s_{乙}=\sqrt{\frac{\sum(x-\bar{x})^2\cdot f}{\sum f-1}}=\sqrt{\frac{106\,000}{180-1}}\approx 24.3（件）$$

计算结果表明，甲、乙两个汽车零件批发商的日均销售量相同，但甲汽车零件批发商日均销售量的标准差小于乙，故甲汽车零件批发商销售量的波动程度小于乙。

（3）经验法则。当一组数据呈对称分布时，具有较稳定的数量分布特征，称为经验法则，即：约有 68.27%的数据在平均数加减 1 个标准差范围内；约有 95.45%的数据在平均数加减 2 个标准差范围内；约有 99.73%的数据在平均数加减 3 个标准差范围内。

【例 4-27】 以【例 4-26】中乙汽车零件批发商日销售量数据为例说明经验法则的应用。

乙汽车零件批发商上半年日销售量的平均数 $\bar{x}_{乙}$=310 件，标准差 $s_{乙}\approx$24.3 件，按经验法则：应有 68.27%的销售日的销售量在(285.7,334.3)（即 $310\pm1\times24.3$）范围内；应有 95.45%的销售日的销售量在(261.4,358.6)（即 $310\pm2\times24.3$）范围内；应有 99.73%的销售日的销售量在(237.1,382.9)（即 $310\pm3\times24.3$）范围内。

本例中，所有数据都在 3 个标准差范围内。

如果一组数据中有数据落在 3 个标准差范围之外，则这些数据被称为异常值或离群点。

（4）是非变量的标准差。是非变量是指只有两种表现的变量，当我们采用二分法认识事物时就会产生是非变量，如学生的考试成绩“及格”或“不及格”、产品质量“合格”或“不合格”等。

由于是非变量是用文字表示的，对其进行统计处理时，往往赋予其一定的数字化形式。

若具有某种属性的用“1”表示，则不具有某种属性的用“0”表示。

假设总体有“N”个单位，具有某种属性的有“N_1”个单位，不具有某种属性的有“N_0”个单位，则 $N=N_1+N_0$。

计算是非变量的标准差实际上是计算比例的标准差。比例是具有某种属性的单位数与总体单位总数之比，若用 π 表示，则有 $\pi=\frac{N_1}{N}$；而不具有该种属性的单位数与总体单位总数之比则是 $1-\pi=\frac{N_0}{N}$。

了解比例的均值和标准差，将有助于学习任务五中有关“比例的区间估计”这部分内容。总体比例的标准差为

$$\sigma_\pi=\sqrt{\pi\cdot(1-\pi)} \tag{4-24}$$

若 n 代表样本单位数，n_1 代表样本中具有某种属性的单位数，n_0 就是样本中不具有某种属性的单位数，$n=n_1+n_0$，则样本比例为 $p=\frac{n_1}{n}$，$1-p=\frac{n_0}{n}$。

样本比例的标准差为

$$s_{\mathrm{p}}=\sqrt{p\cdot(1-p)} \tag{4-25}$$

【例 4-28】 某计算机生产厂家所生产的某种型号计算机的合格率为 98%，不合格率为 2%。计算合格率的标准差。

计算机合格率的标准差为

$$s_{\mathrm{p}}=\sqrt{p\cdot(1-p)}=\sqrt{0.98\times0.02}=\sqrt{0.0196}\approx0.14=14\%$$

6．离散系数

离散系数是用绝对数形式的离散指标与平均数相除的结果，用比率的形式反映离散程度的大小，一般用百分数表示，也称为变异系数。实际中，通常用标准差与算术平均数相除，这样计算出的离散系数称为标准差系数，计算公式如下。

$$V_{\mathrm{s}}=\frac{s}{\bar{x}}\times100\% \tag{4-26}$$

上述极差、平均差和标准差等都是绝对数形式的离散指标，都有计量单位，且计量单位与算术平均数的计量单位相同。在对两组数据的离散程度进行对比时，如果两组数据的计量单位相同且平均水平相当，则可以用上述绝对数形式的离散指标直接对比；但如果两组数据的计量单位不同或平均水平差距较大，上述绝对数形式的离散指标在不同的总体之间就缺乏可比性了。这时，需要计算相对数形式的离散指标，即离散系数。

【例 4-29】 某汽车经销商所经销的汽车的平均价格为 20 万元，标准差为 0.5 万元；保险杠平均价格为 900 元，标准差为 90 元。试比较，汽车的价格波动幅度大还是保险杠的价格波动幅度大？

由于汽车的价格和保险杠的价格相差较大，用标准差对二者价格的波动幅度进行对比缺乏可比性，需计算标准差系数。

汽车的标准差系数：$V_{\mathrm{s}}=\frac{s}{\bar{x}}\times100\%=\frac{5\,000}{200\,000}\times100\%=0.025=2.5\%$

保险杠的标准差系数：$V_{\mathrm{s}}=\frac{s}{\bar{x}}\times100\%=\frac{90}{900}\times100\%=0.1=10\%$

计算结果表明，汽车的标准差系数小于保险杠的标准差系数，因此，保险杠的价格波动

幅度更大。

4.3.3 数据的标准化

不同研究对象的原始数据往往有不同的计量单位，如“件”“吨”“万元”等，相同的计量单位的具体取值单位也会有所不同，如“元”“万元”“亿元”等，这给不同量纲的变量之间的对比带来了困难。为了便于数据的观察和对比，需要对数据进行标准化处理。

数据标准化的方法很多，这里介绍一种最基本的方法，即用变量值（x）与其算术平均数（$\bar{x}$）的离差除以标准差（s），求得数据的标准化值（z），或称标准分数。其计算公式为

$$z=\frac{x-\bar{x}}{s} \tag{4-27}$$

标准化值并没有改变一个数据在一组数据中的位置，而是通过计算标准化值，给出了各数据在一组数据中的相对位置。标准化值 z 的平均数是 0，标准差是 1。

【例 4-30】某公司销售部门 7 名业务员月收入的平均数为 7 300 元，标准差为 1 554 元，业务员月收入的原始数据和标准化值如表 4-19 所示，其标准化值表达的是什么意义呢？

表 4-19 原始数据和标准化值

业务员编号	1	2	3	4	5	6	7
原始数据	8 500	5 400	9 500	5 100	6 500	8 500	7 600
标准化值	0.772 2	−1.222 3	1.415 7	−1.415 7	−0.514 8	0.772 2	0.193 1

例如，1 号业务员工资的标准化值为 $\frac{8\,500-7\,300}{1\,554}=0.772\,2$。

标准化值的平均数是 0，则月收入水平高于平均数的有 1、3、6、7 号业务员，3 号业务员的月收入水平最高，比平均水平高 1.415 7 个标准差；月收入水平低于平均数的有 2、4、5 号业务员，4 号业务员的月收入水平最低，比平均水平低 1.415 7 个标准差。

4.3.4 Excel 操作

1. 利用函数计算

在 Excel 中，可以利用函数来计算离散程度的度量指标。所用函数分别是四分位数函数 QUARTILE、最大值函数 MAX、最小值函数 MIN、标准差函数 STDEV、方差函数 VAR 等。其使用方法是单击“公式”→“插入函数”（或直接单击函数图标 fx），在函数类别中选择“统计”函数，再选择具体的函数。

以图 4-8 所示的 Excel 表格中 110 名学生的月消费支出额为例，说明离散指标的 Excel 函数的使用方法。

（1）四分位数——QUARTILE 函数

单击单元格 C1（准备存放计算结果），单击“公式”→“插入函数”，选择函数类别“统计”，选择“QUARTILE”函数，单击“确定”按钮，出现 QUARTILE“函数参数”对话框；在“Array”框中输入原始数据所在区域，即“B2:B111”；在“Quart 框”中输入“1”，单击“确定”按钮，即可得到下四分位数“1310.75”，如图 4-22 所示；在“Quart”框中输入“2”，单击“确定”按钮，即可得到中位数“1490”，如图 4-23 所示；在“Quart”框中输入“3”，单击“确定”按钮，即可得到上四分位数“1798”，如图 4-24 所示。

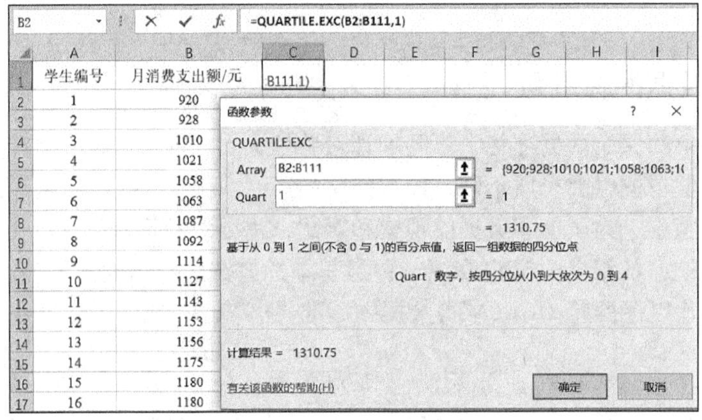

图 4-22 下四分位数计算结果

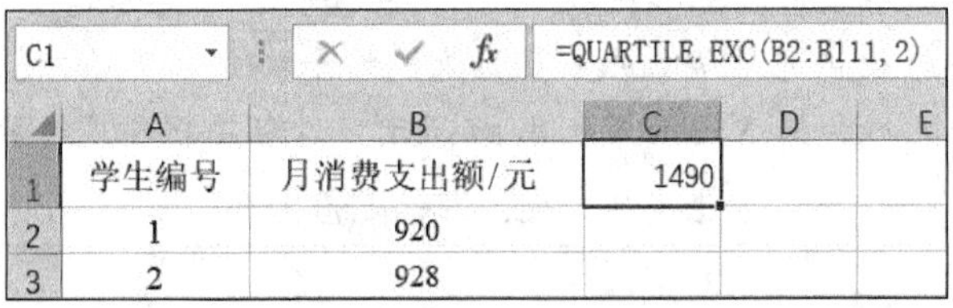

C1 =QUARTILE. EXC(B2:B111, 2)

	A	B	C	D	E
1	学生编号	月消费支出额/元	1490		
2	1	920			
3	2	928			

图 4-23 中位数计算结果

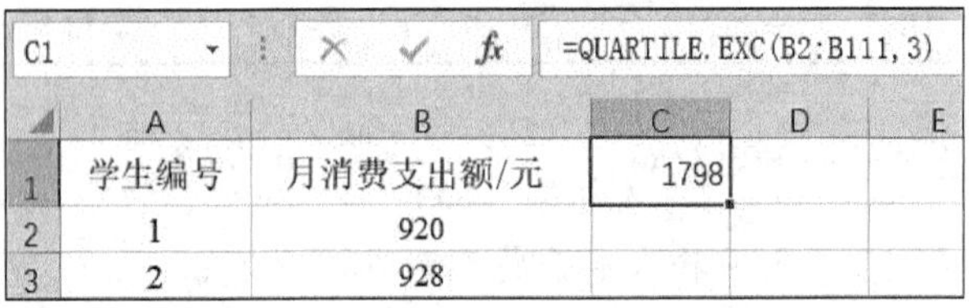

C1 =QUARTILE. EXC(B2:B111, 3)

	A	B	C	D	E
1	学生编号	月消费支出额/元	1798		
2	1	920			
3	2	928			

图 4-24 上四分位数计算结果

四分位差=1 798−1 310.75=487.25。

（2）极差——MAX 函数和 MIN 函数。

单击“公式”→“插入函数”，选择“统计”函数，选择“MAX”函数，可得到最大值 3 383；单击“公式”→“插入函数”，选择“统计”函数，选择“MIN”函数，可得到最小值 920。

极差=最大值−最小值=3 383−920=2 463。

（3）标准差——STDEV 函数。

选中任一单元格，这里是 C1（准备存放计算结果）；单击“公式”→“插入函数”，选择“统计”，选择“STDEV.P”函数，单击“确定”按钮，出现 STDEV.P “函数参数”对话框；在“Number 1”框中输入原始数据所在区域“B2:B111”，单击“确定”按钮，输出标准差的结果“414.2624”，如图 4-25 所示。

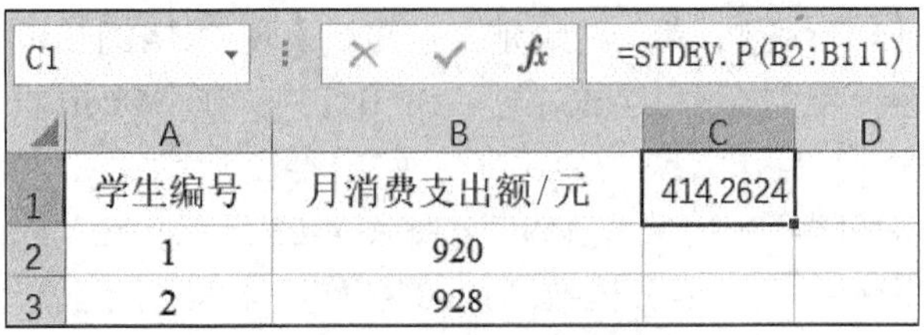

C1 =STDEV. P(B2:B111)

	A	B	C	D
1	学生编号	月消费支出额/元	414.2624	
2	1	920		
3	2	928		

图 4-25 标准差计算结果

（4）方差——VAR 函数。

选中任一单元格，这里是 C1（准备存放计算结果）；单击“公式”→“插入函数”，选择“统计”，选择“VAR.P”函数，单击“确定”按钮，出现 VAR.P“函数参数”对话框；在“Number 1”框中输入原始数据所在区域“B2:B111”，单击“确定”按钮，输出方差的结果“171 613.354 1”，如图 4-26 所示。

C1	=VAR. P(B2:B111)	
A	B	C
学生编号	月消费支出额/元	171613.3541
1	920	
2	928	

图 4-26　方差计算结果

2. 利用 Excel 中的“描述统计”

仍以图 4-8 所示 Excel 表格中 110 名学生的月消费支出额为例。

单击“数据”→“数据分析”→“描述统计”→“确定”，进入“描述统计”对话框。在对话框的“输入区域”框中用鼠标指针拖曳选中数据所在单元格区域“B2:B111”；在“输出区域”框中输入任意单元格，如输入“C1”；勾选“汇总统计”“平均数置信度”“第 K 大值”“第 K 小值”；单击“确定”按钮，得到描述统计的输出结果，如图 4-27 所示。描述统计输出的不仅有一组数据集中趋势的代表值，还有离散指标等其他信息。

平均	1582.86364
标准误差	39.6791437
中位数	1490
众数	1379
标准差	416.15837
方差	173187.789
峰度	3.03529388
偏度	1.3730549
区域	2463
最小值	920
最大值	3383
求和	174115
观测数	110
最大(1)	3383
最小(1)	920
置信度(95.0%)	78.6427728

图 4-27　Excel 输出的描述统计结果

（1）“平均”指的是数据的算术平均数，这里 110 名学生的平均月消费支出额是 $\bar{x}=1\,582.863\,6$ 元。

（2）“标准误差”是样本均值的标准差，衡量样本均值的离散程度，用样本标准差（用 s 表示）除以样本单位数的平方根。这里，$\dfrac{s}{\sqrt{n}}=\dfrac{416.158\,4}{\sqrt{110}}\approx 39.679\,1$。

（3）“中位数”。这里 110 名学生平均月消费支出额的中位数是 $M_e=1\,490$ 元。

（4）“众数”。这里 110 名学生平均月消费支出额的众数是 $M_o=1\,379$ 元。

（5）“标准差”是样本方差的平方根，衡量的是样本数据的离散程度。这里将所观察的数据看成样本数据，样本的标准差 $s=416.158\,4$ 元，s 所用公式与总体标准差（σ）的不同，分母是“$n-1$”而不是“n”，计算公式如下。

$$s=\sqrt{\frac{\sum(x-\bar{x})^2}{n-1}}$$

（6）“方差”就是样本标准差的平方，这里 $s^2=173\,187.789$。

（7）“峰度”也称峰态系数，用来表明数据分布曲线的陡峭程度。数据分布的尖峰和扁平程度是和标准正态分布比较而言的。在正态分布情况下，峰度系数为 3；若峰度系数大于 3，则为尖峰分布，说明数据的分布更集中；若峰度系数小于 3，则为扁平分布，说明数据的分布更分散。这里峰度是 3.035 293 88，说明数据的分布接近正态分布。

（8）“偏度”也称偏态系数，用来表示一组数据的非对称性程度，即向左或向右偏斜的程度。偏度的数值越大，表示偏斜程度越大。偏态的形状如图 4-5 所示。

偏态系数为 0，说明数据分布是对称的；如果一组数据的偏态系数小于 0，即负值，可认为是左偏分布，较小值偏多；如果偏态系数大于 0，即正值，可认为是右偏分布，较大值偏多。偏态系数大于 1 或小于−1，被认为属于高度偏态；在 0.5 至 1 或−0.5 至−1 之间，被认为是中度偏态；偏态系数越接近 0，偏斜程度就越小。

这里的偏度是 1.373 054 9，说明数据呈右偏分布，存在较大值。

（9）“区域”即极差，是最大值与最小值之差，这里为 2 463。

（10）“最小值”是全部数据中的最小值，这里为 920。

（11）“最大值”是全部数据中的最大值，这里为 3 383。

（12）“求和”是全部数据的总和，这里为 174 115。

（13）“观测数”是数据的个数，这里为 110。

（14）“置信度（95.0%）”是指置信度为 95%时的 t 分布临界值。

4.3.5 习题与实训

一、选择题

1. 与变量值计量单位相同的离散指标是（　　）。
   A. 极差　　B. 平均差　　C. 标准差　　D. 标准差系数
2. 一组数据最大值与最小值之差称为（　　）。
   A. 极差　　B. 平均差　　C. 标准差　　D. 方差
3. 四分位差是（　　）。
   A. 上四分位数减下四分位数的结果　　B. 上四分位数减中位数的结果
   C. 中位数减下四分位数的结果　　D. 上四分位数与下四分位数的中间值
4. 各变量值与其算术平均数离差平方的算术平均数称为（　　）。
   A. 极差　　B. 平均差　　C. 方差　　D. 标准差
5. 离散系数的主要用途是（　　）。
   A. 反映一组数据的离散程度
   B. 对比具有不同计量单位的数据组的离散程度
   C. 反映一组数据的平均水平
   D. 对比不同水平的数据组的离散程度
6. 经验法则表明，当一组数据对称分布时，在平均数加减 3 个标准差范围内大约有（　　）。
   A. 68%的数据　　B. 90%的数据　　C. 95%的数据　　D. 99%的数据
7. 比较两组数据的离散程度最适合的离散指标是（　　）。
   A. 极差　　B. 平均差　　C. 标准差　　D. 标准差系数

二、思考题

1. 简述异众比率、四分位差和标准差的应用场合。
2. 为什么要计算标准差系数？
3. 为什么要计算标准化值？
4. 什么是经验法则？

三、综合应用题

1. 对 10 名男生和 10 名女生进行了一次测试，成绩如下。

男生：20　35　40　60　70　80　85　100　115　120

女生：67　68　69　70　71　72　73　78　80　90

试问：哪一组成绩的差异大？分别用极差、标准差、标准差系数对比男、女两组学生测试成绩的差异程度。

2. 某企业从当月生产的一批产品中抽取了 1 090 件进行检验，测得其寿命资料如表 4-20 所示。

表 4-20　寿命资料

使用寿命/小时	产品数/件
900 以下	60
900～1 000	100
1 000～1 100	240
1 100～1 200	440
1 200～1 300	140
1 300 以上	110
合计	1 090

要求：①计算该产品本月使用寿命的平均数和标准差。②若去年同月该产品平均寿命为 1 150 小时，标准差为 178 小时，哪年的产品质量波动更大？③若使用寿命 1 000 小时以上为合格品，试计算合格率及合格率的标准差。

3. 一家公司在招收新员工时，首先要通过两项能力测试。对于 A 项测试，平均分数是 100 分，标准差是 15 分；对于 B 项测试，平均分数是 400 分，标准差是 50 分。一位应试者在 A 项测试中得了 115 分，在 B 项测试中得了 425 分。与平均分数相比，该应试者哪一项测试更为理想？

任务解析

《中华人民共和国 2022 年国民经济和社会发展统计公报》是对我国 2022 年全年国民经济和社会发展总体状况的数量描述。进行数量描述的基本方法是综合指标法。综合指标法是指运用各种综合统计指标，从具体数量方面对现实社会经济总体的规模及特征所进行概括和分析的方法。在大量观察和分组基础上计算的综合指标，基本排除了总体中个别偶然因素的影响，能反映出普遍的、决定性条件的作用结果。综合指标法是统计的基本研究方法之一，使用了 3 种指标，即总量指标、相对指标和平均指标，或简称为绝对数、相对数和平均数。《中华人民共和国 2021 年国民经济和社会发展统计公报》也是综合指标法使用的集中展现。

1. 总量指标

如国内生产总值 1 210 207 亿元、第一产业增加值 88 345 亿元、年末全国就业人员 73 351 万人、全国农民工总量 29 562 万人、年末国家外汇储备 31 299 亿美元、移动电话用户 168 344 万户、年末全国人口 141 175 万人等都是总量指标。

2. 相对指标

如第一产业增加值比上年增长 4.1%、第三产业增加值占国内生产总值的比重 52.8%、城镇调查失业率为5.5%、全年人民币平均汇率为1美元兑6.726 1元人民币等都是相对指标。

3．平均指标

如全年农村居民人均可支配收入20 133元、农村居民人均可支配收入中位数17 734元、城镇居民人均可支配收入49 283元、城镇居民人均可支配收入中位数45 123元等都是平均指标。我国国民经济和社会发展统计公报从2010年起开始公布农村居民和城镇居民人均可支配收入的中位数。算术平均数和中位数都是一组数据的代表值，为什么要两个同时公布呢？一般而言，一组数据呈正态分布且在没有明显偏态的情况下，中位数与算术平均数比较接近，但是当数据分布呈较严重偏态时，即有少数数据大幅高于或低于其余数据的时候，中位数与算术平均数就会有较大差异。如果少部分人收入过高，而绝大部分人收入较低，则算术平均数计算的平均收入就会偏高，从而缺乏实际参考意义。如果用中位数来衡量，则有助于了解普通民众的收入水平。中位数表示，2022年我国有一半的农民人均可支配收入低于17 734元，有一半的城镇居民人均可支配收入低于45 123元。我国近年来收入差距有扩大趋势，连续观察这两个指标的变化，将有助于了解我国收入分布的动态变化情况。

相关知识图示

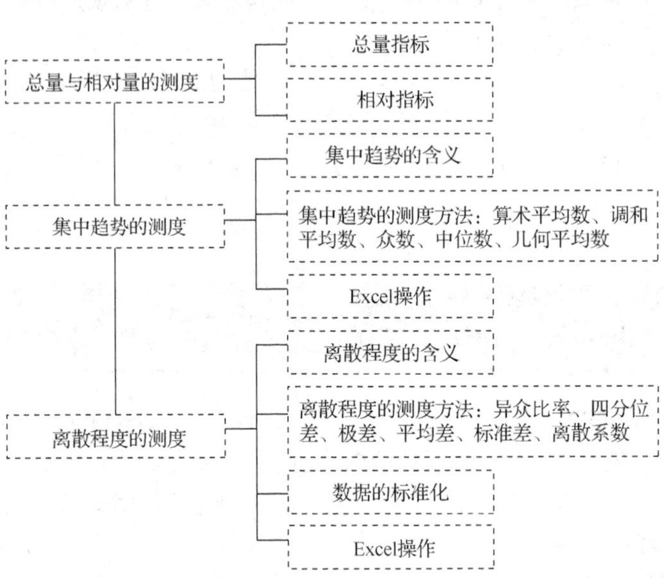

抽样估计

知识目标

（1）抽样方法。
（2）总体均值的区间估计。
（3）总体比例的区间估计。
（4）必要样本容量的确定方法。

能力目标

（1）能够恰当选择抽样方法并实施抽样。
（2）能够熟练掌握总体均值区间估计的方法。
（3）能够熟练掌握总体比例区间估计的方法。
（4）能够根据已知条件计算必要样本容量。

任务引入

从“登记失业率”到“调查失业率”

什么是失业人口？失业人口在我国是指满足一定下限年龄（16 周岁及以上）、具有劳动能力、要求有报酬的工作而尚未获得工作职位的人口。没有工作意愿，或虽有工作意愿而尚未达到规定下限年龄的人，均不得算作失业人口。世界上大多数国家都采用以下两种失业率：一是行政登记失业率，二是劳动力抽样调查失业率。这两种失业率都是政府决策的重要依据。由于各国公共就业服务和社会保障水平不同，登记失业率在国与国之间不能简单比较。而调查失业率依据的是国际化的失业定义，可以进行国际比较。我国目前的失业率统计主要有两种方法，一是由人力资源和社会保障部主管实施的城镇登记失业率统计，二是由国家统计局主管实施的城镇调查失业率统计。我国从 1978 年开始建立失业登记制度，当时称为“待业登记”，所有的城镇无业者都必须到政府劳动保障部门去登记，处于等待期的劳动者即登记为“待业”。1994 年将“待业登记”更名为“失业登记”。城镇登记失业率是报告期内在劳动保障部门登记的失业人口占期末全部劳动力（就业人口和失业人口之和）的百分比。长期以来，我国官方公布的是城镇登记失业率，例如，2011—2015 年我国官方公布的城镇登记失业率为 4.05%～4.1%。调查失业率是指通过劳动力调查或相关抽样调查推算得到的失业人口占全部劳动力（就业人口和失业人口之和）的百分比。我国的调查失业率是通过劳动力调查取得的。国家统计局从 2005 年开始实施全国劳动力调查制度；2006 年增加到每年调查两次；从 2007 年起调查每季度进行一次；2009 年又建立了 31 个大城市月度劳动力调查制度，每月在 31 个省会城市开展调查；2016 年将上述并行的两项劳动力调查进行了整合，建立了全国月度劳动力调查制度，调查范围覆盖全国所有地级市（州、盟）。我国从 2018 年开始同时公布城镇调查失业率和城镇登记失业率数据，两个失业率指标并用，为分析、研判我国就业、失业状况提供了更加全面、准确、完整、及时的信息依据。

我国的劳动力抽样调查是如何进行抽样的呢？

知识链接

5.1 抽样与抽样分布

5.1.1 抽样估计

抽样估计是指在随机抽样的基础上，利用样本的实际资料计算样本统计量，并用样本统计量对总体参数做出具有一定可靠程度估计的一种统计方法。抽样估计具有很多优点，具体体现在它的经济性、时效性、准确性和灵活性等方面。因此，抽样估计在实际中应用广泛。

抽样估计具有以下几个特点。

（1）抽样估计是一种通过部分认识总体的统计方法。

（2）抽样估计以概率抽样为基础，按随机性原则抽取样本。

（3）抽样估计可以以一定的概率保证将估计误差控制在相应的范围之内。

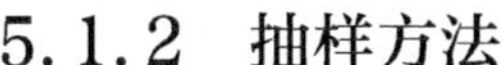

5.1.2 抽样方法

抽样估计的前提是抽取的样本必须能够代表其来自的总体，要保证样本的代表性，首先要确定科学的抽样方法。抽样方法有很多，总的来说有概率抽样和非概率抽样两大类。

概率抽样又称为等概率抽样或随机抽样，是调查者按照随机性原则抽取样本的方法。概率抽样以概率论为基础，可以保证总体中每一个单位都有相同的被抽中的机会，可以计算抽样误差，并可以从数量上推断总体。

非概率抽样又称为不等概率抽样或非随机抽样，是调查者根据自己的方便或主观判断抽取样本的方法。它不严格按随机原则来抽取样本，所以也就无法确定抽样误差。虽然根据其样本调查的结果可以在一定程度上说明总体的特征，但不能从数量上推断总体。

本任务主要介绍概率抽样的方法。概率抽样的方法主要有 5 种，如图 5-1 所示。

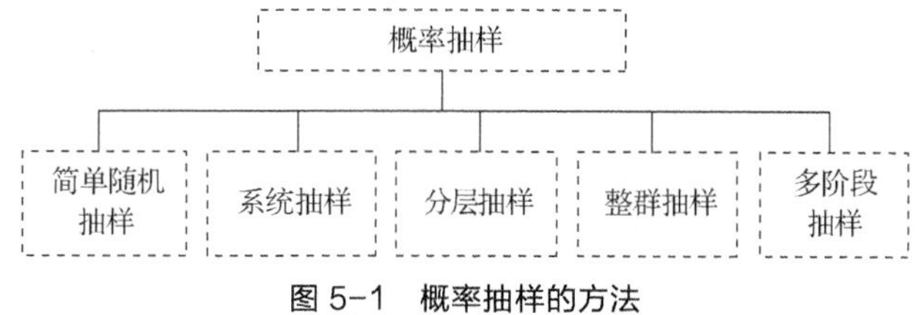

图 5-1 概率抽样的方法

1. 简单随机抽样

简单随机抽样按随机性原则直接从总体 N 个单位中抽取 n 个单位组成样本，总体中每个单位都有被抽中的机会。简单随机抽样是最基本也是最简单的抽样组织形式，适用于均匀分布的总体。

抽样的随机性通过抽样的随机化程序体现出来，在对总体单位进行编号后，确定样本单位，可以采用简单的摸彩法，也可以使用随机数字表。当然，现在使用 Excel 中的抽样程序或 SPSS 的 Sample 过程等都可以快捷地完成随机抽样。

简单随机抽样具体的抽样方法又分为重复抽样和不重复抽样两种。

（1）重复抽样。重复抽样也称为回置抽样，即每次抽中一个样本单位并登记后再将其放回总体中参加下一次抽取，每一个样本单位都有被重复抽中的可能。重复抽样的特点是，同一个样本单位可能在一个样本中重复出现；每个样本单位被抽中的概率都相等，概率等于 $1/N$。

例如，采用重复抽样方法从总体 30 个单位中随机抽取 5 个单位构成样本，即 $N=30$，$n=5$。抽取一个单位登记其编号后，将该单位放回总体中再进行下一个单位的抽取，连续抽取 5 次，抽得 5 个总体单位构成一个样本，每个样本单位被抽中的概率都是 $\frac{1}{30}$。

（2）不重复抽样。不重复抽样也称为不回置抽样，即每次抽中一个样本单位并登记后不再将其放回总体中参加下一次抽取，每一个样本单位只有一次被抽中的可能。由于第一次抽选的结果影响下一次抽选，因此，每个单位被抽中的概率是不同的。不重复抽样的特点是，同一个单位不能在一个样本中重复出现；样本中每个样本单位被抽中的概率实际上是不相同的，按 n 个样本单位被抽中的顺序，它们从总体中被抽中的概率分别是 $1/N$、$1/(N-1)$、$1/(N-2)$、……。

例如，采用不重复抽样方法从总体 30 个单位中随机抽取 5 个单位构成样本，即 $N=30$，$n=5$。抽取一个单位登记其编号后，不再将该单位放回总体中，继续进行下一个单位的抽取，连续抽取5次，抽得5个总体单位构成一个样本，5个样本单位被抽中的概率依次增加，分别是$\frac{1}{30}$、$\frac{1}{29}$、$\frac{1}{28}$、$\frac{1}{27}$、$\frac{1}{26}$。

在实际抽取样本时，由于不重复抽样的误差小于重复抽样的误差，所以通常采用不重复抽样方法抽取样本。

对于总体单位数目不大或总体单位数目虽然较大，但比较集中、便于抽选的总体，采用简单随机抽样容易取得较好的抽样效果。否则，需要设计其他抽样方法。简单随机抽样是抽样设计的基础方法，其他抽样方法中也带有简单随机抽样的"影子"，在本任务后面内容的讲述中，我们都是假设在简单随机抽样的方法下进行的。

2．系统抽样

系统抽样又称为等距抽样，是指将总体各单位按一定标志或次序排列，然后按相等的距离或间隔抽取样本单位。系统抽样又有等概率系统抽样和不等概率系统抽样两种抽取方式。

（1）等概率系统抽样。等概率系统抽样是指每个单位被抽中的概率是相等的。假定要从N个单位的总体中抽取n个单位构成样本，抽样方法是，先将总体的N个单位按照某种顺序排列编号，再确定抽样间隔k（$k=\frac{N}{n}$）；然后在规定的范围内随机地确定一个起点，每隔k个单位就抽取一个作为入样单位，直至抽足n个单位为止。总体单位的大小差异较小时，适宜采用等概率系统抽样。

【例5-1】 采用等概率系统抽样方法从总体30个单位中随机抽取5个单位构成样本。

已知 $N=30$，$n=5$。由于总体单位有限，对总体单位进行编号也比较容易，所以采用等概率系统抽样。

① 将总体30个单位进行编号。

② 抽样间隔为$k=\frac{30}{5}=6$。

③ 假设随机抽样起点为2。

④ 依次抽取号码为$i=2$、$i+1k=8$、$i+2k=14$、$i+3k=20$、$i+4k=26$的总体单位。

如果调查总体具有一定的周期性，抽样间隔应避开这种周期性影响，如在产品质量检查时，抽检的时间若定在交接班时间，则抽取的样本就缺乏代表性。

（2）不等概率系统抽样。不等概率系统抽样（PPS系统抽样）是指每个单位被抽中的概率是与该单位的规模成比例的。如果总体单位的大小差异较大，可采用不等概率系统抽样方法。其基本思想是，令总体中第i个单位的入样概率与该单位的大小成比例。在具体实施过程中，可以按照类似等概率系统抽样的方法进行：以一个辅助变量对总体单位按大小顺序排列；对总体单位的辅助变量值进行累计，累计总量为M_0；以k为抽样间隔，$k=M_0/n$；随机地确定一个小于或等于k的实数r为抽样的起点，那么，$r,r+k,r+2k,r+3k,\cdots$所对应的单位就是所抽中的入样单位。

【例5-2】 采用不等概率系统抽样方法从12种晚报中随机抽取4种进行内容分析。12种晚报的发行量分别为20万份、67万份、45万份、120万份、39万份、85万份、58万份、98万份、76万份、210万份、25万份、150万份。

已知$N=12$，$n=4$。该例中，由于12种晚报的发行量差异较大，因此采用等概率系统抽样或简单随机抽样方法抽取4种是不可取的，考虑到发行量这个因素，应采用不等概率系

统抽样方法进行抽取。数据如表 5-1 所示。

① 按发行量大小顺序列出 12 种晚报的发行量，并计算累计发行量 $M_0=993$。

② 确定抽样间隔：$k=\frac{993}{4}\approx 248$。

③ 确定抽样的起点 r：随机地选定 $r=146$。

④ $r=146$、$r+k=394$、$r+2k=642$、$r+3k=890$ 这 4 个累计发行量对应的 4 种晚报就是入样晚报，分别是编号为 5、8、11、12 的晚报。

表 5-1　不等概率系统抽样

晚报编号	发行量/万份	累计发行量/万份	至抽中晚报的累计发行量/万份	抽中晚报
1	20	20	—	—
2	25	45	—	—
3	39	84	—	—
4	45	129	—	—
5	58	187	146	√
6	67	254	—	—
7	76	330	—	—
8	85	415	394	√
9	98	513	—	—
10	120	633	—	—
11	150	783	642	√
12	210	993	890	√

不等概率系统抽样方法是国际上比较流行的抽样方法，它在实践中有着广泛的应用。我国的农产量调查、收视率调查等都采用了这种抽样方法。

3．分层抽样

分层抽样也称类型抽样，先将总体所有单位按与研究内容密切相关的主要因素分成若干层，然后在各层中按随机性原则抽取一定数量的单位构成样本。

简单随机抽样要求对总体进行编号或排序，人力、时间的耗费比较大。如果我们事先对总体的特性有较明确的了解，就可以利用这种了解做出更高效率的抽样设计，分层抽样就是十分常用的一种。因此，分层抽样比简单随机抽样更有效，通过对总体进行分层，使相互差异程度较小的单位集中在一个层内，突出了层与层之间的差异，从而随机地从任何一层中所抽取的样本单位对该层的代表性都提高了。这样就确保了样本在各层之间分布的均匀性，提高了样本的代表性。

分层抽样的常用方法有两种，即比例分层抽样法和加权比例分层抽样法。

（1）比例分层抽样法。比例分层抽样是指按照每层单位数在总体中所占的比例抽取样本单位数，适用于层与层之间差异程度大、各层内部差异程度不大的总体。各层的抽样单位数为

$$n_i=\frac{N_i}{N}\cdot n \quad (i=1,2,\cdots,k) \tag{5-1}$$

式中，N 为总体单位总数，N_i 为每层的总体单位数，$\frac{N_i}{N}$ 为总体中各层单位数占总体单位总数的比重，n 为应抽取的样本单位总数，n_i 为各层应抽取的样本单位数，k 为分层后的

层数。

按比例确定各层的样本单位数以后，再在各层内按简单随机抽样的方法确定具体的样本单位。

【例 5-3】 某产品在某市有 100 个销售点，按销售量的大小将销售点分为大、中、小 3 层，各层销售点的数量占总体的比例分别为 15%、30%，55%。抽取 20 个销售点构成样本。

首先，按比例确定不同规模销售点的抽取数量。

销售量大的层应抽取的销售点数量：$n_{大}=15\%\times 20=3$（个）。

销售量中的层应抽取的销售点数量：$n_{中}=30\%\times 20=6$（个）。

销售量小的层应抽取的销售点数量：$n_{小}=55\%\times 20=11$（个）。

其次，在不同销售量大小的层中按简单随机抽样方法抽取销售点（略）。

（2）加权比例分层抽样法。加权比例分层抽样是指以每层的单位数与层内的标准差结合作为权数确定每层应抽取的样本数，通常在总体中各层内部的差异程度较大时使用。

各层的抽样单位数为

$$n_i=n\cdot\frac{W_i\cdot s_i}{\sum W\cdot s} \tag{5-2}$$

式中，n 为应抽取的样本单位总数，n_i 为各层应抽取的样本单位数，W_i 为各层单位数占总体单位数的比重，s_i 为各层内部的标准差，$\frac{W_i\cdot s_i}{\sum W\cdot s}$ 为同时考虑到各层的单位数比重和标准差后确定的各层的权数。

【例 5-4】 对某地企业进行调查时，将企业按销售收入分为大型企业、中型企业和小型企业 3 层，各层企业数占总体的比重 W_i 与层内销售收入的标准差 s_i 数据如表 5-2 所示。用加权比例分层抽样法抽取 30 个单位构成样本。

表 5-2　加权比例分层抽样

分层	各层比重 W_i/%	各层标准差 s_i	$W_i\cdot s_i$
大型	10	192	19.2
中型	30	105	31.5
小型	60	56	33.6
合计	100	—	84.3

由于不同类型企业内部的差异程度较大，所以采用加权比例抽样法比较合适。若抽取 30 个企业构成样本，即 $n=30$，则每层应抽取的样本单位数为

大型企业：$n_{大}=n\cdot\frac{W_1\cdot s_1}{\sum W\cdot s}=30\times\frac{19.2}{84.3}\approx 7$（个）。

中型企业：$n_{中}=n\cdot\frac{W_2\cdot s_2}{\sum W\cdot s}=30\times\frac{31.5}{84.3}\approx 11$（个）。

小型企业：$n_{小}=n\cdot\frac{W_3\cdot s_3}{\sum W\cdot s}=30\times\frac{33.6}{84.3}\approx 12$（个）。

4．整群抽样

整群抽样先将所有总体单位分割为若干群，然后从中随机抽取一部分群，对所抽中群中的所有单位实施全面调查。实际中可以利用总体中存在的自然的、社会的群来抽取样本单位。

在城市住户调查中，常以住宅区为抽样单位，对所抽中住宅区的所有住户进行全面调查。在这里，调查单位是住户，群是由若干住户构成的住宅区。如果要调查全国各地职业技术学院学生平均每人每天使用计算机的时间，若以每个职业技术学院的学生作为抽样单位，就必须有一份完整的、不重不漏的、数以万计的全体学生的名单，而这是不容易做到的。但如果以各省市职业技术学院为抽样单位，则得到一份完整的、不重不漏的、各省市职业技术学院的名单就较为容易。

整群抽样的优点是以群为单位抽取，从而大大减少了抽样的工作量，节省了调查费用，也方便了调查的实施；缺点是，由于抽取的单位比较集中，若样本单位在总体中分布不均匀，则抽样误差常常大于简单随机抽样的抽样误差。

5．多阶段抽样

多阶段抽样又称为多级抽样，是指在抽取样本时，分为两个及两个以上的阶段从总体中抽取样本的抽样方式。其具体操作过程是：第一阶段，将总体分为若干个一级抽样单位，从中抽选部分一级抽样单位入样；第二阶段，将入样的每个一级抽样单位分成若干个二级抽样单位，再从每个入样的一级抽样单位中各抽选部分二级抽样单位入样，以此类推，直到获得最终样本。多阶段抽样大多用于规模较大的抽样工作中。

【例 5-5】 以一项全国电视观众的抽样调查为例说明多阶段抽样。

抽样方案采用了分层 5 阶段抽样，各阶段抽样单元如下。

第一阶段：抽取区（地级市以上城市的市辖区）、县（包括县级市等）。

第二阶段：抽取街道、乡、镇。

第三阶段：抽取居委会、村委会。

第四阶段：抽取家庭户。

第五阶段：抽取个人。

为提高抽样效率，减少抽样误差，在第一阶段抽样中对区、县采用按地域及类别分层。在每一层内前 3 个阶段均采用与人口成正比的不等概率系统抽样，在第四阶段采用等概率系统抽样，在第五阶段采用简单随机抽样。

多阶段抽样由于实行了再抽样，可以在更广的范围内获得调查单位。它的缺点是每增加一个抽样阶段，意味着增加了一份估计误差，用样本对总体进行估计也变得更加复杂。

5.1.3 抽样估计的基本概念

在介绍样本统计量的抽样分布之前，首先介绍抽样估计涉及的几个基本概念。

1．总体参数与样本统计量

总体参数与样本统计量如图 5-2 所示。总体参数是用来描述总体分布的数量特征值，常用的总体参数有总体均值 μ 、总体比例 π 和总体标准差 σ 等。

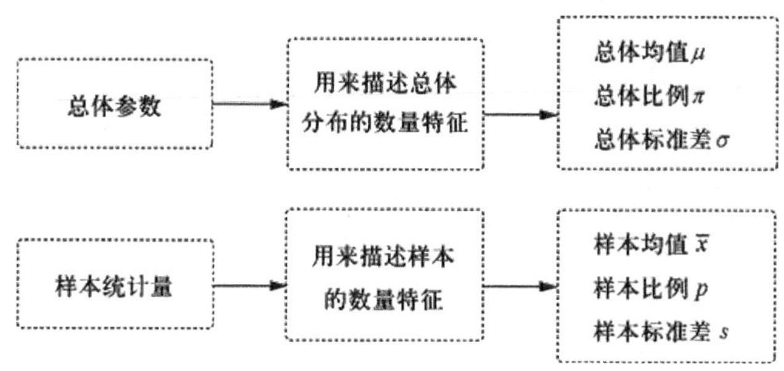

图 5-2 总体参数与样本统计量

样本统计量是根据样本资料计算出来的，用来描述样本的数量特征。常用的样本统计量有样本均值$\bar{x}$、样本比例p和样本标准差s等。

总体参数通常是未知的，可通过样本统计量推算获得。可以用样本均值$\bar{x}$去估计总体均值μ，用样本比例p去估计总体比例π，用样本标准差s去估计总体标准差σ。

总体参数与样本统计量的计算公式如表5-3所示。

表5-3　总体参数与样本统计量的计算公式

项目		样本统计量	总体参数
均值	根据未分组资料计算	$\bar{x}=\frac{\sum x}{n}$	$\mu=\frac{\sum X}{N}$
	根据分组资料计算	$\bar{x}=\frac{\sum x\cdot f}{\sum f}$	$\mu=\frac{\sum X\cdot F}{\sum F}$
均值的标准差	根据未分组资料计算	$s_x=\sqrt{\frac{\sum(x-\bar{x})^2}{n-1}}$	$\sigma_x=\sqrt{\frac{\sum(X-\mu)^2}{N}}$
	根据分组资料计算	$s_x=\sqrt{\frac{\sum(x-\bar{x})^2\cdot f}{\sum f-1}}$	$\sigma_x=\sqrt{\frac{\sum(X-\mu)^2\cdot F}{\sum F}}$
比例		$p=\frac{n_0}{n}$；$1-p=\frac{n_1}{n}$	$\pi=\frac{N_0}{N}$；$1-\pi=\frac{N_1}{N}$
比例的标准差		$s_p=\sqrt{p\cdot(1-p)}$	$\sigma_p=\sqrt{\pi\cdot(1-\pi)}$

2．样本容量和样本个数

样本容量是指一个样本所包含的样本单位数，一般用n表示。

样本个数是指从总体中可能抽取的样本组合数。

抽取样本的方法不同，组成样本的个数也不同。从总体N个单位中，随机抽取n个单位构成一个样本，如果采用重复抽样的方法，共可抽取N^n个样本；如果采用不重复抽样的方法，共可抽取$\frac{N!}{n!(N-n)!}$个样本。

例如，如果总体有A、B、C、D这4个单位，从中抽取2个单位构成样本，重复抽样的可能样本数目为$N^n=4^2=16$个；不重复抽样的可能样本数目为$\frac{N!}{n!(N-n)!}=\frac{4!}{2!(4-2)!}=6$个。

5.1.4　样本统计量的抽样分布

抽样分布是指从某一总体中随机抽取容量为n的样本时，所有可能样本的统计量的频率分布或概率分布。假设从容量为N的总体中随机抽取容量为n的样本，会有k个可能样本，并可以计算k个样本统计量。将k个样本统计量的取值及其出现的概率依次排列，就得到了样本统计量的频率分布，即抽样分布。将样本均值的全部可能取值与其出现的概率依次排列，则可形成样本均值的抽样分布；同理，将样本比例的全部可能取值与其出现的概率依次排列，则可得到样本比例的抽样分布。

样本统计量的抽样分布，实际上是一种理论分布，现实中是不可能将所有可能样本都抽出来的。寻求抽样分布的方法，大多数情况下是求抽样分布的近似分布。在抽样推断中，许多场合下统计量服从正态分布或以正态分布为近似分布，所以正态分布是最常见的。

1．样本均值的抽样分布

从单位数为 N 的总体中抽取样本容量为 n 的随机样本，在重复抽样的条件下共有 N^n 个样本，在不重复抽样的条件下共有 $\frac{N!}{n!(N-n)!}$ 个样本。对于每一个样本，我们都可以计算出样本的均值，因此，样本均值是一个随机变量。所有的样本均值形成的分布就是样本均值的抽样分布。

【例 5-6】 假设总体有 4 个单位，即 $N=4$，取值分别为 $X_1=1, X_2=2, X_3=3, X_4=4$。

总体均值为

$$\mu=\frac{\sum X}{N}=\frac{1+2+3+4}{4}=2.5$$

总体方差为

$$\sigma^2=\frac{\sum(X-\mu)^2}{N}=\frac{(1-2.5)^2+(2-2.5)^2+(3-2.5)^2+(4-2.5)^2}{4}=1.25$$

分别按重复抽样和不重复抽样，从总体中随机抽取容量为 2 的样本。若重复抽样，则共有 $4^2=16$ 个可能样本；若不重复抽样，则共有 $\frac{4!}{2!(4-2)!}=6$ 个样本。重复抽样和不重复抽样条件下的样本及样本统计量如表 5-4 所示。

表 5-4 重复抽样和不重复抽样条件下的样本及样本统计量

抽样方法	重复抽样	不重复抽样
样本个数 k	16	6
所有可能的样本	1,1　2,1　3,1　4,1 1,2　2,2　3,2　4,2 1,3　2,3　3,3　4,3 1,4　2,4　3,4　4,4	1,2　2,3　3,4 1,3　2,4 1,4
样本均值 $\bar{x}_i$	1.0　1.5　2.0　2.5 1.5　2.0　2.5　3.0 2.0　2.5　3.0　3.5 2.5　3.0　3.5　4.0	1.5　2.5　3.5 2.0　3.0 2.5
样本方差 s^2_i	0　0.5　2　4.5 0.5　0　0.5　2 2　0.5　0　0.5 4.5　2　0.5　0	0.5　0.5　0.5 2　2 4.5
所有样本均值的均值 $\mu_{\bar{x}}=\frac{\sum \bar{x}_i}{k}$	2.5	2.5
所有样本均值的方差 $\sigma_{\bar{x}}{}^2=\frac{\sum(\bar{x}_i-\mu_{\bar{x}})^2}{k}$	0.625	0.417

在重复抽样的条件下，每个样本被抽中的概率相同，均为 1/6；在不重复抽样的条件下，每个样本被抽中的概率不同，如表 5-5 所示。重复抽样和不重复抽样条件下样本均值的抽样分布如表 5-5 和图 5-3、图 5-4 所示。样本均值 $\bar{x}$ 抽样分布的形状与原有总体的分布有关，如果原有总体的分布是正态分布，样本均值也服从正态分布。如果总体的分布是非正态分布，当 x 为大样本（$n\geqslant30$）时，样本均值的分布趋于服从正态分布；当 x 为小样本时，其分布不服从正态分布。

表 5-5　重复抽样和不重复抽样条件下样本均值的抽样分布

重复抽样			不重复抽样		
样本均值 $\bar{x}_i$	样本个数	发生的概率	样本均值 $\bar{x}_i$	样本个数	发生的概率
1.0	1	1/16	1.5	1	1/6
1.5	2	2/16	2.0	1	1/6
2.0	3	3/16	2.5	2	2/6
2.5	4	4/16	3.0	1	1/6
3.0	3	3/16			
3.5	2	2/16	3.5	1	1/6
4.0	1	1/16			
合计	16	1.0	合计	6	1.0

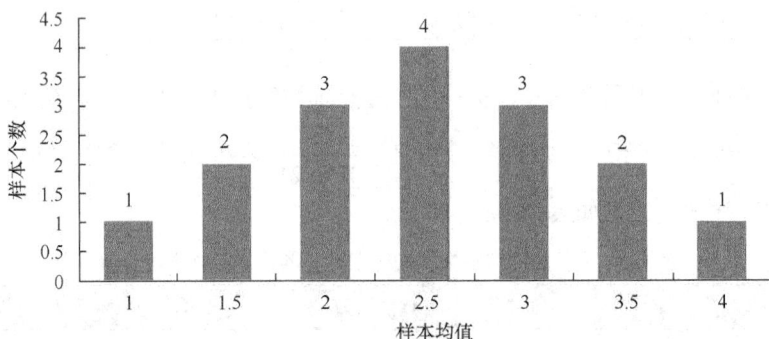

图 5-3　重复抽样条件下样本均值的抽样分布

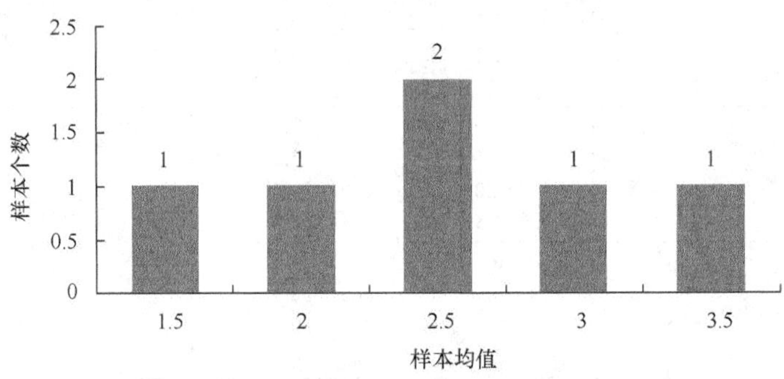

图 5-4　不重复抽样条件下样本均值的抽样分布

下面是样本均值 $\bar{x}$ 抽样分布的两个特征：数学期望和方差。

设总体共有 N 个个体单位，其均值为 μ，方差为 σ^2，从中抽取容量为 n 的样本，则：

样本均值的数学期望

$$E(\bar{x}) = \bar{\bar{x}} = \bar{X} = \mu \quad （5\text{-}3）$$

样本均值的方差 $\sigma_{\bar{x}}^{\ 2}$：

重复抽样条件下

$$\sigma_{\bar{x}}^{\ 2} = \frac{\sigma^2}{n} \quad （5\text{-}4）$$

不重复抽样条件下

$$\sigma_{\bar{x}}^{\ 2} = \frac{\sigma^2}{n} \cdot \frac{N-n}{N-1} \quad （5\text{-}5）$$

样本均值的标准差 $\sigma_{\bar{x}}$：

重复抽样条件下

$$\sigma_{\bar{x}} = \frac{\sigma}{\sqrt{n}} \tag{5-6}$$

不重复抽样条件下

$$\sigma_{\bar{x}} = \frac{\sigma}{\sqrt{n}}\sqrt{\frac{N-n}{N-1}} \tag{5-7}$$

对于无限总体，计算样本均值的方差时，不重复抽样也可按重复抽样来处理；对于有限总体，当 N 很大而 n/N 又很小时，修正系数 $\frac{N-n}{N-1}$ 会趋于 1，不重复抽样也可按重复抽样来处理。样本均值 $\bar{x}$ 抽样分布的两个特征的计算可以通过【例 5-6】及表 5-4 中的数据加以验证。下面以重复抽样为例。

样本均值的均值等于总体均值：$\bar{\bar{x}} = \mu = 2.5$ 。

样本均值的方差等于 1/n 倍的总体方差：$\sigma_{\bar{x}}{}^2 = \frac{\sum(\bar{x}_i - \mu)^2}{k} = \frac{\sigma^2}{n} = \frac{1.25}{2} = 0.625$ 。

样本均值 $\bar{x}$ 的抽样分布可以表示为，样本均值 $\bar{x}$ 服从均值为 μ 、方差为 $\frac{\sigma^2}{n}$ 的正态分布，记为 $\bar{x} \sim N\left(\mu, \frac{\sigma^2}{n}\right)$，本例中，$\bar{x} \sim N(2.5, 0.625)$，读作样本均值 $\bar{x}$ 服从均值为 2.5、方差为 0.625 的正态分布。

在研究实际问题时，总体方差 σ^2 通常是未知的，一般用样本方差 s^2 代替，这时，样本均值的方差为 $\sigma_{\bar{x}}{}^2 = \frac{s^2}{n}$ 。

2．样本比例的抽样分布

在经济统计中，经常要用到比例估计，也就是用样本比例 p 去推断总体比例 π 。所谓比例是指总体中具有某种属性或特征的单位数与总体单位数之比。若总体中具有某种属性的单位数为 N_1，不具有某种属性的单位数为 N_0，则将具有某种属性的单位数与全部单位数之比称为总体比例，即 $\pi = \frac{N_1}{N}$， $N = N_0 + N_1$；不具有某种属性的单位数与全部单位数之比为 $1-\pi = \frac{N_0}{N}$ 。相应地，样本比例为 p， $p = \frac{n_1}{n}$， $1-p = \frac{n_0}{n}$， $n = n_0 + n_1$ 。

样本比例的抽样分布是指样本比例 p 的所有可能取值的频率分布。当样本容量很大时，样本比例 p 的抽样分布可用正态分布近似。对于一个样本比例，如果 $n \cdot p \geqslant 5$ 和 $n \cdot (1-p) \geqslant 5$，就可以认为样本容量足够大。这时，样本比例 p 的期望值和抽样方差、抽样标准差如下。

样本比例 p 的期望值

$$E(p) = \pi \tag{5-8}$$

样本比例的抽样方差 $\sigma_p{}^2$：

重复抽样条件下

$$\sigma_p{}^2 = \frac{\pi(1-\pi)}{n} \tag{5-9}$$

不重复抽样条件下

$$\sigma_p^{\ 2} = \frac{\pi(1-\pi)}{n} \cdot \frac{N-n}{N-1} \tag{5-10}$$

样本比例的抽样标准差 σ_p ：

重复抽样条件下

$$\sigma_p = \sqrt{\frac{\pi(1-\pi)}{n}} \tag{5-11}$$

不重复抽样条件下

$$\sigma_p = \sqrt{\frac{\pi(1-\pi)}{n}} \cdot \sqrt{\frac{N-n}{N-1}} \tag{5-12}$$

【例 5-7】 按往年经验，某校英语四级通过率大约为 60%。现从当年参加英语四级考试的学生中随机抽取 100 名。因为 $n \cdot p = 100 \times 0.6 = 60 > 5$，同时，$n \cdot (1-p) = 100 \times 0.4 = 40 > 5$，可以认为样本容量足够大，属于大样本，所以样本的分布可以用正态分布来描述。则：

样本比例的期望值等于总体比例 π ，$E(p) = \pi = 60\%$

样本比例的抽样方差 $\sigma_p^{\ 2} = \dfrac{\pi(1-\pi)}{n} = \dfrac{0.6 \times 0.4}{100} = 0.002\ 4$

记为 $p \sim N\left(\pi, \dfrac{\pi(1-\pi)}{n}\right)$，即 $p \sim N(0.6，0.002\ 4)$，读作样本比例 p 服从均值为 0.6、方差为 0.002 4 的正态分布。

5.1.5 Excel 操作

如果要从某大学经管学院 200 名学生中随机抽取 20 名学生，按简单随机抽样方法进行抽样，可利用 Excel 的随机抽样工具。

数据准备：将 200 名学生编号，并将数据输入 Excel 表格中。

步骤 1：单击“数据”→“数据分析”，选中“抽样”，单击“确定”按钮，打开“抽样”对话框。

步骤 2：设置抽样参数。将光标移至“输入区域”框内，拖曳鼠标指针选中 A2:A201；在“样本数”框内输入“20”；在“输出区域”框内输入任意单元格，这里输入“\$B\$1”，如图 5-5 所示。

步骤 3：单击“确定”按钮得到抽样结果，如图 5-6 所示。

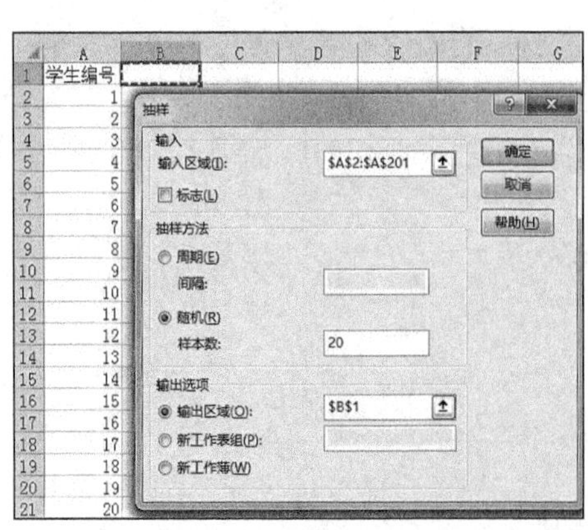

图 5-5 “抽样”对话框

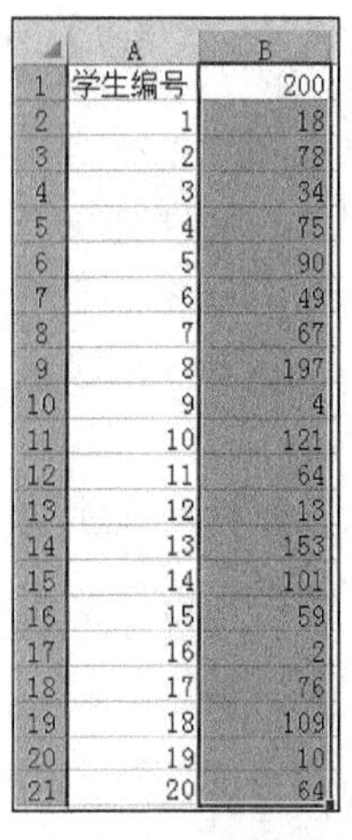

	A	B
1	学生编号	200
2	1	18
3	2	78
4	3	34
5	4	75
6	5	90
7	6	49
8	7	67
9	8	197
10	9	4
11	10	121
12	11	64
13	12	13
14	13	153
15	14	101
16	15	59
17	16	2
18	17	76
19	18	109
20	19	10
21	20	64

图 5-6 随机抽出的 20 名学生的编号

5.1.6 习题与实训

一、选择题

1. 从总体中抽取一个样本单位后，将该单位放回到总体中再抽取第二个样本单位，直至抽足 n 个单位为止，这样的抽样方法称为（　　）。

A. 系统抽样　　B. 重复抽样　　C. 分层抽样　　D. 不重复抽样

2. 在抽样之前先将总体单位划分为若干群，然后从各群中抽取一定数量的单位组成样本，这样的抽样方法称为（　　）。

A. 简单随机抽样　　B. 分层抽样　　C. 系统抽样　　D. 整群抽样

3. 假设某总体的均值为 50，标准差为 8，从该总体中随机抽取容量为 64 的样本，则抽样分布的均值和标准差分别是（　　）。

A. 50，8　　B. 50，1　　C. 50，4　　D. 8，8

4. 假设总体比例为 0.55，从此总体中抽取容量为 100 的样本，则样本比例的标准差为（　　）。

A. 0.01　　B. 0.05　　C. 0.06　　D. 0.55

二、思考题

1. 简述几种概率抽样方法的优、缺点及适用条件。

2. 简述样本均值 $\bar{x}$ 和样本比例 p 抽样分布的两个特征。

三、综合应用题

1. 请为调查某大学学生的上网时间设计一个抽样方案。

2. 假设某总体的均值为 $\mu=32$，标准差为 $\sigma=10$，从中抽取一个样本容量为 36 的简单随机样本。

（1）样本均值 $\bar{x}$ 的数学期望是多少？

（2）样本均值 $\bar{x}$ 的标准差是多少？

（3）描述样本均值 $\bar{x}$ 抽样分布的特征。

3. 从 $\pi=0.4$ 的总体中，随机抽取一个样本容量为 81 的简单随机样本。

（1）样本比例 p 的数学期望是多少？

（2）样本比例 p 的标准差是多少？

（3）描述样本比例 p 抽样分布的特征。

5.2 参数估计的方法

参数估计的方法有两种：点估计和区间估计。

5.2.1 点估计

点估计是用某一个样本统计量的值直接作为总体参数的估计值。例如，直接用样本均值 $\bar{x}$ 作为总体均值 μ 的估计值；直接用样本比例 p 作为总体比例 π 的估计值；直接用样本标准差 s 作为总体标准差 σ 的估计值；等等。

【例 5-8】某高校对 100 名在校大学生每月支出额的调查表明，其月平均支出额是 1 580 元，支出额的标准差是 412 元。按照点估计的方法，可以用 100 名学生的月平均支出额 1 580 元作为所有学生月平均支出额的估计值。

统计上可以证明，如果样本的抽取是随机的，则样本均值 $\bar{x}$ 是总体均值 μ 的一个无偏估计量。

在参数估计中，一般用样本统计量作为总体参数的点估计值，而样本统计量是一个随机变量，因此就有必要给出评价点估计值好坏的标准，常用的有无偏性、有效性和一致性。

1．无偏性

无偏性是指用来估计总体参数的样本统计量，其分布是以总体参数真值为中心的。在一次具体的抽样估计中，估计值或大于或小于总体参数，但在多次重复抽样估计中，所有估计值的平均数应该等于待估计的总体参数。可以证明，样本均值 $\bar{x}$ 是总体均值 μ 的无偏估计；样本方差 $s^2=\dfrac{\sum(x_i-\bar{x})^2}{n-1}$ 是总体方差 σ^2 的无偏估计。

2．有效性

有效性是指在同一总体参数的两个无偏估计量中，标准差越小的估计量对总体参数的估计越有效。

3．一致性

一致性是指随着样本容量的增加，点估计量的值越来越接近总体参数的真值。换句话说，一个大样本给出的估计量要比一个小样本给出的估计量更接近总体参数。

点估计的优点是简单明了，但其缺点是无法判断可靠性。因为在随机抽样条件下，抽出的某一个样本的估计值与总体参数真值之间是有误差的，我们很难知道某一个具体的样本估计值与总体参数的接近程度。在前述抽样分布部分曾讲过，抽样标准差反映了一个总体所有可能样本的估计值与总体真值的平均离差程度，通常用抽样标准差来衡量所有样本估计值与总体参数之间的误差。因此，对于一个具体的点估计值，难以衡量出估计的可靠性；但对于由点估计值构造的总体参数的置信区间，则可以衡量出估计的可靠性。实际中进行的抽样估计一般是区间估计。

5.2.2 区间估计及其原理

1．区间估计

区间估计是指在给定置信水平（$1-\alpha$）的条件下，以点估计值为中心构建总体参数的一个置信区间（或估计区间）。区间估计不同于点估计，它不回答未知总体参数等于多少的问题，而是回答我们可以以多大的概率（即置信水平）保证置信区间包含总体参数的问题。

2．置信区间

置信区间是指在一定置信水平下总体参数的估计区间。其中，区间的最小值称为置信下限，最大值称为置信上限。置信区间可表示为

$$点估计值 \pm 边际误差$$

用图来表示，置信区间如图 5-7 所示。

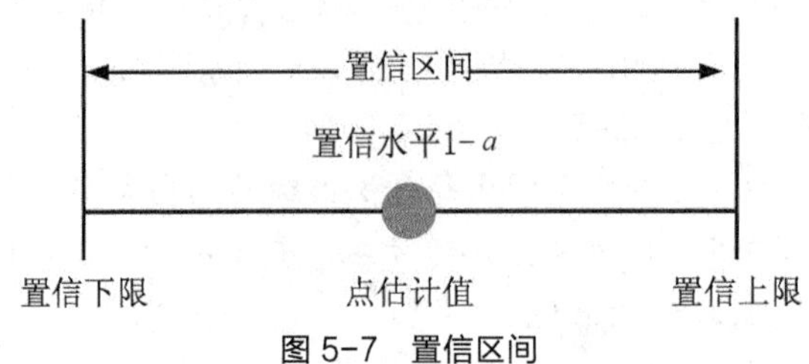

图 5-7 置信区间

边际误差也称为抽样极限误差，或允许误差，是指在抽样估计时，根据研究对象的差异程度和分析任务的要求确定的可允许的误差范围，它等于样本统计量可允许变动的上限或下限与总体参数之差的绝对值。边际误差的大小由两个因素决定，一是抽样标准差 $\sigma_{\bar{x}}$ ，二是抽样估计的置信水平 $1-\alpha$ 。

（1）抽样标准差 $\sigma_{\bar{x}}$ 。抽样标准差的大小主要受 3 个因素的影响。

① 总体各单位变量值大小差异（ σ ），总体标准差 σ 与抽样标准差 $\sigma_{\bar{x}}$ 成正比。

② 样本容量（ n ），样本容量 n 与抽样标准差 $\sigma_{\bar{x}}$ 成反比。

③ 抽样方法，重复抽样的抽样标准差 $\left(\sigma_{\bar{x}}=\dfrac{\sigma}{\sqrt{n}}\right)$ 大于不重复抽样的抽样标准差 $\left(\sigma_{\bar{x}}=\dfrac{\sigma}{\sqrt{n}}\cdot\sqrt{\dfrac{N-n}{N-1}}\right)$ 。

抽样标准差 $\sigma_{\bar{x}}$ 与边际误差成正比。

（2）抽样估计的置信水平 $1-\alpha$ 。置信水平也称为置信系数、置信概率或置信度，用 $1-\alpha$ 表示，是指在给定的置信区间包含未知总体参数的概率。α 是事先确定的一个风险值，即置信区间不包含总体参数真值的概率，$1-\alpha$ 就是置信区间包含总体参数真值的概率。在抽样估计中，我们不可能百分之百地确信所确定的置信区间一定包含所要估计的总体参数，但希望知道所确定的置信区间能以多大概率包含总体参数，这就是估计的可靠程度或把握程度。估计的把握程度与准确程度成反比。如果要求的把握程度高，就需要取一个较大的置信水平，从而得到一个较大的边际误差和较宽的置信区间，结果是降低了估计的准确程度；反之，要求的把握程度低，所设的置信水平就小，相应的置信区间变窄，估计的准确程度提高。所以，在样本容量一定的情况下，决策者需要在估计的把握程度和准确程度之间掌握平衡，指定一个比较合适的置信水平，实际中通常取 90%、95%或 99%。如果要同时保证较高的把握程度和准确程度，通常采用的方法是增加样本容量。

某一置信水平的临界值因样本统计量的分布不同而有所区别。正态分布的临界值为 $z_{\alpha/2}$ ，t 分布的临界值为 $t_{\alpha/2}(n-1)$ 。在给定的置信水平下， $z_{\alpha/2}$ 值或 $t_{\alpha/2}(n-1)$ 值可以通过查正态分布分位数表或 t 分布表求得。置信水平越高，临界值越大；反之，则越小。

总体均值的置信区间可表示为

$$\bar{x}\pm z_{\alpha/2}\cdot\sigma_{\bar{x}} \tag{5-13}$$

即

$$\bar{x}-z_{\alpha/2}\cdot\sigma_{\bar{x}}\leqslant\mu\leqslant\bar{x}+z_{\alpha/2}\cdot\sigma_{\bar{x}} \tag{5-14}$$

同理，总体比例的置信区间可表示为

$$p\pm z_{\alpha/2}\cdot\sigma_{p} \tag{5-15}$$

即

$$p-z_{\alpha/2}\cdot\sigma_{p}\leqslant\pi\leqslant p+z_{\alpha/2}\cdot\sigma_{p} \tag{5-16}$$

由前述样本均值的抽样分布可知，样本均值服从均值为 μ 、方差为 $\dfrac{\sigma^2}{n}$ 的正态分布。样本均值分布在总体均值的周围，我们也可以求出样本均值 $\bar{x}$ 落在总体均值 μ 两侧任何一个抽样标准差范围内的概率。例如，它落在 1 个抽样标准差范围内的概率为 0.682 7，落在 2 个抽样标准差范围内的概率为 0.954 5，落在 3 个抽样标准差范围内的概率为 0.997 3。图 5-8 所示为样本均值落在总体均值左右 1.96 个抽样标准差范围内的置信区间，置信水平为 95%。

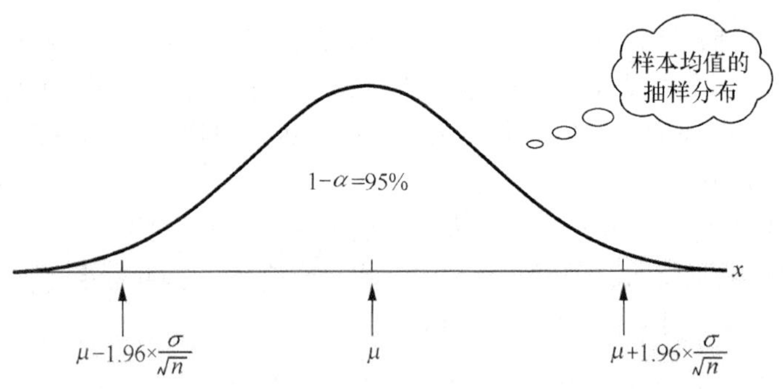

图 5-8　置信水平为 95%的置信区间

但在实际估计时，样本均值 $\bar{x}$ 是已知的，而总体均值 μ 是未知的，是一个待估参数。由于 $\bar{x}$ 和 μ 的距离是对称的，如果某个样本均值 $\bar{x}$ 落在总体均值 μ 的 1.96 个抽样标准差范围内，反过来，μ 也就被包括在以 $\bar{x}$ 为中心左右 1.96 个抽样标准差范围内。假设从总体中可以抽取 100 个样本，在由 100 个样本均值所构建的 100 个置信区间中，如果有 95%的置信区间包含总体参数的真值，有 5%的置信区间不包含总体参数的真值，则 95%被称为置信水平，以样本均值为中心左右 1.96 个抽样标准差的区间称为总体均值的置信区间，1.96 是置信水平为 95%的正态分布临界值。

5.2.3　总体均值的区间估计

1．正态总体、总体方差已知、大样本条件下总体均值的区间估计

当总体服从正态分布且总体方差 σ^2 已知，或者总体方差 σ^2 未知但为大样本时，样本均值 $\bar{x}$ 的抽样分布服从正态分布，其均值为 μ，方差为 $\frac{\sigma^2}{n}$。

总体均值 μ 的置信区间为

$$\bar{x} \pm z_{\alpha/2} \cdot \frac{\sigma}{\sqrt{n}} \tag{5-17}$$

式中，$z_{\alpha/2} \cdot \frac{\sigma}{\sqrt{n}}$ 为抽样估计的允许误差，或称边际误差；$\bar{x} - z_{\alpha/2} \cdot \frac{\sigma}{\sqrt{n}}$ 为置信下限，$\bar{x} + z_{\alpha/2} \cdot \frac{\sigma}{\sqrt{n}}$ 为置信上限。$z_{\alpha/2}$ 是标准正态分布尾部单侧面积为 $\alpha/2$ 时的 z 值。对于给定的置信水平，与之对应的 $z_{\alpha/2}$ 值可以通过查标准正态分布表获得，或通过 Excel 中的统计函数 NORMSINV 计算。常用的置信水平及与之对应的 $z_{\alpha/2}$ 值如表 5-6 所示。

表 5-6　常用的置信水平及与之对应的 $z_{\alpha/2}$ 值

置信水平 $1-\alpha$	α	$z_{\alpha/2}$	区间 $\bar{x} \pm z_{\alpha/2} \cdot \frac{\sigma}{\sqrt{n}}$ 在正态曲线下对应的面积
90%	0.1	1.645	90%
95%	0.05	1.96	95%
99%	0.01	2.58	99%

如果总体标准差 σ 未知，也可用样本标准差 s 代替，公式为

$$\bar{x} \pm z_{\alpha/2} \cdot \frac{s}{\sqrt{n}} \tag{5-18}$$

若抽样方式为不重复抽样，需要用修正系数 $\frac{N-n}{N-1}$ 对抽样标准差进行修正。在这种情况下，总体均值的置信区间为

$$\bar{x} \pm z_{\alpha/2} \cdot \frac{\sigma}{\sqrt{n}} \cdot \sqrt{\frac{N-n}{N-1}} \tag{5-19}$$

但是，对于无限总体（即所包含的总体单位数是无限的）而言，由于总体单位数 N 为无穷大，所以修正系数 $\frac{N-n}{N-1}$ 的值接近 1。因此，对于无限总体不必考虑修正问题。

【例 5-9】 某调查公司对某市家庭的纯水使用量进行了调查，100 个家庭的样本调查结果是，平均每户月用水量为 4.9 桶，标准差为 3.5 桶。若置信水平为 95%，估计该市居民平均每月纯水使用量的置信区间。

已知 $\bar{x}=4.9$，$s=3.5$，$n=100$。因为是大样本，所以样本均值服从正态分布。置信水平 $1-\alpha=95\%$，查正态分布表或使用 Excel 中的 NORMSINV 统计函数，得 $z_{\alpha/2}=1.96$。总体标准差 σ 未知，用样本标准差 s 代替。则置信区间为

$$\bar{x} \pm z_{\alpha/2} \cdot \frac{s}{\sqrt{n}} = 4.9 \pm 1.96 \times \frac{3.5}{\sqrt{100}} \approx 4.9 \pm 0.69 = (4.21, 5.59)$$

即该市居民平均每月纯水使用量的置信区间为 4.21～5.59 桶，把握程度为 95%。

【例 5-10】 以前的调查表明，某校学生的月支出水平服从正态分布，标准差为 416 元。现随机调查了 25 人，发现每人月均支出为 1 650 元。试根据样本数据估计该校学生月均支出的置信区间，置信水平为 90%。

已知 $\bar{x}=1\,650$ 元，$\sigma=416$ 元，$n=25$。总体标准差 σ 已知，样本均值服从正态分布。置信水平 $1-\alpha=90\%$，查正态分布表或使用 Excel 中的 NORMSINV 统计函数，得 $z_{\alpha/2}=1.65$。则置信区间为

$$\bar{x} \pm z_{\alpha/2} \cdot \frac{\sigma}{\sqrt{n}} = 1\,650 \pm 1.65 \times \frac{416}{\sqrt{25}} \approx 1\,650 \pm 137.28 = (1\,512.72, 1\,787.28)$$

即在置信水平为 90%时，该校学生月均支出的置信区间为 1 512.72～1 787.28 元。

2．正态总体、总体方差未知、小样本条件下总体均值的区间估计

实际估计中，总体标准差通常是未知的。在总体标准差未知，而且是小样本的条件下，就需要用样本标准差 s 代替总体标准差 σ，这时，样本均值 $\bar{x}$ 服从自由度为 $n-1$ 的 t 分布。

抽样分布服从 t 分布时，置信水平为 $1-\alpha$ 的总体均值的置信区间可表示为

$$\bar{x} \pm t_{\alpha/2}(n-1) \cdot \frac{s}{\sqrt{n}} \tag{5-20}$$

式中，$t_{\alpha/2}(n-1)$ 代表自由度为 $n-1$ 时 t 分布单侧面积为 $\alpha/2$ 时的 t 值，可以查 t 分布表或通过 Excel 中的统计函数 TINV 得到 $t_{\alpha/2}(n-1)$ 值。查 t 分布表时，α 按其 1/2 值，如 α 为 0.05，则在 t 分布表上查 $\alpha=0.025$、自由度为 $n-1$ 所交叉对应的 t 值。自由度 $n-1$ 表示在给定容量的随机样本中可以自由取值的变量值 x_i 的个数，简记为 df（degree of freedom）。

t 分布与正态分布有相同的分布中心，只是 t 分布的差异程度略大于正态分布。随着样本容量的增大，t 分布也逐渐趋于正态分布。

【例 5-11】 某种袋装食品的标准重量为 500 克。质检部门从一批产品中随机抽取了 16 袋，测得其重量（单位：克）如下：498，505，501，509，500，503，512，505，499，503，506，497，500，500，507，501。在 99%的置信水平下，估计该批食品重量的置信区间。

根据样本数据可得：

$$\bar{x}=\frac{\sum x}{n}=\frac{8\ 046}{16}=502.875\text{（克）}$$

$$s=\sqrt{\frac{\sum(x-\bar{x})^2}{n-1}}=\sqrt{\frac{261.75}{16-1}}=\sqrt{17.45}\approx 4.18\text{（克）}$$

由于总体标准差 σ 未知，且抽取的是小样本，所以样本服从自由度为 $n-1$ 的 t 分布。通过查 t 分布表或使用 Excel 中的统计函数 TINV 可得置信水平为 99%时的 $t_{\alpha/2}(n-1)=t_{0.01/2}(16-1)=2.95$，则置信区间为

$$\bar{x}\pm t_{\alpha/2}(n-1)\cdot\frac{s}{\sqrt{n}}=502.875\pm 2.95\times\frac{4.18}{\sqrt{16}}$$

$$\approx 502.875\pm 3.08=(499.795,505.955)$$

即置信水平为 99%时，该批食品重量的置信区间为 499.795～505.955 克。

综上所述，在建立总体均值的置信区间时，关键是确定样本的抽样分布及与之相对应的统计量。不同情况下总体均值的置信区间如表 5-7 所示。

表 5-7 不同情况下总体均值的置信区间

总体分布	样本容量	总体 σ	置信区间
正态分布	大样本（$n\geqslant 30$）	σ 已知	$\bar{x}\pm z_{\alpha/2}\cdot\frac{\sigma}{\sqrt{n}}$
		σ 未知	$\bar{x}\pm z_{\alpha/2}\cdot\frac{s}{\sqrt{n}}$
正态分布	小样本（$n<30$）	σ 已知	$\bar{x}\pm z_{\alpha/2}\cdot\frac{\sigma}{\sqrt{n}}$
		σ 未知	$\bar{x}\pm t_{\alpha/2}(n-1)\cdot\frac{s}{\sqrt{n}}$
非正态分布	大样本（$n\geqslant 30$）	σ 已知	$\bar{x}\pm z_{\alpha/2}\cdot\frac{\sigma}{\sqrt{n}}$
		σ 未知	$\bar{x}\pm z_{\alpha/2}\cdot\frac{s}{\sqrt{n}}$

5.2.4 总体比例的区间估计

当样本容量足够大时，样本比例的抽样分布近似正态分布。对于总体比例的估计，确定样本容量足够大的一般经验规则是 $n\cdot p\geqslant 5$ 和 $n\cdot(1-p)\geqslant 5$。

满足正态分布的样本比例的特征值是：样本比例 p 的均值等于总体比例 π，即 $E(p)=\pi$；样本比例的抽样方差 $\sigma_p{}^2$ 等于 $1/n$ 倍的总体方差，即 $\sigma_p{}^2=\frac{\pi(1-\pi)}{n}$。

与构建总体均值 μ 的置信区间方法相同，总体比例 π 在置信水平为 $1-\alpha$ 时的置信区间为

$$p\pm z_{\alpha/2}\cdot\sqrt{\frac{\pi(1-\pi)}{n}} \tag{5-21}$$

式中，$z_{\alpha/2}$ 代表标准正态分布上侧面积为 $\alpha/2$ 时的 z 值，z 值可通过查标准正态分布表或利用 Excel 中的统计函数 NORM.S.INV 计算得到（见总体均值的区间估计）；$z_{\alpha/2}\cdot\sqrt{\frac{\pi(1-\pi)}{n}}$ 为边际误差或允许误差。

若总体比例 π 未知，可用样本比例 p 代替，公式为

$$p \pm z_{\alpha/2} \cdot \sqrt{\frac{p(1-p)}{n}} \qquad (5\text{-}22)$$

此外，若抽样方式为不重复抽样，则需要用到修正系数 $\frac{N-n}{N-1}$。在这种情况下，总体比例在 $1-\alpha$ 水平下的置信区间为

$$p \pm z_{\alpha/2} \cdot \sqrt{\frac{p(1-p)}{n}} \cdot \sqrt{\frac{N-n}{N-1}} \qquad (5\text{-}23)$$

【例 5-12】 某企业在某市通过电视、报纸对企业产品进行广告宣传，在对广告效应的追踪调查中，对 50 人进行了随机调查，其中 30 人能说出或想起该广告用语。估计该市居民中能说出或想起该广告用语的人数所占的比例，置信水平为 95%。

已知 $p=\frac{30}{50}=0.6=60\%$，$s_p{}^2=p\cdot(1-p)=0.6\times0.4=0.24$，$n$=50。因为 $n\cdot p=50\times0.6>5$ 和 $n\cdot(1-p)=50\times0.4>5$，样本属于大样本，可以认为样本服从正态分布。置信水平 $1-\alpha$=95%，查正态分布表或使用 Excel 中的 NORMSINV 统计函数可得 $z_{\alpha/2}$=1.96，总体方差 $\pi\cdot(1-\pi)$ 未知，用样本方差 $p\cdot(1-p)$ 代替，则置信区间为

$$p\pm z_{\alpha/2}\cdot\sqrt{\frac{p\cdot(1-p)}{n}}=0.6\pm1.96\times\sqrt{\frac{0.6\times0.4}{50}}\approx0.6\pm0.14=(0.46,0.74)$$

该市居民中能说出或想起该广告用语的人数所占的比例，在 95%的置信水平下大约为 46%～74%。

5.2.5 Excel 操作

1．大样本条件下总体均值的区间估计

数据准备：已知 110 名学生的月消费支出额资料，将其输入 Excel 表格中。

计算这 110 名学生的月平均消费额，并据此估计该校学生的月平均消费额。假设区间估计的置信水平为 95%。区间估计大体可分为 3 步：计算样本均值、计算边际误差或允许误差、确定总体均值的置信区间。

步骤 1：计算样本均值。

① 选择“描述统计”工具计算 110 名学生月消费额的均值和标准差。单击“数据”→“数据分析”→“描述统计”→“确定”，打开“描述统计”对话框。

② 设置描述统计参数。将光标移至“输入区域”框内，拖曳鼠标指针选中消费额所在单元格区域 B2:B111，在“输出区域”框内选定单元格 C1，如图 5-9 所示。

③ 单击“确定”按钮，得到描述统计结果，如图 5-10 所示。

由图 5-10 可知：$\bar{x}=\frac{\sum x}{n}=1\,582.863\,6$，$s=\sqrt{\frac{\sum(x-\bar{x})^2}{n-1}}=416.158\,37$。

步骤 2：计算边际误差或允许误差。

方法一：使用 CONFIDENCE.NORM 函数计算边际误差。

① 单击 fx，选择函数类别“统计”，选择函数“CONFIDENCE.NORM”，单击“确定”按钮，打开 CONFIDENCE.NORM“函数参数”对话框。

② 设置函数参数，在“Alpha”框中输入显著性水平“0.05”（置信水平为 95%），在“Standard_dev”框中输入样本标准差“416.158 4”（s），在“Size”框中输入样本容量“110”，将在对话框下侧显示出边际误差 77.7696 981 9，如图 5-11 所示。

	A	B
1	学生编号	月消费支出额/元
2	1	920
3	2	928
4	3	1010
5	4	1021
6	5	1058
7	6	1063
8	7	1087
9	8	1092
10	9	1114
11	10	1127
12	11	1143
13	12	1153
14	13	1156
15	14	1175
16	15	1180
17	16	1180
18	17	1182
19	18	1206
20	19	1230

描述统计

输入

输入区域(I): $B$2:$B$111

分组方式: ◉逐列(C) ○逐行(R)

☐标志位于第一行(L)

输出选项

◉输出区域(O): $C$1

○新工作表组(P):

○新工作薄(W)

☑汇总统计(S)

☑平均数置信度(N): 95 %

☑第 K 大值(A): 1

☑第 K 小值(M): 1

确定 取消 帮助(H)

图 5-9 “描述统计”对话框

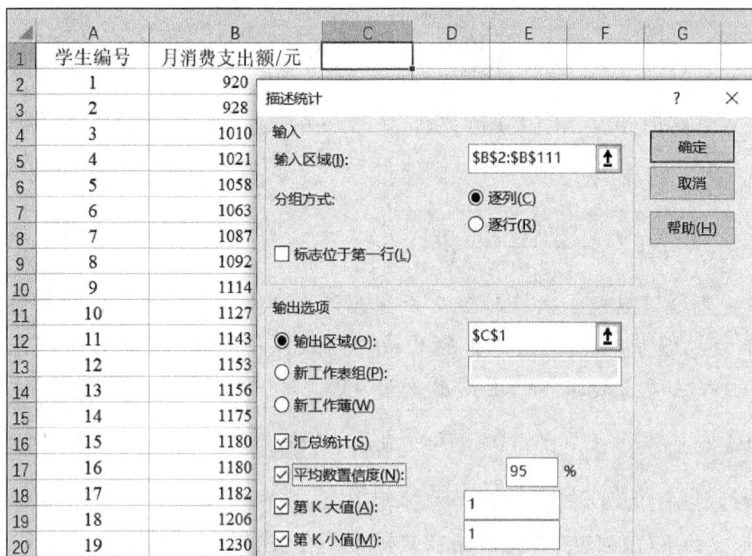

平均	1582.8636
标准误差	39.679144
中位数	1490
众数	1379
标准差	416.15837
方差	173187.79
峰度	3.0352939
偏度	1.3730549
区域	2463
最小值	920
最大值	3383
求和	174115
观测数	110
最大(1)	3383
最小(1)	920
置信度(95.0	78.642773

图 5-10 描述统计结果

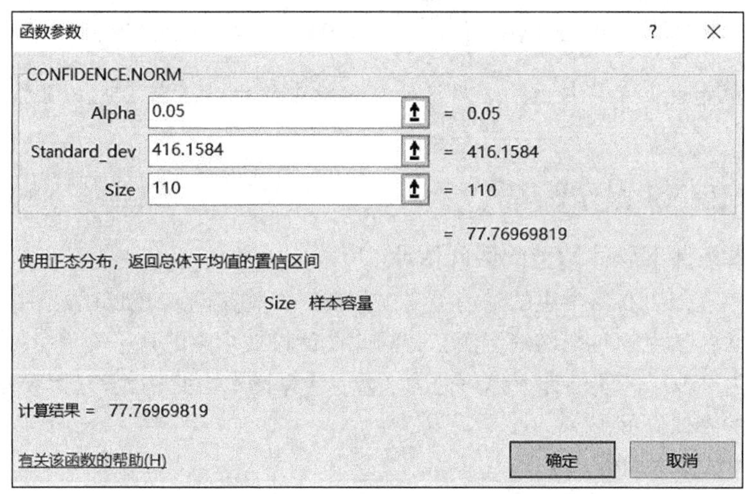

图 5-11 CONFIDENCE.NORM“函数参数”对话框

方法二：分步计算边际误差。

① 取样本均值的抽样标准差。可以直接取描述统计结果，即 $\sigma_{\bar{x}}=39.679\,144$；也可以用公式计算，即 $\sigma_{\bar{x}}=\dfrac{s}{\sqrt{n}}=\dfrac{416.158\,37}{\sqrt{110}}\approx 39.679\,144$。

② 求正态分布分位数 $z_{\alpha/2}$。因为 $n=110$，样本属于大样本，可以认为样本服从正态分布。可以查正态分布分位数表，也可以利用 Excel 的 NORM.S.INV 函数得到置信水平为 95% 时的正态分布分位数值。$1-\alpha=95\%$，则 $\alpha/2=0.025$。利用 Excel 求 $z_{\alpha/2}$ 的操作步骤是：单击 *fx*，选择函数类别“统计”，选择函数“NORM.S.INV”，单击“确定”按钮；在 NORM.S.INV“函数参数”对话框的“Probability”框中输入“0.025”，得到“−1.959 963 985”，如图 5-12 所示。

③ 求边际误差。$E=z_{\alpha/2}\cdot\dfrac{s}{\sqrt{n}}=1.96\times\dfrac{416.158\,37}{\sqrt{110}}\approx 77.77$。

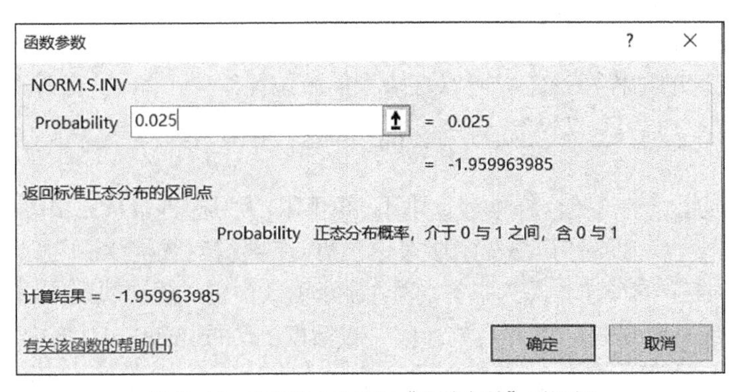

图 5-12 NORM.S.INV“函数参数”对话框

步骤 3：确定总体均值的置信区间。

$$\bar{x} \pm z_{\alpha/2} \cdot \frac{s}{\sqrt{n}} = 1\,582.863\,6 \pm 77.77 = (1\,505.09, 1\,660.63)$$

即在置信水平为 95%的条件下，由 110 名学生月平均消费额估计的该校学生月平均消费额的置信区间为 1 505.09～1 660.63 元。

2．小样本条件下总体均值的区间估计

数据准备：从 110 名学生中随机抽出 20 名学生，将其月消费支出额资料输入 Excel 表格中。

计算这 20 名学生的月平均消费额，并据此估计全校学生的月平均消费额。假设区间估计的置信水平为 95%。区间估计可分为 3 步：计算样本均值、计算边际误差或允许误差、确定总体均值的置信区间。

步骤 1：计算样本均值。使用“描述统计”工具可计算 20 名学生月消费额的均值和标准差，由图 5-13 可知，$\bar{x} = \frac{\sum x}{n} = 1\,457.5$，$s = \sqrt{\frac{\sum (x-\bar{x})^2}{n-1}} = 321.739\,3$。

	A	B	C	D
1	样本学生编号	月消费支出额/元	列1	
2	3	1010		
3	4	1021	平均	1457.5
4	10	1127	标准误差	71.94309
5	12	1153	中位数	1464
6	13	1156	众数	1464
7	16	1180	标准差	321.7393
8	20	1236	方差	103516.2
9	23	1246	峰度	-0.40221
10	45	1445	偏度	0.507544
11	51	1464	区域	1140
12	52	1464	最小值	1010
13	58	1503	最大值	2150
14	62	1524	求和	29150
15	69	1559	观测数	20
16	71	1636	最大(1)	2150
17	74	1668	最小(1)	1010
18	79	1737	置信度(95	150.5786
19	89	1888		
20	93	1983		
21	102	2150		

图 5-13 描述统计结果

步骤 2：计算边际误差或允许误差。

① 求样本均值的抽样标准差。可以直接取描述统计结果，即 $\sigma_{\bar{x}} = 71.943\,09$，也可以用公式计算，即 $\sigma_{\bar{x}} = \dfrac{s}{\sqrt{n}} = \dfrac{321.739\,3}{\sqrt{20}} \approx 71.943\,09$。

② 求 t 分布的 $t_{\alpha/2}(n-1)$ 值。样本容量小于 30，可以认为样本服从自由度为 $n-1$ 的 t 分布。可以查 t 分布表，也可以利用 Excel 的 T.INV.2T 函数得到置信水平为 95%时的 t 分布的 $t_{\alpha/2}(n-1)$ 值。Excel 中的操作步骤为：单击 f_x，选择函数类别“统计”，选择函数“T.INV.2T”，单击“确定”按钮，在 T.INV.2T“函数参数”对话框的“Probability”框中输入“0.05”，在“Deg_freedom”框中输入自由度“19”（20−1），得到 $t_{\alpha/2}(n-1)$ 值为“2.093 024 054”，如图 5-14 所示。

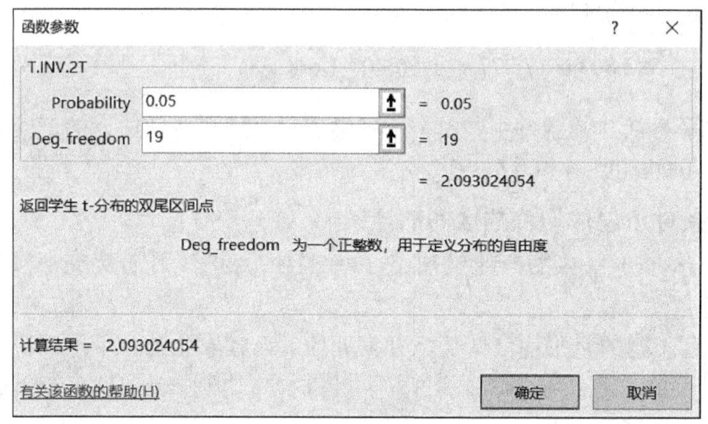

图 5-14　T.INV.2T“函数参数”对话框

③ 求边际误差。$E = t_{\alpha/2}(n-1) \cdot \dfrac{s}{\sqrt{n}} = 2.093 \times \dfrac{321.739\,3}{\sqrt{20}} \approx 150.58$。

步骤 3：确定总体均值的置信区间。

$$\bar{x} \pm t_{\alpha/2}(n-1) \cdot \frac{s}{\sqrt{n}} = 1\,457.5 \pm 150.58 = (1\,306.92, 1\,608.08)$$

即在置信水平为 95%的条件下，由 20 名学生月平均消费额估计的该校学生月平均消费额的置信区间为 1 306.92～1 608.08 元。

3．总体比例的区间估计

数据准备：利用 110 名学生的月消费支出额资料，计算月消费额超过 1 500 元的学生所占的比例。

用这 110 名学生中月消费额超过 1 500 元的学生所占的比例估计该校学生的这个比例。假设区间估计的置信水平为 95%。区间估计可分为 3 步：计算样本比例、计算边际误差或允许误差、确定总体比例的置信区间。

步骤 1：计算样本比例。

① 对 110 名学生的月消费支出额排序。

② 利用 COUNT 函数计算月消费额超过 1 500 元的学生人数。单击 f_x，选择函数类别“统计”，选择函数“COUNT”，单击“确定”按钮。在 COUNT“函数参数”对话框中，将光标移至“Value1”框中，拖曳鼠标指针选中月消费额超过 1 500 元的单元格区域 B59:B111，显示计算结果为 53 人，如图 5-15 所示。

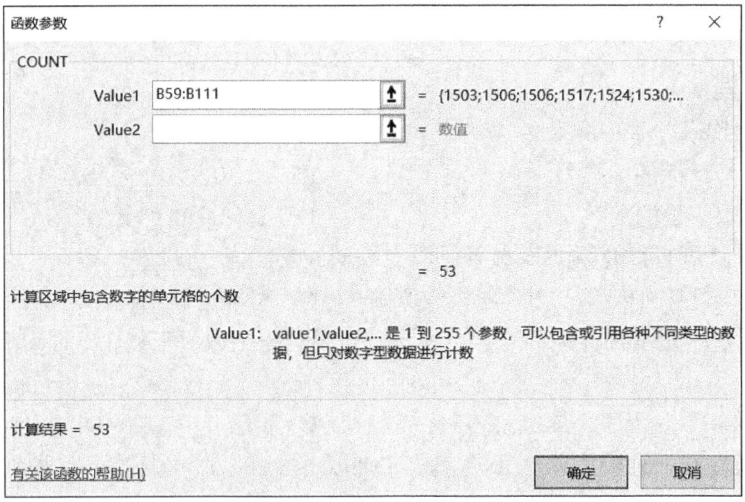

函数参数 ? ×
COUNT
Value1 B59:B111 = {1503;1506;1506;1517;1524;1530;...
Value2 = 数值
= 53
计算区域中包含数字的单元格的个数
Value1: value1,value2,... 是 1 到 255 个参数，可以包含或引用各种不同类型的数据，但只对数字型数据进行计数
计算结果 = 53
有关该函数的帮助(H) 确定 取消

图 5-15 COUNT“函数参数”对话框

③ 计算比例，在任意单元格中输入“=53/110”，按“Enter”键得到 48.18%，即 $p=\frac{n_1}{n}=\frac{53}{110}\approx 48.18\%$。

步骤 2：计算边际误差或允许误差。使用 CONFIDENCE.NORM 函数计算边际误差。

① 单击 fx，选择函数类别“统计”，选择函数“CONFIDENCE.NORM”，单击“确定”按钮，打开 CONFIDENCE.NORM“函数参数”对话框。

② 设置 CONFIDENCE.NORM 函数参数。在“Alpha”框中输入显著性水平“0.05”（置信水平为 95%），在“Standard_dev”框中输入样本比例的标准差“0.499 7”（$\sqrt{p\cdot(1-p)}=\sqrt{0.4818\times0.5182}\approx 0.4997$），在“Size”框中输入样本容量“110”，将在对话框下侧显示出比例估计的边际误差为 0.093 381 554，如图 5-16 所示。

步骤 3：确定总体比例的置信区间。

$$p\pm z_{\alpha/2}\cdot\sqrt{\frac{p\cdot(1-p)}{n}}=48.18\%\pm9.34\%=(38.84\%,57.52\%)$$

即在置信水平为 95%的条件下，可以认为，该校学生月消费额在 1 500 元以上的学生所占比例为 38.84%～57.52%。

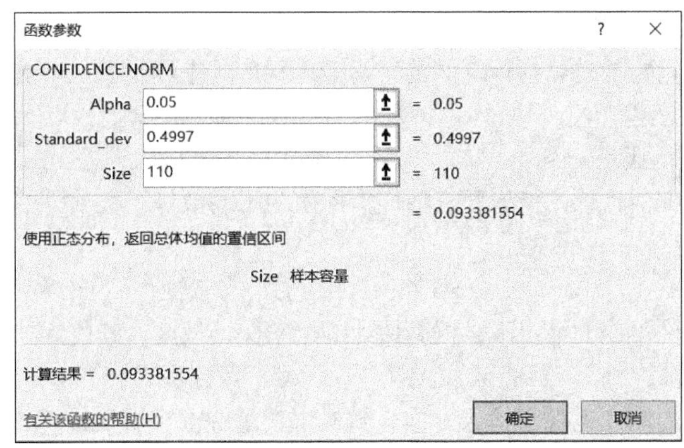

图 5-16 CONFIDENCE.NORM“函数参数”对话框

5.2.6 习题与实训

一、选择题

1. 抽样平均误差是（　　）。

A. 抽样指标的标准差　　B. 总体参数的标准差
C. 样本变量的函数　　D. 总体变量的函数

2. 抽样调查所必须遵循的基本原则是（　　）。

A. 准确性原则　　B. 随机性原则　　C. 可靠性原则　　D. 灵活性原则

3. 在简单随机重复抽样条件下，当抽样平均误差缩小为原来的1/2时，样本单位数为原来的（　　）。

A. 2倍　　B. 3倍　　C. 4倍　　D. 1/4倍

4. 按随机性原则直接从总体 N 个单位中抽取 n 个单位作为样本，这种抽样组织形式是（　　）。

A. 简单随机抽样　　B. 分层抽样　　C. 系统抽样　　D. 整群抽样

5. 事先将总体各单位按某一标志排列，然后依排列顺序和按相同的间距来抽选调查单位的抽样称为（　　）。

A. 简单随机抽样　　B. 分层抽样　　C. 系统抽样　　D. 整群抽样

6. 抽样误差是指（　　）。

A. 在调查过程中由于观察、测量等差错所引起的误差
B. 在调查中违反随机性原则而出现的系统误差
C. 随机抽样而产生的代表性误差
D. 人为因素所造成的误差

7. 置信水平表达了区间估计的（　　）。

A. 可靠性　　B. 有效性　　C. 精确性　　D. 显著性

8. 抽样估计中，边际误差决定估计的（　　）。

A. 可靠性　　B. 有效性　　C. 精确性　　D. 显著性

9. 在一定的抽样平均误差条件下（　　）。

A. 扩大极限误差范围，可以提高推断的可靠程度
B. 扩大极限误差范围，会降低推断的可靠程度
C. 缩小极限误差范围，可以提高推断的可靠程度
D. 缩小极限误差范围，不改变推断的可靠程度

10. 反映样本指标与总体指标之间的平均误差程度的指标是（　　）。

A. 平均数离差　　B. 概率度
C. 抽样平均误差　　D. 抽样极限误差

11. 以抽样指标估计总体指标要求抽样指标值的平均数等于被估计的总体指标值本身，这一标准称为（　　）。

A. 无偏性　　B. 一致性　　C. 有效性　　D. 准确性

12. 在其他条件不变的情况下，提高估计的概率保证程度，其估计的精确程度（　　）。

A. 随之提高　　B. 随之减小　　C. 保持不变　　D. 无法确定

13. 某广告一周内在电视上播放6次，随机调查了200个看过该广告的人，其中有120人能回想起广告的主要内容，则总体比例95%的置信区间是（　　）。

A. (53.42%,66.58%)　　B. (53.2%,66.8%)
C. (53.07%,66.93%)　　D. (51.06%,68.94%)

14. 在由 100 人组成的随机样本中，认为自己成功的比例为 20%，则总体比例 95%的置信区间为（　　）。

A. 0.20±0.078　　B. 0.20±0.028　　C. 0.20±0.048　　D. 0.20±0.058

二、思考题

1. 点估计值的评价标准是什么？
2. 抽样估计中如何判断抽样分布的类型？
3. 总体参数区间估计的步骤是什么？
4. 对于总体比例的区间估计，如何认定样本容量足够大？

三、综合应用题

1. 某购物中心为了进一步改善营销策略，对来该中心购物的顾客从出发地到该中心的距离进行了调查。随机抽取 500 位顾客进行调查，得到样本的平均值为 5 千米。已知总体服从正态分布，其标准差为 2.3 千米，试求总体均值 95%的置信区间。

2. 某微波炉生产厂家想要了解微波炉进入居民家庭生活的深度。他们从某地区已购买了微波炉的 2 200 个居民户中用简单随机抽样方法抽取了 30 户，询问每户在过去的一个月中使用微波炉的时间。调查结果如表 5-8 所示。

表 5-8　调查结果　　单位：分钟

300	450	900	50	700	400	520	600	340	280
380	800	750	550	20	1 100	440	460	580	650
430	460	450	400	360	370	560	610	710	200

试以 90%的置信水平估计该地区已购买了微波炉的居民户平均每户一个月使用微波炉的时间。

3. 某制造商欲对新推出的一款产品做满意度调查，请顾客对该产品打分，分值为 0～10。现随机抽取 25 名顾客，得到的平均分数为 7.8 分，得分的标准差为 2.1 分。试求该款产品顾客满意度 90%的置信区间。

4. 某超市从一定时期 50 万笔销售业务记录中简单随机抽取了 1 万笔业务（一次购买记录为一笔业务）。算得平均一笔业务的交易额是 500 元，1 万笔业务交易额的标准差是 300 元。试以 95%的置信水平为“一次交易额”做区间估计。

5. 某食品公司想通过市场调查了解消费者对本公司产品的知晓程度。随机抽取了 100 名顾客，有 65 人回答知道该品牌产品。试以 95%的置信水平估计市场上知道该产品人数比例的置信区间。

6. 某城市有居民 210 万户，用简单随机抽样方法从中抽取出 623 户调查他们进行住宅装修的意向。调查结果表明，其中有 350 户已经装修完毕，近期不再有新的装修意向；有 78 户未装修也不打算装修；其余的有近期装修的意向。试以 90%的置信水平估计该城市居民中打算在近期进行住宅装修的居民户数。

7. 从一批零件中随机抽取 200 件进行测验，其中合格品有 188 件。要求：（1）计算该批零件的合格率及合格率的抽样平均误差；（2）按 95.45%的置信水平对该批零件的合格率做区间估计。

5.3 必要样本容量的确定

5.3.1 影响必要样本容量的因素

必要样本量的确定

样本容量是指一个样本的必要抽样单位数目。在抽样调查时，如果样本容量过大，会增加调查工作量，造成人力、物力、财力及时间的浪费；如果样本容量过小，则样本对总体缺乏代表性，估计误差也会增大。因此，应科学、合理地确定样本容量。

样本容量的确定比较复杂，需要定量计算，也需要对问题进行定性分析及获得调查经验，还需要考虑总体规模、边际误差、总体方差、置信水平以及经费限制等因素。从理论上确定必要样本容量有相应的统计公式，用公式计算时，样本容量的大小取决于以下5个因素。

（1）总体变异程度，即总体标准差σ的大小。σ反映了总体内部的差异程度，在其他条件相同的情况下，有较大方差的总体，样本的容量应该大一些，反之则可以小一些。总体标准差σ的大小与样本容量n的大小成正比。

（2）概率保证程度，即置信水平$1-\alpha$的高低。概率保证程度说明了估计的可靠程度。在其他条件不变的情况下，如果要求较高的可靠程度，就要增大样本容量；反之，可以相应地减少样本容量。概率保证程度或置信水平的高低与样本容量n的大小成正比。

（3）边际误差，即允许误差E的大小。边际误差说明了估计的精度，在其他条件不变的情况下，如果要求估计的精度高，边际误差就小，那么样本容量就要大一些；如要求的精度不高，边际误差可以大些，则样本容量可以小一些。边际误差E的大小与样本容量n的大小成反比。

（4）抽样方法。在相同的条件下，重复抽样的抽样平均误差比不重复抽样的抽样平均误差大，所以，重复抽样需要更大的样本容量，而不重复抽样的样本容量则可小一些。

（5）抽样组织方式。必要的抽样数目还受抽样组织方式的影响，因为不同的抽样组织方式有不同的抽样平均误差。针对同一个研究对象，采用不同的抽样组织方式也会有不同的样本代表效果。例如，分层抽样可以比简单随机抽样需要更小的样本容量。

5.3.2 简单随机抽样条件下样本容量的确定

1．均值估计时样本容量的确定

重复抽样：

$$n=\frac{(z_{\alpha/2})^2\cdot\sigma^2}{E^2} \tag{5-24}$$

不重复抽样：

$$n=\frac{N\cdot(z_{\alpha/2})^2\cdot\sigma^2}{N\cdot E^2+(z_{\alpha/2})^2\cdot\sigma^2} \tag{5-25}$$

式中，E为边际误差。

在实际应用中，若总体方差σ^2未知，可用样本方差s^2代替。

【例5-13】 某超市想了解顾客排队等候结账的时间。假设所有顾客等候结账时间的标准差为2.1分钟，要求估计的误差不超过0.5分钟，置信水平为99%，重复抽样应抽取多大的样本容量？若当天有4 800人光临该超市，不重复抽样应抽取多大的样本容量？

已知$\sigma=2.1$，$E=0.5$，由$1-\alpha=99\%$，得$z_{\alpha/2}=2.58$，则

重复抽样需抽取：

$$n=\frac{(z_{\alpha/2})^2\cdot\sigma^2}{E^2}=\frac{(2.58)^2\times(2.1)^2}{(0.5)^2}\approx 117\text{（人）}$$

不重复抽样需抽取：

$$n=\frac{N\cdot(z_{\alpha/2})^2\cdot\sigma^2}{N\cdot E^2+(z_{\alpha/2})^2\cdot\sigma^2}=\frac{4\,800\times(2.58)^2\times(2.1)^2}{4\,800\times(0.5)^2+(2.58)^2\times(2.1)^2}\approx 115\text{（人）}$$

由此可见，在相同的要求下，不重复抽样比重复抽样所需的样本单位数更少。其原因在于，不重复抽样的误差小于重复抽样的误差，因而在边际误差相同的情况下，不重复抽样所抽取的样本单位数可以少一些。

2．比例估计时样本容量的计算

进行总体比例估计时，必要样本容量的确定方法与总体均值估计时的方法相似，但由于比例的方差不同于均值的方差，因此计算公式略有不同。

重复抽样：

$$n=\frac{(z_{\alpha/2})^2\cdot\pi(1-\pi)}{E^2} \tag{5-26}$$

不重复抽样：

$$n=\frac{N\cdot(z_{\alpha/2})^2\cdot\pi(1-\pi)}{N\cdot E^2+(z_{\alpha/2})^2\cdot\pi(1-\pi)} \tag{5-27}$$

在实际应用中，若总体方差 $\pi(1-\pi)$ 未知，可用样本方差 $p(1-p)$ 代替。

【例 5-14】 根据以往的统计，某商品的合格率为 96%。现对新进的一批货进行检查，若要求边际误差不超过 6%，置信水平为 99%，需要抽取多少件商品进行检查？

已知 E=0.06，由 $1-\alpha$=99%，得 $z_{\alpha/2}$=2.58。总体方差 $\pi(1-\pi)$ 未知，用样本方差 $p(1-p)$ 代替，$p(1-p)=0.9\times0.1$，则重复抽样需抽取：

$$n=\frac{(z_{\alpha/2})^2\cdot p(1-p)}{E^2}=\frac{(2.58)^2\times0.96\times0.04}{(0.06)^2}\approx 71\text{（件）}$$

5.3.3 习题与实训

一、选择题

1. 抽样估计中，样本容量的大小取决于（　　）。

A. 总体标准差的大小　　B. 边际误差的大小
C. 抽样估计的把握程度　　D. 总体参数的大小
E. 抽样方法　　F. 抽样组织方式

2. 某公司人事部门想了解职工每年人均实际花费的医疗费用，根据往年经验，人均实际花费的医疗费的标准差为 400 元左右。若在 90%的置信水平下将误差控制在 60 元，需要抽（　　）进行调查。

A. 120 人　　B. 171 人　　C. 178 人　　D. 245 人

3. 某企业欲推出一项改革措施。为估计职工中赞成该项改革措施的人数的比例，要求边际误差不超过 0.03，置信水平为 90%，假设比例的方差为 0.21，应抽取的样本容量为(　　)。

A. 552 人　　B. 631 人　　C. 752 人　　D. 852 人

二、思考题

确定样本容量时需要考虑哪些因素？

三、综合应用题

1. 某超市欲估计每个顾客平均每次购物花费的金额。根据过去的经验，购物花费的金额的均值为 160 元，标准差为 90 元。如果要求估计的误差不超过 20 元，置信水平为 95%，应抽取多少顾客进行调查？

2. 某高校对一年级 1 000 名新生英语成绩的及格率进行调查，已知上届学生英语成绩的及格率为 96%，试确定在 95.45%的置信水平下，边际误差不超过 2%时应该抽取多少名新生进行调查。

任务解析

本任务的引入，目的是引导学生去理解和掌握应怎样设计一个抽样方案。下面是全国月度劳动力调查制度和抽样方案的内容，抽样方案是劳动力调查制度的重要组成部分。

全国月度劳动力调查制度（2021 年）说明如下。

一、调查目的（略）

二、调查内容（部分略）

劳动力调查项目分为住户信息、个人信息、工作情况和无工作情况 4 个模块。

三、调查方法

劳动力调查采用由调查员入户登记方式进行。调查使用手持电子终端（PAD）进行样本管理、任务分配和数据采集，并由调查员利用 PAD 通过数据直报平台将调查数据直接报送到国家统计局。

四、调查对象

劳动力调查以户为单位进行登记，既调查家庭户，也调查集体户。应在被抽中户中登记的人是：1. 调查时点居住在本户的人；2. 本户户籍人口中，已外出但不满半年的人。

五、调查频率和范围

劳动力调查的频率为月度。调查范围是我国境内的城镇和乡村区域。

六、调查组织方式（部分略）

国家统计局各调查总队全面负责所在地区的调查组织工作。

七、数据发布（部分略）

全国城镇调查失业率数据通过国家统计局新闻发布会按月度发布。

（来自国家统计局《劳动力调查制度（2021）》。）

抽样方案如下。

一、抽样目标

新一轮劳动力调查抽样目标：一是满足失业率等主要劳动力指标数据国家级代表性的要求，同时对分省分城乡也有较好代表性；二是保证现有进行月度调查的 65 个大城市的数据与历史数据衔接；三是整合资源，尽量发挥国家调查队的调查力量。

二、抽样总体与抽样框

抽样总体为中华人民共和国境内所有住户（不包括港澳台地区），但不包括军营、监狱中的集体户。各省、自治区、直辖市为次总体。

使用更新后的第六次人口普查的村级单位名录库和普查小区名录库作为初级抽样框，抽中的村级单位内所有的住房单元作为次级抽样框。编制抽样框时，对常住人口过少的普查小区应进行合并。

每年对抽样框进行更新。对初级抽样框，每年要清理、更新村级单位名录库；对次级抽样框，应去除所抽村级单位地域内拆迁的住房单元，补充新增加的住房单元。

三、抽样方法

1. 抽样原则

劳动力调查采用分层、多阶段、与住房单元数多少成比例（PPS）抽样抽取初级单位（村级单位或普查小区），采用随机系统抽样的方法在初级单位抽取住房单元或住户组，并对抽中住房单元和住户组内的所有人员进行调查。

人口就业统计司负责抽取初级单位，各省统计局或调查队负责审核抽中初级单位样本的代表性，以及核查上报所抽中初级单位所辖地域已经或可能发生的拆迁等住房单元的变动情况，最终确定抽取的初级单位样本。在抽中的初级单位样本中，各省统计局或调查队负责编制住房单元清单，使用人口和就业统计司下发的程序，按照随机等距方法集中抽取住户。

2. 不同地域的具体抽样方法

原 65 个大城市以各市为总体，采用二阶段抽样方法，首先在全市范围内（包括市辖区和该市所辖的县）抽取村级样本，在抽中的村级样本中抽取住户组。

原 65 个城市之外的区域又分为市区和县域两层分别进行抽样。市区层以各省非 65 个大城市的所有市辖区为总体，按区（县）一级分层，在每个市辖区内采用二阶段抽样方法，即每个区（县）抽普查小区，抽中的普查小区抽住房单元。

县域层以各省非 65 个大城市的所有县及县级市为总体，采用三阶段抽样，即从县域层中抽中调查县，在抽中的调查县中抽取普查小区，在抽中的普查小区中抽取住房单元。基于组织开展调查的可操作考量，县域层的调查县主要由已设立国家调查队的县和县级市组成，人口和就业司根据各省实际情况进行适当微调。

四、样本容量和样本轮换

1. 样本容量的确定

为满足局党组提出的“在 95%的把握程度下，全国城镇调查失业率的相对误差控制在3.5%左右，省级精度能基本满足需要”的抽样要求（经计算，变异系数 CV 要求约为 1.8%），综合考虑前期调查获得的群内相关系数、抽样的设计效应、全国劳动力调查的经费情况、各省调查力量的配置情况和调查组织方式，确定各省样本容量（略），全国每月总共调查约 12 万户（住房单元）。

原 65 个大城市中 4 个直辖市，月度调查样本为 160 个村级单位，每个村级单位抽取 20 户，共 3 200 户；其余 61 个城市除三亚和拉萨，月度调查样本为 40 个村级单位，每个村级单位抽取 20 户，共 800 户；三亚与拉萨月度调查样本为 20 个村级单位，每个村级单位抽取 20 户，共 400 户。原 65 个大城市之外的样本容量分配（略），其中市区层每个普查小区调查 10 户，县域层每个普查小区调查 4 户。

2. 样本轮换

样本轮换采用 2-10-2 模式，即一个住户连续 2 个月接受调查，在接下来的 10 个月中不接受调查，然后再接受连续 2 个月的调查，之后退出样本。样本轮换最终能达到如下目标。

（1）除了开始阶段，任何一个月都有 1/4 的样本第 1 次接受调查，1/4 的样本第 2 次接受调查，1/4 的样本第 3 次接受调查，1/4 的样本第 4 次接受调查。

（2）月度之间样本有 50%重复。

（3）年度之间相同月份样本有 50%重复。

具体而言，原 65 个大城市，每年更换至少 5%的村级单位，并在所抽中的村级单位样本内，以住户组为单位进行轮换。在村级单位内以 5 户为一个住户组，每月调查 4 个住户组，共 20 户；每月轮换 2 个住户组，即 10 户。月度间轮换比例为 50%。

新增的市区层和县域层，每年根据数据质量控制的需要更换普查小区，在所抽中的普查小区样本内，以轮换组为单位进行轮换。市区层每个普查小区每月调查 10 户，分为 4 个轮换组（2 个组 2 户，2 个组 3 户），每月轮换 2 个轮换组，月度间轮换比例为 50%；县域层每个普查小区每月调查 4 户，每月轮换 2 户，月度间轮换比例也为 50%。

当抽中住户不愿参与调查时，调查员应耐心劝导其配合，必要时市县统计机构也应一起帮助劝导。经反复劝导仍不愿意配合的，应从抽中的备选样本户中选择对应的住户进行替换。当抽中的住户第一次入户时为空户，或者因为各种原因不能参与调查时，也应从抽中的备选样本户中选择对应的住户进行替换。

五、加权方法

全国、省、市各级汇总结果根据调查的基础数据，采用加权、事后分层、季节调整等方法汇总得到，并经相应的时间序列模型评估。各级的汇总权数由国家统计局人口和就业司统一计算。全国和分省数据的季节调整和模型评估由国家统计局人口和就业司统一进行。

（来自国家统计局网站。）

相关知识图示

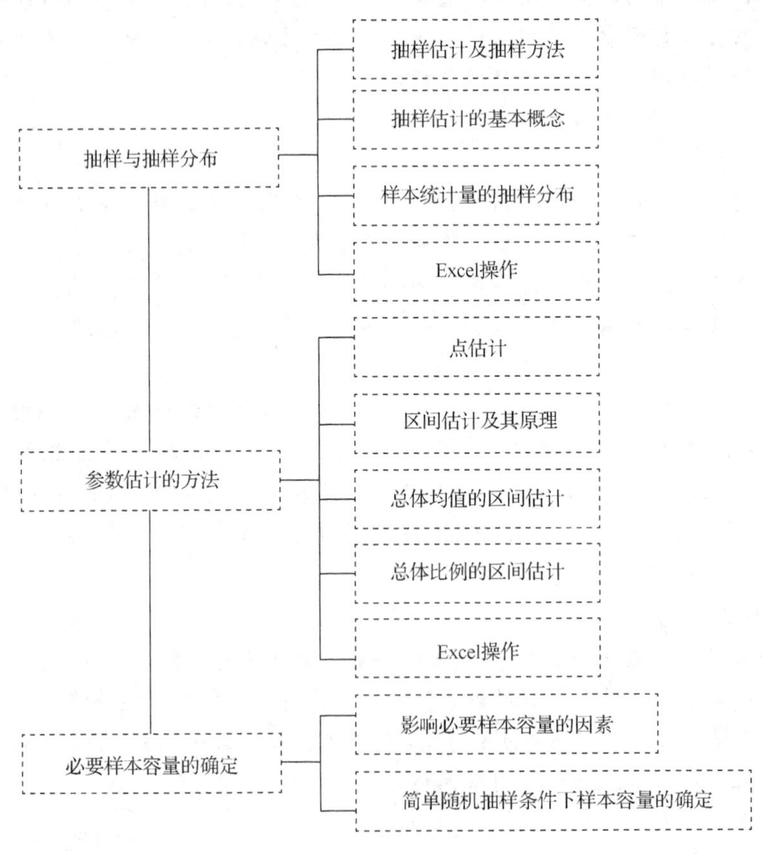

统计指数

知识目标

（1）统计指数的含义和种类。

（2）总指数的两种计算方法——综合指数和平均指数。

（3）指数因素分析法。

能力目标

（1）能正确理解统计指数的含义。

（2）能正确理解综合指数和平均指数的计算原理，掌握其计算方法和适用条件。

（3）能利用指数法进行因素分析。

任务引入

指数是社会经济分析中常用的统计指标，主要作用是反映社会经济现象在不同时间上的相对变化程度，一些重要的经济指数如反映股市股价变动的股票价格指数、反映居民购买的消费品及服务价格变动的消费者价格指数（Consumer Price Index，CPI）、反映经济总体变化趋势的制造业采购经理指数（Purchasing Manager's Index，PMI）、反映生产环节价格水平变动的生产价格指数（Producer Price Index，PPI）等。解读这些指数离不开对统计指数的理解，包括什么是指数、计算指数的方法有哪些、现实经济生活中一些重要的经济指数是如何计算的等。下面以两个指数为例进行介绍。

1．股票价格指数

经典投资著作《股市晴雨表》指出：证券的短期走势规律性很弱，极难预测；长期规律性极强，很容易判断；证券走势长期上来说符合证券的基本面，合理编制的指数走势可以反映大经济总体；道氏工业和运输业平均指数的运动是分辨市场未来走势的关键。

人们常说，股市是经济的“晴雨表”，股市可以比较准确地甚至领先地反映经济的表现。股票价格起伏无常，股票价格指数的编制，可以使投资者据此检验自己投资的效果，并用来预测股票市场的动向；可以让新闻工作者、公司领导乃至政府领导等以此为参考，来观察、预测经济发展形势。那么，股票价格指数是怎样编制的呢？

图 6-1 展示的是我国上证指数 2013—2021 年的动态变化。

图 6-1 我国上证指数 2013—2021 年的动态变化

2．消费者价格指数

消费者价格指数（CPI）是社会各界关注的焦点，通过 CPI 可以了解居民购买的消费品及服务价格的变动趋势和程度、分析研究价格变动对社会经济和居民生活的影响、为国家宏观调控和国民经济核算提供参考依据。图 6-2 展示了 2000—2021 年我国消费者价格指数、城市消费者价格指数、农村消费者价格指数的动态变化（上年=100）。CPI 是怎样计算出来的呢？为什么国家公布的 CPI 数据有时与民众的感受不一致呢？

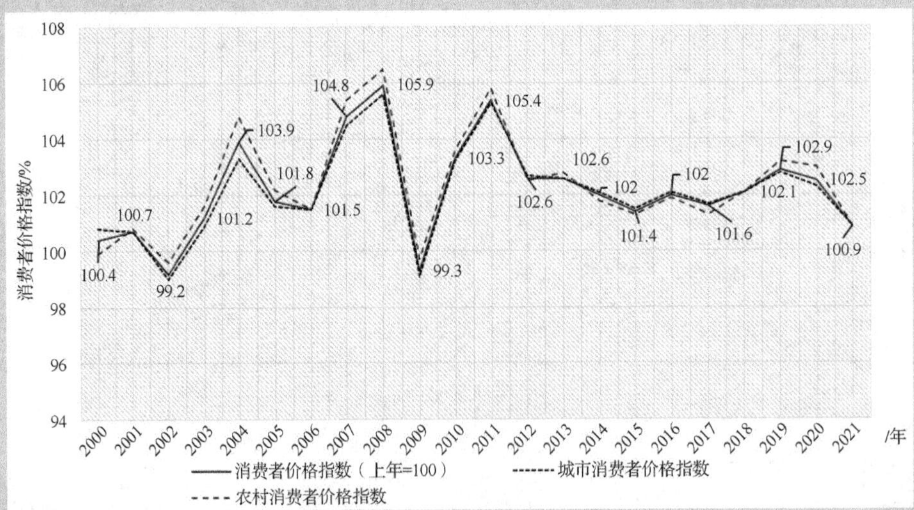

图 6-2 2000—2021 年我国消费者价格指数、城市消费者价格指数、农村消费者价格指数的动态变化

知识链接

6.1 统计指数的含义和分类

6.1.1 统计指数的含义

统计指数或指数，是指社会经济现象在不同时间上对比而形成的相对数，用于表明现象的动态变化程度。统计指数是一种对比性分析指标，表现为相对数的形式，通常用百分数表示。例如，2023 年 1 月全国消费者价格指数（CPI）同比上涨 2.1%，表明 2023 年 1 月我国居民的生活消费品和服务价格总水平与2022 年 1 月相比上涨了 2.1%。常用的经济统计指数还有生产价格指数（PPI）、股票价格指数、制造业采购经理指数（PMI）、国内生产总值指数等。

广义上，凡是反映同类现象数量变动程度的相对数都可以称为指数，包括反映简单现象数量变动程度的相对数和反映复杂现象数量变动程度的相对数。狭义上，指数是反映不能直接加总的复杂现象综合数量变动程度的相对数。例如，反映市场上商品价格的变动程度，如果反映的是一种商品的价格变动程度，可以直接用该商品报告期的价格与基期价格对比，得到该商品个体的价格变动指数，这属于简单现象的动态对比；如果反映的是多种商品价格的综合变动程度，则属于复杂现象的动态对比。由于不同商品的计量单位不同，在对同一个时期的商品价格进行综合时，不同商品的单价不能直接相加，这时需要引入一个同度量因素使其能够相加，并实现两个时期价格综合量的对比，后者就是狭义的指数。本任务讨论的主要是狭义指数的编制问题。

在实际应用中，指数的含义得到扩展，除了可以表明现象在不同时间上的变化外，还可以反映不同空间（如不同国家、地区、企业等）条件下同一现象的对比等，这些扩展应用可以丰富我们对指数的认识。

6.1.2 统计指数的作用

统计指数在社会经济现象的分析中应用广泛，主要作用有以下两个方面。

（1）综合反映社会经济现象总体数量上的变动方向和变动程度。

（2）对受多因素影响的现象进行因素分析，分析总变动中各因素的影响方向和影响程度。

6.1.3 统计指数的分类

统计指数从不同的角度可以进行不同的分类。

统计指数的分类

（1）按计算范围不同，统计指数可以分为个体指数和总指数。

① 个体指数是指反映单一事物数量变动的相对数。例如，反映某一种商品的价格或产量的相对变动，其个体指数的计算公式为

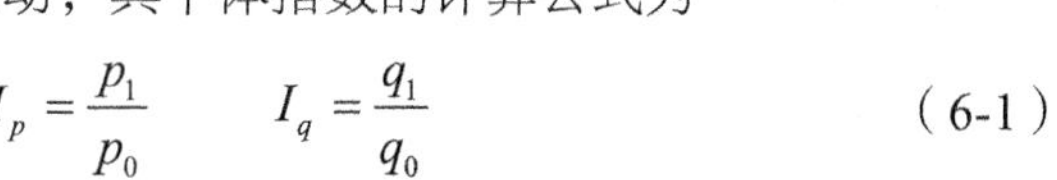

$$I_p = \frac{p_1}{p_0} \qquad I_q = \frac{q_1}{q_0} \tag{6-1}$$

式中，I_p 代表个体价格指数，I_q 代表个体物量指数，p 代表物价，q 代表物量，1 代表报告期，0 代表基期。

② 总指数是指反映两种及两种以上事物构成的复杂现象总体综合数量变动的相对数。

总指数按计算方法不同又可以分为综合指数和平均指数。综合指数和平均指数是计算总指数的两种方法，具有不同的计算形式和计算特点，在后面的内容中将进行详细介绍。

（2）按指数化指标的性质不同，统计指数可以分为数量指数和质量指数。

① 反映数量指标变动的指数称为数量指标指数，简称数量指数，如销售量指数、产量指数等，用于表明现象总体规模或水平的变动。

② 反映质量指标变动的指数称为质量指标指数，简称质量指数，如价格指数、单位成本指数等，用于表明现象相对水平或平均水平的变动。

图 6-3 所示为统计指数分类。

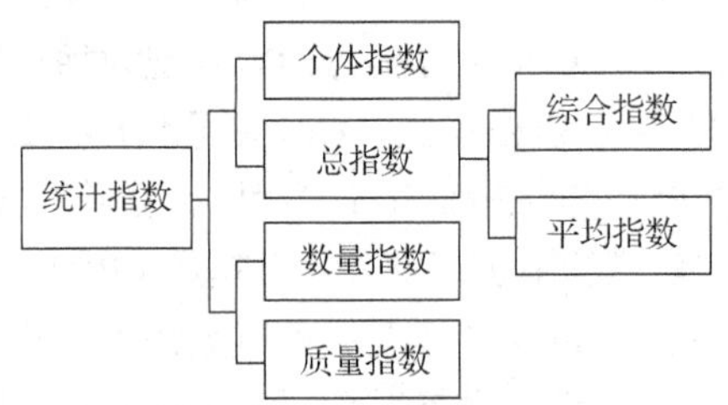

图 6-3 统计指数分类

6.1.4 习题与实训

一、选择题

1. 反映个体现象动态变化的指数称为（ ）。

   A. 总指数　B. 数量指数　C. 个体指数　D. 质量指数

2. 总指数的两种计算方法是（ ）。

   A. 拉氏指数和帕氏指数　B. 综合指数和平均指数

   C. 数量指数和质量指数　D. 物价指数和物量指数

3. 反映总体规模和水平变动情况的指数称为（ ）。

   A. 综合指数　B. 数量指数　C. 平均指数　D. 质量指数

4. 下列指数中属于质量指数的是（ ）。

   A. 职工人数指数　B. 劳动生产率指数

   C. 道琼斯指数　D. 消费者价格指数

   E. 销售量指数　F. 单位成本指数

二、思考题

1. 什么是统计指数？什么是广义的指数和狭义的指数？
2. 举例说明什么是个体指数和总指数。
3. 举例说明什么是数量指数和质量指数。

三、综合应用题

指出表 6-1 中几个股价指数分别是个体指数还是总指数？是数量指数还是质量指数？是广义的指数还是狭义的指数？

表 6-1 股价指数举例

股票名称	股票价格/元		股价指数/%
	6 月	7 月	
A	12.8	15.5	121.09

续表

股票名称	股票价格/元		股价指数/%
	6 月	7 月	
B	32.2	34.9	108.39
C	23.6	43.6	184.75
平均	—	—	138.08

6.2 综合指数

6.2.1 综合指数的编制原理

综合指数是计算总指数的方法之一，其计算特点是“先综合，后对比”，即先通过同度量因素将同一个时期多个不同事物的变量值进行综合，然后将两个时期的综合量进行对比。

1．同度量因素

对于复杂现象总体，其指数化指标的数值是不能直接相加的，因此必须寻找一个适当的媒介因素，使其转化为可以直接相加的形式，这个媒介因素称为同度量因素。

所谓同度量因素，是指在采用综合指数计算总指数时，为了解决复杂现象的量不能直接相加而使用的一个媒介因素。以表 6-2 所示的 3 种商品的销售情况为例，不同商品的价格和销售量都不能直接相加，但将每种商品的价格乘销售量后得到的销售额可以直接相加。因此，在编制多种商品的价格总指数时，就可以通过销售量这个同度量因素，将不能直接相加的价格转化为可以相加的销售额，以解决不同商品价格不能直接加总的问题。同样，在编制多种商品的销售量总指数时，则可以通过价格这个同度量因素，将不能直接相加的销售量转化为可以相加的销售额，以解决不同商品销售量不能直接加总的问题。在综合指数中，同度量因素不仅起到“同度量”的作用，还对指数化指标起到“加权”的作用，因此也被称为权数。

表 6-2　某商店 3 种商品销售资料

商品种类	计量单位	销售量		销售价格/元		销售额/万元			
		9 月 q_0	10 月 q_1	9 月 p_0	10 月 p_1	p_0q_0	p_1q_0	p_0q_1	p_1q_1
		①	②	③	④	⑤	⑥	⑦	⑧
甲	台	220	340	750	680	16.50	14.96	25.50	23.12
乙	袋	3 400	4 270	150	120	51.00	40.80	64.05	51.24
丙	件	141	199	328	286	4.62	4.03	6.53	5.69
合计	—	—	—	—	—	72.12	59.79	96.08	80.05

2．同度量因素的时期

在确定了同度量因素后，还必须将同度量因素所属的时期固定下来，以测定指数化指标的变动情况。如果不把同度量因素固定在某一时期，计算出来的综合指数就会包含同度量因素的变动，而不能单纯地反映指数化指标的变动。例如，反映表 6-2 中 3 种商品销售量的变动，以价格作为同度量因素，则价格必须固定在同一个时期，即报告期或者基期，将报告期和基期的销售量都乘同一个时期的价格，得出两个时期的销售额。将两个时期的销售额对比，得到的综合指数就是销售量综合指数，这只反映了销售量一个因素的变动。

相应地，如果要反映3种商品价格的综合变动，则要以销售量作为同度量因素，销售量必须固定在同一个时期。

同度量因素所属的时期有报告期和基期，不同时期同度量因素的数值往往不一样，因此，采用不同时期的同度量因素，得出的综合指数一般不同。至于同度量因素应固定在什么时期，因根据不同的考虑而进行不同的选择，并由此得到综合指数不同的计算形式。

6.2.2 综合指数的计算形式

在编制综合指数时，应首先确定指数化指标的性质。如果指数化指标是数量指标，则计算的指数就是数量指标综合指数；如果指数化指标是质量指标，则计算的指数就是质量指标综合指数。不管是计算数量指数还是质量指数，同度量因素都存在报告期和基期两个时期，由此产生了综合指数的两种计算形式：拉氏指数和帕氏指数。

1. 拉氏指数

拉氏指数是1864年由德国经济统计学家拉斯佩尔（Laspeyres）提出的，该指数的特点是将同度量因素的时期固定在基期。

拉氏数量指数：
$$I_q=\frac{\sum p_0q_1}{\sum p_0q_0}\quad\text{（同度量因素固定在基期）}\tag{6-2}$$

拉氏质量指数：
$$I_p=\frac{\sum p_1q_0}{\sum p_0q_0}\quad\text{（同度量因素固定在基期）}\tag{6-3}$$

式中，I_q代表数量指数，I_p代表质量指数，q代表数量指标，p代表质量指标，1代表报告期，0代表基期。

2. 帕氏指数

帕氏指数是1874年由另一位德国经济统计学家帕舍（Peasche）提出的，该指数的特点是将同度量因素的时期固定在报告期。

帕氏数量指数：
$$I_q=\frac{\sum p_1q_1}{\sum p_1q_0}\quad\text{（同度量因素固定在报告期）}\tag{6-4}$$

帕氏质量指数：
$$I_p=\frac{\sum p_1q_1}{\sum p_0q_1}\quad\text{（同度量因素固定在报告期）}\tag{6-5}$$

式中，I_q代表数量指数，I_p代表质量指数，q代表数量指标，p代表质量指标，1代表报告期，0代表基期。

计算综合指数时，拉氏指数和帕氏指数的计算结果存在明显差异，那么，同度量因素的时期应该选择哪一个时期呢？这应考虑指数的经济意义。一般情况下，在计算数量指标综合指数时，通常将作为同度量因素的质量指标固定在基期；在计算质量指标综合指数时，通常将作为同度量因素的数量指标固定在报告期。这是计算综合指数时确定同度量因素时期的一般原则，即计算数量指数采用拉氏指数形式，计算质量指数采用帕氏指数形式。在我国统计实践中也遵循这个一般原则。

【例6-1】 某商店从10月1日起开始为期一个月的促销活动，10月的销售统计数据表明，其中3种商品的销售额比9月有较大幅度的增长，其销售价格和销售量情况如表6-2所示。每种商品的销售价格和销售量的变动程度不同，3种商品价格和销售量的平均变动程度是多少呢？

（1）销售量指数。销售量属于数量指标，销售量指数属于数量指数。采用综合指数法计算销售量指数，首先需要将 9 月和 10 月的销售量分别进行加总，因为不能直接加总，所以采用销售价格作为同度量因素。

根据销售价格所属时期的不同，对销售量指数分别采用拉氏指数和帕氏指数两种计算形式。

以基期价格为同度量因素，将表 6-2 中第③列分别乘第①列和第②列，可得第⑤列和第⑦列，这样不能直接加总的销售量通过 9 月的价格过渡到了能够直接加总的销售额，用第⑤列和第⑦列的合计进行对比就能得到拉氏销售量综合指数，公式如下。

拉氏销售量综合指数：$I_q=\dfrac{\sum p_0q_1}{\sum p_0q_0}=\dfrac{96.08}{72.12}\approx 1.332\,1=133.21\%$

计算结果表明，在维持基期价格水平（p_0）不变的前提下，与 9 月相比，10 月 3 种商品销售量总体而言增加了 33.21%。拉氏销售量指数以基期价格为权数，可以消除价格因素变动对指数的影响，仅包含销售量因素的变动。

以报告期价格为同度量因素，将表 6-2 中第④列分别乘第①列和第②列，可得第⑥列和第⑧列，用第⑥列和第⑧列的合计进行对比就能得到帕氏销售量综合指数，公式如下。

帕氏销售量综合指数：$I_q=\dfrac{\sum p_1q_1}{\sum p_1q_0}=\dfrac{80.05}{59.79}\approx 1.338\,8=133.88\%$

计算结果表明，在报告期价格水平（p_1）上，与 9 月相比，10 月 3 种商品销售量总体而言增加了 33.88%。帕氏销售量指数由于以报告期价格为权数，未能消除价格变动对指数的影响，即包含价格的变动，不符合计算数量指数的目的，所以帕氏销售量指数在实际中应用得较少。

（2）价格指数。价格属于质量指标，价格指数属于质量指数。采用综合指数法计算价格指数，首先需要将 9 月和 10 月的价格分别进行加总，因为不能直接加总，所以采用销售量作为同度量因素。

根据销售量所属时期的不同，对价格指数分别采用拉氏指数和帕氏指数两种计算形式。

以基期销售量为同度量因素，将表 6-2 中第①列分别乘第③列和第④列，可得第⑤列和第⑥列，这样不能直接加总的价格通过 9 月的销售量过渡到了能够直接加总的销售额，用第⑤列和第⑥列的合计进行对比就能得到拉氏价格综合指数，公式如下。

拉氏价格综合指数：$I_p=\dfrac{\sum p_1q_0}{\sum p_0q_0}=\dfrac{59.79}{72.12}\approx 0.829=82.9\%$

计算结果表明，在维持基期销售量（q_0）不变的前提下，与 9 月相比，10 月 3 种商品的价格总体而言下降了 17.1%（即 100%−82.9%=17.1%）。拉氏价格指数由于以基期销售量为权数，可以消除权数自身变动对指数的影响，从而使得不同时期的价格具有可比性。

以报告期销售量为同度量因素，将表 6-2 中第②列分别乘第③列和第④列，可得第⑦列和第⑧列，用第⑦列和第⑧列的合计进行对比就能得到帕氏价格综合指数，公式如下。

帕氏价格综合指数：$I_p=\dfrac{\sum p_1q_1}{\sum p_0q_1}=\dfrac{80.05}{96.08}\approx 0.833\,2=83.32\%$

计算结果表明，在报告期销售量（q_1）的水平上，与 9 月相比，10 月 3 种商品的价格总体而言下降了 16.68%（100%−83.32%=16.68%）。尽管帕氏价格指数由于以报告期销售量为权数，未能消除销售量自身变动对指数的影响，但从实际应用角度看，人们更关心在报告期销售量条件下由于价格变动对实际生活产生的影响，所以通常采用帕氏价格指数反映不同商

品价格的综合变动程度。

6.2.3 Excel 操作

在 Excel 中，没有专门用于指数计算的统计函数或数据分析工具，只能通过一般的单元格操作完成指数的计算。下面以表 6-2 所示的资料为例，说明综合指数计算的 Excel 基本操作。

将表 6-2 中的资料输入 Excel 表格中，如图 6-4 所示，其中，第 C、D、E、F 列中是原始数据。根据综合指数“先综合，后对比”的计算特点，进行“综合”和“对比”两步操作。

	A	B	C	D	E	F	G	H	I	J
1	商品种类	计量单位	销售量		销售价格/元		销售额/万元			
2–3			9月 q_0	10月 q_1	9月 p_0	10月 p_1	p_0q_0	p_1q_0	p_0q_1	p_1q_1
4			①	②	③	④	⑤	⑥	⑦	⑧
5	甲	台	220	340	750	680	16.50	14.96	25.50	23.12
6	乙	袋	3400	4270	150	120	51.00	40.80	64.05	51.24
7	丙	件	141	199	328	286	4.62	4.03	6.53	5.69
8	合计	–	–	–	–	–	72.12	59.79	96.08	80.05
9–10					$\sum p_0q_1/\sum p_0q_0$		1.3321	1.3388	$\sum p_1q_1/\sum p_1q_0$	
11–12					$\sum p_1q_0/\sum p_0q_0$		0.8290	0.8332	$\sum p_1q_1/\sum p_0q_1$	

图 6-4 综合指数计算数据

1. 综合

（1）单击单元格 G5，输入“=C5*E5/10 000”（除以 10 000 的目的是将计量单位由“元”变成“万元”，下同），按“Enter”键得到甲商品的基期销售额 p_0q_0=16.5 万元，将填充柄下拉至 G7，就分别得到乙商品和丙商品的基期销售额 51 万元和 4.62 万元。单击单元格 G8，输入“=SUM(G5:G7)”（或者单击工具栏中的“Σ”，选中 G5 到 G7，下同），按“Enter”键确认就可以得到甲、乙、丙 3 种商品基期销售额的合计 $\sum p_0q_0$=72.12 万元。

（2）单击单元格 H5，输入“=C5*F5/10 000”，按“Enter”键得到甲商品以基期销售量和报告期价格计算的假定销售额 p_1q_0=14.96 万元，将填充柄下拉至 H7，就分别得到乙商品和丙商品的假定销售额 40.8 万元和 4.03 万元。单击单元格 H8，输入“=SUM(H5:H7)”，按“Enter”键确认就可以得到甲、乙、丙 3 种商品的假定销售额合计 $\sum p_1q_0$=59.79 万元。

（3）单击单元格 I5，输入“=D5*E5/10 000”，按“Enter”键得到甲商品以基期价格和报告期销售量计算的假定销售额 p_0q_1=25.5 万元，将填充柄下拉至 I7，就分别得到乙商品和丙商品的假定销售额 64.05 万元和 6.53 万元。单击单元格 I8，输入“=SUM(I5:I7)”，按“Enter”键确认就可以得到甲、乙、丙 3 种商品的假定销售额合计 $\sum p_0q_1$=96.08 万元。

（4）单击单元格 J5，输入“=D5*F5/10 000”，按“Enter”键得到甲商品报告期的销售额 p_1q_1=23.12 万元，将填充柄下拉至 J7，就分别得到乙商品和丙商品报告期的销售额 51.24 万元和 5.69 万元。单击单元格 J8，输入“=SUM(J5:J7)”，按“Enter”键确认就可以得到甲、乙、丙 3 种商品报告期销售额的合计 $\sum p_1q_1$=80.05 万元。

2. 对比

经过综合，得到 4 个销售额的合计数后，就可以计算综合指数了。

（1）拉式销售量指数。单击单元格 G10（可以是任意单元格），输入“=I8/G8”，按“Enter”

键确认就可以得到以基期价格为同度量因素计算的销售量指数$\sum p_0q_1/\sum p_0q_0$=96.08/72.12≈133.21%。

（2）帕氏销售量指数。单击单元格 H10（可以是任意单元格），输入“=J8/H8”，按“Enter”键确认就可以得到以报告期价格为同度量因素计算的销售量指数$\sum p_1q_1/\sum p_1q_0$=80.05/59.79≈133.88%。

（3）拉式价格指数。单击单元格 G11（可以是任意单元格），输入“=H8/G8”，按“Enter”键确认就可以得到以基期销售量为同度量因素计算的价格指数$\sum p_1q_0/\sum p_0q_0$=59.79/72.12≈82.9%。

（4）帕氏价格指数，单击单元格 H11（可以是任意单元格），输入“=J8/I8”，按“Enter”键确认就可以得到以报告期销售量为同度量因素计算的价格指数$\sum p_1q_1/\sum p_0q_1$=80.05/96.08≈83.32%。

6.2.4 习题与实训

一、选择题

1. 设p表示商品的价格，q表示商品的销售量，$\sum p_0q_1/\sum p_0q_0$说明了（　　）。
   A. 在报告期销售量条件下，价格综合变动的程度
   B. 在基期销售量条件下，价格综合变动的程度
   C. 在报告期价格水平下，销售量综合变动的程度
   D. 在基期价格水平下，销售量综合变动的程度
2. 综合指数的两种计算形式是（　　）。
   A. 拉氏指数和帕氏指数　　B. 综合指数和平均指数
   C. 数量指数和质量指数　　D. 价格指数和物量指数
3. 下列指数中属于帕氏价格指数的是（　　）。
   A. $\dfrac{\sum p_0q_1}{\sum p_0q_0}$　　B. $\dfrac{\sum p_1q_1}{\sum p_1q_0}$　　C. $\dfrac{\sum p_1q_0}{\sum p_0q_0}$　　D. $\dfrac{\sum p_1q_1}{\sum p_0q_1}$
4. 上证指数是（　　）。
   A. 数量指数　　B. 质量指数　　C. 总指数　　D. 个体指数

二、思考题

1. 综合指数有哪两种计算形式？举例说明。
2. 什么是指数化指标？什么是同度量因素？在编制综合指数时，同度量因素为什么要固定在某一时期？
3. 实际经济活动分析中，除了股票价格指数外还有什么指数采用综合指数法计算？

三、综合应用题

1. 现有两支股票的基期与报告期收盘价格及发行数量资料，如表 6-3 所示。

表 6-3　股票相关资料

股票名称	发行数量/万股		收盘价格/元	
	基期	报告期	基期	报告期
A	9 000	13 000	7	20
B	15 000	20 000	5	9

要求：分别编制拉氏股价综合指数和帕氏股价综合指数。

2. 某公司经销的两种商品基期与报告期的价格及销售量资料如表 6-4 所示。

表 6-4 商品相关资料

商品名称	销售量/台		价格/元	
	基期	报告期	基期	报告期
甲	1 000	3 000	100	80
乙	2 000	1 500	5	10

要求：分别编制拉氏销售量综合指数和帕氏销售量综合指数。

6.3 平均指数

6.3.1 平均指数的编制原理

平均指数是计算总指数的另一种方法，其计算特点是“先对比，后平均”，即首先计算研究对象的个体指数，然后对个体指数进行加权平均。

利用平均指数法对复杂现象总体进行对比分析，首先要对构成总体的个别现象计算个体指数，所得到的无量纲化的个体指数是编制总指数的基础。

由于总体中的不同个体往往具有不同的重要程度，因此在计算平均指数时需要对个体指数进行加权。平均指数的权数一般应与所要编制的指数密切关联，一般是基期总值资料（p_0q_0）、报告期总值资料（p_1q_1）或固定权数（w）3 种。

在对个体指数进行加权平均时，还需要考虑不同的平均数形式。平均指数的计算形式主要有算术平均指数和调和平均指数两种。

6.3.2 平均指数的计算形式

1. 加权算术平均指数

加权算术平均指数是以算术平均数的形式计算的总指数，通常用基期总值作为权数，公式如下。

数量指数：
$$I_q=\frac{\sum k_q\cdot p_0q_0}{\sum p_0q_0}\quad\left(k_q=\frac{q_1}{q_0}\right)\tag{6-6}$$

质量指数：
$$I_p=\frac{\sum k_p\cdot p_0q_0}{\sum p_0q_0}\quad\left(k_p=\frac{p_1}{p_0}\right)\tag{6-7}$$

在全面资料的情况下，加权算术平均指数是拉氏指数的变形，将个体指数代入公式（6-6）和公式（6-7）中，可得

$$I_q=\frac{\sum k_q\cdot p_0q_0}{\sum p_0q_0}=\frac{\sum\frac{q_1}{q_0}\cdot p_0q_0}{\sum p_0q_0}=\frac{\sum q_1p_0}{\sum q_0p_0}$$

其中，$\frac{\sum q_1p_0}{\sum q_0p_0}$ 即拉氏数量指标指数。

$$I_p=\frac{\sum k_p\cdot p_0q_0}{\sum p_0q_0}=\frac{\sum\frac{p_1}{p_0}\cdot p_0q_0}{\sum p_0q_0}=\frac{\sum p_1q_0}{\sum p_0q_0}$$

其中，$\frac{\sum p_1q_0}{\sum p_0q_0}$ 即拉氏质量指标指数。

2．固定权数的加权算术平均指数

当权数不是基期总值资料，而是固定权数时，计算的加权算术平均指数为固定权数的加权算术平均指数，这种权数通常以比重的形式固定下来，在较长一段时期内作为不变权数使用，使总指数的计算简便易行。这时，加权算术平均指数与拉氏指数之间不存在变形关系，二者的计算结果也不相等。其公式为

$$I=\frac{\sum k\cdot w}{\sum w} \tag{6-8}$$

以固定权数计算的加权算术平均指数在统计工作中得到了广泛的应用，是计算总指数的一种独立形式。例如，我国居民消费价格指数的计算采用的就是固定权数的加权算术平均指数。

3．加权调和平均指数

以调和平均数的形式计算总指数，通常用报告期总值作为权数，公式如下。

数量指数：

$$I_q=\frac{\sum p_1q_1}{\sum\frac{1}{k_q}\cdot p_1q_1}\quad\left(k_q=\frac{q_1}{q_0}\right) \tag{6-9}$$

质量指数：

$$I_p=\frac{\sum p_1q_1}{\sum\frac{1}{k_p}\cdot p_1q_1}\quad\left(k_p=\frac{p_1}{p_0}\right) \tag{6-10}$$

在全面资料的情况下，加权调和平均指数是帕氏指数的变形，将个体指数代入公式（6-9）和公式（6-10）中，可得

$$I_q=\frac{\sum p_1q_1}{\sum\frac{1}{k_q}\cdot p_1q_1}=\frac{\sum p_1q_1}{\sum\frac{1}{\frac{q_1}{q_0}}\cdot p_1q_1}=\frac{\sum p_1q_1}{\sum p_1q_0}$$

其中，$\frac{\sum p_1q_1}{\sum p_1q_0}$ 即帕氏数量指标指数。

$$I_p=\frac{\sum p_1q_1}{\sum\frac{1}{k_p}\cdot p_1q_1}=\frac{\sum p_1q_1}{\sum\frac{1}{\frac{p_1}{p_0}}\cdot p_1q_1}=\frac{\sum p_1q_1}{\sum p_0q_1}$$

其中，$\frac{\sum p_1q_1}{\sum p_0q_1}$ 即帕氏质量指标指数。

【例 6-2】 以表 6-2 中的资料为例，按加权算术平均指数的形式计算甲、乙、丙 3 种商品的销售量总指数。相关数据如表 6-5 所示。

表 6-5　加权算术平均指数计算

商品种类	计量单位	销售量		销售量个体指数	基期销售额 p_0q_0/万元	$k_q\cdot p_0q_0$
		9 月	10 月	$k_q=\frac{q_1}{q_0}$/%		
甲	台	220	340	154.55	16.50	25.5

续表

商品种类	计量单位	销售量		销售量个体指数 $k_q=\frac{q_1}{q_0}$/%	基期销售额 p_0q_0/万元	$k_q\cdot p_0q_0$
		9月	10月			
乙	袋	3 400	4 270	125.59	51.00	64.05
丙	件	141	199	141.13	4.62	6.52
合计	—	—	—	—	72.12	96.07

3种商品的销售量总指数为

$$I_q=\frac{\sum k_q\cdot p_0q_0}{\sum p_0q_0}=\frac{96.07}{72.12}\approx 1.332\,1=133.21\%$$

该结果与拉氏销售量指数的计算结果相同。在实际中，有时用综合指数法计算销售量总指数所需的资料不易取得，而现有的资料又能够满足平均指数法的计算，这时可采用加权算术平均指数计算销售量总指数。

【例6-3】以表6-2中的资料为例，按加权调和平均指数的形式计算甲、乙、丙3种商品的价格总指数。相关数据如表6-6所示。

表6-6 加权调和平均指数计算

商品种类	计量单位	销售价格/元		价格个体指数 $k_p=\frac{p_1}{p_0}$/%	报告期销售额 p_1q_1/万元	$\frac{1}{k_p}\cdot p_1q_1$
		9月	10月			
甲	台	750	680	90.67	23.12	25.50
乙	袋	150	120	80.00	51.24	64.05
丙	件	328	286	87.20	5.69	6.53
合计	—	—	—	—	80.05	96.08

3种商品的价格总指数为

$$I_p=\frac{\sum p_1q_1}{\sum\frac{1}{k_p}\cdot p_1q_1}=\frac{80.05}{96.08}\approx 0.833\,2=83.32\%$$

该结果与帕氏价格指数的计算结果相同。在实际中，有时用综合指数法计算价格总指数所需的资料不易取得，而现有的资料又能够满足平均指数法的计算，这时可采用加权调和平均指数计算价格总指数。

【例6-4】某市2023年1月居民八大类消费品价格与去年同期进行对比得到的价格指数及权数资料如表6-7所示，试计算该市消费者价格总指数。

表6-7 某市2023年1月八大类消费品价格指数及权数资料　　单位：%

项目	价格指数 k	权数 w
消费品价格总指数	100.9	100.0
其中：		
食品烟酒	99.1	28.5
衣着	100.5	19.6
居住	101.2	16.2
生活用品及服务	100.4	9.1
交通通信	104.9	10.3
教育文化娱乐	102.3	8.4
医疗保健	102.1	4.7
其他用品及服务	99.6	3.2

表中，k 为各类消费品的大类指数，w 为各类支出占消费品支出总额的比重。

2023 年 1 月该市居民消费品价格总指数为

$$I_p=\frac{\sum k\cdot w}{\sum w}=\frac{99.1\times28.5+100.5\times19.6+\cdots+99.6\times3.2}{100}\approx100.9\%$$

6.3.3 综合指数和平均指数的区别

综合指数和平均指数的区别主要表现在以下几个方面。

1. 计算条件不同

运用综合指数法计算总指数，要求掌握计算对象的全面资料，即每一种商品报告期和基期的价格及物量的数据，有多少种商品就需要有多少对应数据，当商品种类较多时，收集数据以及数据计算的工作量就比较大。而平均指数法既可以根据全面资料计算，也可以根据非全面资料计算，尤其在难以获得全面资料的情况下，更显示出加权平均指数在计算上的灵活性。例如，在运用平均指数法分析市场价格变动时，由于商品种类繁多，可以用一种商品代表一组商品，然后用该组商品的总值作为权数，这样就不必搜集所有商品的价格与物量数据，节省了时间和工作量。此时只要所选的代表商品恰当，计算结果就能较为准确地反映价格水平的变动。有时，新商品不断出现，老商品会被淘汰，期望获得报告期与基期所有商品价格与物量的对应数据也是不可能的，这时反映价格总水平的变动只有采用加权平均指数法。

2. 权数不同

综合指数所使用的权数是某一时期的物量或价格的实际值；平均指数使用的权数可以是某一时期的价值总量，如果研究对象的内部构成相对稳定的话，加权平均指数的权数也可以采用比重形式。

3. 计算程序不同

综合指数先借助权数对报告期和基期的物量或价格进行综合，然后用报告期的综合量除以基期的综合量。加权平均指数先计算个体指数（或类指数），然后以个体指数（或类指数）所对应权数进行加权平均。

4. 计算结果

如果使用全面资料，平均指数和综合指数的计算结果是一样的，而且两种方法都既可以分析相对量变动，也可以分析绝对量变动。如果使用非全面资料，采用平均指数计算，则只能分析相对量变动，不能分析绝对量变动。

6.3.4 Excel 操作

下面通过一般的单元格操作，说明平均指数计算的 Excel 基本操作。

（1）将表 6-2 中的资料输入 Excel 表格中，如图 6-5 所示。根据平均指数“先对比，后平均”的计算特点，进行“对比”和“平均”两步操作。

（2）计算个体指数。

① 单击单元格 G5，输入“=D5/C5”，按“Enter”键得到甲商品的销售量个体指数 1.545 5，将填充柄下拉至 G7，就分别得到乙商品和丙商品的销售量个体指数（q_1/q_0）。

	A	B	C	D	E	F	G	H	I	J	K	L
1	商品种类	计量单位	销售量		销售价格/元		销售量个体指数	价格个体指数	销售额/万元		$k_q \cdot p_0q_0$	$\frac{1}{k_p} \cdot p_1q_1$
2			9月	10月	9月	10月	$k_q = \frac{q_1}{q_0}$	$k_p = \frac{p_1}{p_0}$	p_0q_0	p_1q_1		
3			q_0	q_1	p_0	p_1						
4			①	②	③	④	⑤	⑥	⑦	⑧	⑨	⑩
5	甲	台	220	340	750	680	1.5455	0.9067	16.50	23.12	25.50	25.50
6	乙	袋	3400	4270	150	120	1.2559	0.8000	51.00	51.24	64.05	64.05
7	丙	件	141	199	328	286	1.4113	0.8720	4.62	5.69	6.53	6.53
8	合计	–	–	–	–	–			72.12	80.05	96.08	96.08
9												
10											1.3321	0.8332

图 6-5 平均指数计算数据

② 单击单元格 H5，输入“=F5/E5”，按“Enter”键得到甲商品的价格个体指数 0.906 7，将填充柄下拉至 H7，就分别得到乙商品和丙商品的价格个体指数（ p_1/p_0 ）。

（3）计算总指数。完成个体指数的计算后，就可以用总量作为权数对个体指数进行加权平均计算总指数了。

① 以加权算术平均指数的形式计算销售量总指数：单击单元格 K5，输入“=G5*I5”，按“Enter”键得到甲商品的销售量个体指数与基期总值的乘积，将填充柄下拉至 K7，就分别得到乙商品和丙商品的相应乘积；单击单元格 K8，输入“=SUM(K5:K7)”，按“Enter”键确认就可以得到甲、乙、丙 3 种商品的合计 $\sum k_q \cdot p_0q_0$；单击单元格 K10（可以是任意单元格），输入“=K8/I8”，按“Enter”键得到销售量总指数 133.21%。

② 以加权调和平均指数的形式计算价格总指数：单击单元格 L5，输入“=1/H5*J5”，按“Enter”键得到甲商品的价格个体指数与报告期总值的乘积，将填充柄下拉至 L7，就分别得到乙商品和丙商品的相应乘积；单击单元格 L8，输入“=SUM(L5:L7)”，按“Enter”键确认就可以得到甲、乙、丙 3 种商品的合计 $\sum \frac{1}{k_p} \cdot p_1q_1$；单击单元格 L10（可以是任意单元格），输入“=J8/L8”，按“Enter”键得到价格总指数 83.32%。

6.3.5 习题与实训

一、选择题

1. 编制平均指数时，对资料的要求是（　　）。

   A. 总体的全面资料　　B. 总体的非全面资料

   C. 代表产品的资料　　D. 权数的资料

2. 加权平均指数平均的对象是（　　）。

   A. 数量指数　　B. 质量指数　　C. 个体指数　　D. 总指数

3. 某地区 2023 年 1 月居民消费价格指数同比增长 0.9%，说明（　　）增长。

   A. 社会零售商品价格　　B. 居民购买的生活消费品价格

   C. 居民购买的服务项目价格　　D. 居民购买的生活消费品和服务项目价格

二、思考题

1. 平均指数有什么计算特点？综合指数和平均指数有哪些区别？
2. 除居民消费价格指数外，实际中还有什么指数采用加权平均指数法计算？

三、综合应用题

1. 某公司生产的 A、B 两种产品的产量及产值资料如表 6-8 所示。

表 6-8　产品相关资料

产品	总产值/万元		产量的环比发展速度/%
	基期	报告期	
A	400	580	110
B	600	760	100

试以算术平均指数法计算该公司这两种产品的产量总指数。

2. 某公司生产的 3 种产品的有关数据如表 6-9 所示。

表 6-9　产品有关数据

产品名称	总生产成本/万元		报告期比基期单位成本增加/%
	基期	报告期	
甲	3 600	3 750	16
乙	220	360	14
丙	400	600	10

试以调和平均指数法计算该公司 3 种产品的单位成本总指数。

6.4　指数因素分析法

6.4.1　指数体系

1. 指数体系的含义

社会经济现象之间是相互联系的，指数体系反映了社会经济现象之间的动态关系。指数体系可以从广义和狭义两个角度理解。

（1）广义的指数体系泛指由若干个经济上具有一定联系的指数所构成的整体。在广义的指数体系中，构成指数体系的指数可多可少，各指数间相互联系的形式表现多样。

（2）狭义的指数体系是指若干个具有内在经济联系、存在数量对等关系的指数构成的整体。各指数之间的数量对等关系来源于经济指标之间的联系，例如：

$$销售额=销售量\times销售价格$$

$$总成本=产量\times产品单位成本$$

$$总产值=产量\times产品价格$$

对等式两边的 3 个变量计算指数后，则指数之间也存在上述对等的关系，即

$$销售额指数=销售量指数\times销售价格指数$$

$$总成本指数=产量指数\times产品单位成本指数$$

$$总产值指数=产量指数\times产品价格指数$$

等式的左边是总变动指数，等式的右边是影响因素指数。下面的分析建立在狭义的指数体系概念之上。

2. 指数体系的作用

指数体系的作用主要体现在两个方面：一是用于指数之间的推算，如已知销售额指数和销售价格指数，可以推算出销售量指数；二是用于因素影响的分析，如利用指数体系可以从绝对量和相对量两个方面分析各因素变动对所研究现象的影响。

6.4.2 因素分析

因素分析是以指数体系为基础，分析两个或两个以上的影响因素对影响对象变动的影响方向和影响程度的方法。因素分析的要点包括以下几个方面。

（1）因素分析需借助指数体系。

（2）因素分析中各因素指数的计算需借助综合指数计算形式。

（3）分析其中一个因素的影响时，假定其他因素不变（不变的因素即同度量因素）。

（4）可以从相对量和绝对量两个方面进行因素影响的分析。在相对量上，因素指数的乘积等于总变动指数；在绝对量上，各因素的影响差额之和等于总变动差额。

因素分析的类型从包含的因素多少可分为两因素分析和多因素分析；从包含的项目多少可分为简单现象因素分析和复杂现象因素分析；从被影响因素所属指标类型可分为总量指标因素分析（包括两因素和多因素）和平均指标两因素分析。

6.4.3 总量指标两因素分析

总量指标变动的因素分析包括个体现象的因素分析和复杂现象总体的因素分析。

1．个体现象的两因素分析

以表6-2中的资料为例，在甲商品销售额的变动分析中，甲商品的销售量个体指数与价格个体指数的乘积恒等于甲商品的销售额个体指数，甲商品销售额的变动额恒等于甲商品销售量和价格两因素的影响额之和。将个体现象总值变动的相对量分析与绝对量分析结合起来，可以得到个体现象因素分析的指数体系。其公式如下。

相对量变动：
$$\frac{q_1p_1}{q_0p_0}=\frac{q_1}{q_0}\cdot\frac{p_1}{p_0} \tag{6-11}$$

绝对量变动：
$$q_1p_1-q_0p_0=(q_1-q_0)\cdot p_0+(p_1-p_0)\cdot q_1 \tag{6-12}$$

【例6-5】以表6-2中甲商品的资料为例，说明个体现象两因素分析的过程。从相对量和绝对量两个方面分析甲商品价格和销售量变动对销售额变动的影响。

① 甲商品销售额变动指数$=\dfrac{p_1q_1}{p_0q_0}=\dfrac{680\times340}{750\times220}=\dfrac{231\,200}{165\,000}\approx1.401\,2=140.12\%$

甲商品销售额变动的绝对量$=p_1q_1-p_0q_0=23.12-16.5=6.62$（万元）

② 甲商品价格变动指数$=\dfrac{p_1}{p_0}=\dfrac{680}{750}\approx0.906\,7=90.67\%$

甲商品价格下降使销售额减少$=(p_1-p_0)\cdot q_1$

$=(680-750)\times340=-2.38$（万元）

③ 甲商品销售量变动指数$=\dfrac{q_1}{q_0}=\dfrac{340}{220}=1.545\,5=154.55\%$

甲商品销售量增加使销售额增加$=(q_1-q_0)\cdot p_0$

$=(340-220)\times750=9$（万元）

计算结果表明：在相对量上，甲商品销售额10月比9月增长了40.12%左右，其中，由于销售量增加使销售额增加约54.55%，价格下降使销售额减少9.33%；在绝对量上，甲商品销售额10月比9月增加了6.62万元，其中，由于销售量增加使销售额增加9万元，价格下降使销售额减少2.38万元。用等式表示如下。

在相对量上：$140.12\%=90.67\%\times154.55\%$

在绝对量上：6.62 万元=−2.38 万元+9 万元

2．复杂现象总体的两因素分析

以表 6-2 中的资料为例，在甲、乙、丙 3 种商品销售额的综合变动分析中，3 种商品销售量总指数与价格总指数的乘积恒等于 3 种商品的销售额总指数，3 种商品销售额的变动总额恒等于 3 种商品销售量和价格两因素的影响额之和。如前所述，在两因素分析中，考察多种商品的销售额变动及其因素影响时，一般用拉氏指数计算公式编制销售量指数，用帕氏指数计算公式编制价格指数。由此可得到复杂现象总体因素分析的指数体系。其公式如下。

相对量变动：
$$\frac{\sum p_1q_1}{\sum p_0q_0}=\frac{\sum p_1q_1}{\sum p_0q_1}\times\frac{\sum p_0q_1}{\sum p_0q_0} \quad (6\text{-}13)$$

绝对量变动：
$$\sum p_1q_1-\sum p_0q_0=(\sum p_1q_1-\sum p_0q_1)+(\sum p_0q_1-\sum p_0q_0) \quad (6\text{-}14)$$

【例 6-6】 以表 6-2 中的资料为例，说明复杂现象总体的两因素分析过程。从相对量和绝对量两个方面分析 3 种商品价格和销售量的综合变动对销售额的影响。

① 销售额总指数$=\frac{\sum p_1q_1}{\sum p_0q_0}=\frac{80.05}{72.12}\approx 1.109\,9=110.99\%$

销售额变动的绝对量$=\sum p_1q_1-\sum p_0q_0$

$=80.05-72.12=7.93$（万元）

② 价格变动指数$=\frac{\sum p_1q_1}{\sum p_0q_1}=\frac{80.05}{96.08}\approx 0.833\,2=83.32\%$

3 种商品价格下降使销售额减少$=\sum p_1q_1-\sum p_0q_1$

$=80.05-96.08=-16.03$（万元）

③ 销售量变动指数$=\frac{\sum p_0q_1}{\sum p_0q_0}=\frac{96.08}{72.12}\approx 1.332\,1=133.21\%$

3 种商品销售量增长使销售额增加$=\sum p_0q_1-\sum p_0q_0$

$=96.08-72.12=23.96$（万元）

计算结果表明：在相对量上，3 种商品的销售额 10 月比 9 月总地增长了 10.99%，其中，由于 3 种商品价格的下降使销售额下降了 16.68%，3 种商品销售量的增长使销售额增长了 33.21%；在绝对量上，3 种商品的销售总额 10 月比 9 月增加了 7.93 万元，其中，由于 3 种商品价格的下降使销售额减少了 16.03 万元，3 种商品销售量的增长使销售额增加了 23.96 万元。

用等式表示如下。

在相对量上：110.99% ≈ 83.32%× 133.21%

在绝对量上：7.93 万元=−16.03 万元+ 23.96 万元

6.4.4 总量指标多因素分析

有些总量指标往往受到不止两个因素的影响，如果一个总量指标可以表示为 3 个或 3 个以上因素指标相乘的形式，我们就可以利用指数体系对该总量指标进行多因素分析。例如，原材料支出额有 3 个影响因素，即产量、单位产品原材料消耗量和单位原材料价格，四者之间的关系为

原材料支出额=产量×单位产品原材料消耗量×单位原材料价格

总量指标的多因素分析方法与两因素分析方法基本相同，但在多因素分析中，必须考虑各因素的排列顺序，使得任何相邻因素的乘积都有实际的经济意义。这样可以保证在对同一现象按不同方式分解或归并后，所得到的结论能够协调一致。多因素指标的顺序排列方法有两种：一是从数量指标一端开始，后面是质量指标；二是从质量指标一端开始，后面是数量

指标。通常采用前一种顺序排列方法，如原材料支出额各因素的排列顺序就是数量指标在前，质量指标在后，相邻指标相乘都有经济意义。产量是数量指标，单位产品原材料消耗量和单位原材料价格是质量指标；产量与单位产品原材料消耗量的乘积是原材料消耗量，单位产品原材料消耗量与单位原材料价格的乘积是单位产品原材料消耗额。

$$\text{原材料支出额}=\text{产量}\times\text{单位产品原材料消耗量}\times\text{单位原材料价格}$$

$$=\underbrace{\text{产量}\times\frac{\text{单位产品原材料消耗量}}{\text{产量}}}_{\text{原材料消耗量}}\times\underbrace{\frac{\text{单位产品原材料消耗额}}{\text{单位产品原材料消耗量}}}_{\text{单位产品原材料消耗额}}$$

按照总量指标两因素分析的基本原理可以得到原材料支出额的指数体系：

原材料支出额指数=产量指数×单位产品原材料消耗量指数×单位原材料价格指数

相对量分析：

$$\frac{\sum q_1m_1p_1}{\sum q_0m_0p_0}=\frac{\sum q_1m_0p_0}{\sum q_0m_0p_0}\times\frac{\sum q_1m_1p_0}{\sum q_1m_0p_0}\times\frac{\sum q_1m_1p_1}{\sum q_1m_1p_0} \tag{6-15}$$

绝对量分析：

$$\sum q_1m_1p_1-\sum q_0m_0p_0=(\sum q_1m_0p_0-\sum q_0m_0p_0)+(\sum q_1m_1p_0-\sum q_1m_0p_0)+(\sum q_1m_1p_1-\sum q_1m_1p_0) \tag{6-16}$$

式中，q代表产量，m代表单位产品原材料消耗量，p代表单位原材料价格。

6.4.5 平均指标两因素分析

现实经济分析中，有时需要对总平均指标的变动进行因素分析。平均指标因素分析的原理与步骤和总量指标因素分析基本相同，区别是平均指标指数体系中的指数是两个平均数对比的结果，而总量指标指数体系中的指数是两个总量对比的结果。

在总体分组的情况下，总平均数的变动受到两个因素的影响，一是各组的变量值（x），二是总体内部的结构，通常表现为各组单位数占总体单位数的比重$\left(\frac{f}{\sum f}\right)$。借用指数体系和因素分析法，可以得到平均指标两因素分析的指数体系。

可变构成指数=固定构成指数×结构影响指数

其公式如下。

相对量分析：

$$\frac{\sum x_1f_1}{\sum f_1}\div\frac{\sum x_0f_0}{\sum f_0}=\left(\frac{\sum x_1f_1}{\sum f_1}\div\frac{\sum x_0f_1}{\sum f_1}\right)\times\left(\frac{\sum x_0f_1}{\sum f_1}\div\frac{\sum x_0f_0}{\sum f_0}\right) \tag{6-17}$$

绝对量分析：

$$\frac{\sum x_1f_1}{\sum f_1}-\frac{\sum x_0f_0}{\sum f_0}=\left(\frac{\sum x_1f_1}{\sum f_1}-\frac{\sum x_0f_1}{\sum f_1}\right)+\left(\frac{\sum x_0f_1}{\sum f_1}-\frac{\sum x_0f_0}{\sum f_0}\right) \tag{6-18}$$

（1）可变构成指数。该指数用于综合反映各组变量值和总体内部结构两个因素共同变化所引起的总平均数的相对变动。其公式为

$$I_{xf}=\frac{\sum x_1f_1}{\sum f_1}\div\frac{\sum x_0f_0}{\sum f_0}$$

（2）固定构成指数。该指数将总体内部结构固定在报告期的水平上，借以反映各组变量

值的变化对总平均数相对变动的影响。其公式为

$$I_x = \frac{\sum x_1 f_1}{\sum f_1} \div \frac{\sum x_0 f_1}{\sum f_1}$$

（3）结构影响指数。该指数将各组变量值固定在基期，借以单独反映总体内部结构的变化对总平均数相对变动的影响。其公式为

$$I_f = \frac{\sum x_0 f_1}{\sum f_1} \div \frac{\sum x_0 f_0}{\sum f_0}$$

6.4.6 习题与实训

一、选择题

1. 某公司职工工资水平本年比去年提高了 5%，职工人数增加了 2%，则工资总额增加了（　　）。

A. 7%　　B. 7.1%　　C. 10%　　D. 11%

2. 某公司 12 月与 11 月相比产品销售价格平均下降 6%，产品销售量平均增长 6%，则产品销售额（　　）。

A. 保持不变　　B. 平均下降 0.36%

C. 平均下降 0%　　D. 平均下降 0.996 4%

3. 今年某地区居民以同样多的人民币，比去年少购买 5%的商品，则该地的物价（　　）。

A. 上涨了 5%　　B. 下降了 5%　　C. 上涨了 5.3%　　D. 下降了 5.3%

4. 下列总量指标指数体系中较为常用的是（　　）。

A. $\frac{\sum p_1q_1}{\sum p_0q_0} = \frac{\sum p_1q_1}{\sum p_1q_0} \times \frac{\sum p_1q_0}{\sum p_0q_0}$　　B. $\frac{\sum p_1q_1}{\sum p_0q_0} = \frac{\sum p_1q_1}{\sum p_0q_0} \times \frac{\sum p_0q_0}{\sum p_0q_0}$

C. $\frac{\sum p_1q_1}{\sum p_0q_0} = \frac{\sum p_1q_1}{\sum p_0q_1} \times \frac{\sum p_0q_1}{\sum p_0q_0}$　　D. $\frac{\sum p_1q_1}{\sum p_0q_0} = \frac{\sum p_0q_0}{\sum p_0q_0} \times \frac{\sum p_1q_1}{\sum p_0q_0}$

5. 在因素分析中，各影响因素指数的（　　）等于被影响指数。

A. 和　　B. 商　　C. 积　　D. 差

6. 某企业在报告期为所有职工都涨了工资，但分析显示，报告期的企业总平均工资却低于前一年，原因可能是（　　）。

A. 职工间工资涨幅不同　　B. 选择的同度量因素不正确

C. 计算错误　　D. 报告期员工结构发生了较大变化

二、思考题

1. 什么是指数体系？指数体系有什么作用？

2. 什么是因素分析？简述因素分析的要点。

三、综合应用题

1. 某公司的商品销售情况如表 6-10 所示。

表 6-10　商品销售情况

商品名称	计量单位	销售量		销售价格/元	
		基期	报告期	基期	报告期
甲	千克	1 000	1 200	50	60
乙	米	2 000	1 800	10	11

续表

商品名称	计量单位	销售量		销售价格/元	
		基期	报告期	基期	报告期
丙	升	700	700	60	55
丁	件	500	750	32	30

试对该公司商品销售额进行因素分析。

2. 某公司2022年和2021年职工人数及年平均工资资料如表6-11所示。

表6-11 职工人数及年平均工资资料

职工类型	职工人数/人		平均工资/万元	
	2021年	2022年	2021年	2022年
管理层	21	16	14	18
一般员工	122	180	9	11

试对该公司工资总额的变动进行因素分析；对该公司总平均工资的变动进行因素分析。

3. 我国2017—2022年现行价格国内生产总值（Gross Domestic Product，GDP）和居民消费价格指数（上年=100）如表6-12所示。

表6-12 我国2017—2022年现行价格国内生产总值和居民消费价格指数

年份	国内生产总值/亿元	居民消费价格指数/%
2017	830 946	101.6
2018	915 244	102.1
2019	983 751	102.9
2020	1 008 783	102.5
2021	1 143 670	100.9
2022	1 210 207	102.0

注：表中国内生产总值按当年价格计算；居民消费价格指数以上年为100。

试根据表6-12中的数据，利用所学的指数原理计算各年度的名义经济增长率和实际经济增长率。

任务解析

1．股票价格指数及其计算方法

股票价格指数是由证券交易所或金融服务机构编制，表明股票价格平均变动情况的指标。世界上著名的股票价格指数有美国的道琼斯指数、纳斯达克指数、标准普尔指数、纽约证券交易所股票价格指数，日本的日经指数，英国的《金融时报》指数，德国的法兰克福指数，法国的CAC指数，我国香港的恒生指数，等等。我国的股票价格指数还包括中证指数有限公司编制的中证流通指数、沪深300指数、中证规模指数，上海证券交易所编制并发布的上证综合指数、样本指数及各种分类指数，深圳证券交易所编制并发布的深证综合指数、样本指数及各种分类指数，等等。各种指数具体的股票选取方法和计算方法是不同的。例如，上证综合指数是以上海证券交易所挂牌上市的全部股票为计算范围，以发行量为权数的加权综合股票价格指数，于 1991 年 7 月 15 日公开发布，基日定为 1990 年 12 月 19 日，以“点”为单位，基日指数定为 100 点。

沪深 300 指数是上海证券交易所、深圳证券交易所于 2005 年 4 月 8 日联合发布的反映 A 股市场整体趋势的指数，是沪、深两市首个联合编制的股票价格指数，沪深 300 指数可以说是中国股市向统一综合指数跨出的重要一步。现以沪深 300 指数为例说明股票价格指数的编制方法，步骤如下。

第 1 步，选择样本股。沪深 300 指数以上海和深圳证券市场中选取的 300 只 A 股作为样本，样本选择标准为规模大、流动性好的股票。沪深 300 指数每年调整 2 次样本股，综合排名在 240 名内的新样本优先进入，排名在 360 名内的老样本优先保留，样本股的稳定性强，具有良好的市场代表性和可投资性。

第 2 步，选定基期。沪深 300 指数以 2004 年 12 月 31 日为基期，以该日 300 只成分股的调整市值为参考，基期指数定为 1 000 点。

第 3 步，计算股票价格综合指数。沪深 300 指数以调整股本为权重，采用帕氏加权综合价格指数公式进行计算，计算公式为

$$I_p = \frac{\sum p_1 q_1}{\sum p_0 q_1} \times 1\,000 = \frac{\text{报告期成分股的调整市值}}{\text{基期成分股的调整市值}} \times 1\,000$$

其中，p_1 为报告期股票收盘价，p_0 为基期股票收盘价，q_1 为调整股本数，调整市值=∑（市价×调整股本数）。

调整股本数采用分级靠档的方法对成分股股本进行调整，即根据自由流通股本所占 A 股总股本的比例（即自由流通比例）赋予 A 股总股本一定的加权比例。

自由流通比例=自由流通量/A 股总股本

调整股本数=A 股总股本×加权比例

例如，某股票流通股比例（流通股本/总股本）为 7%，低于 20%，则采用流通股本为权数；某股票流通比例为 35%，落在区间（30，40）内，对应的加权比例为 40%，则将总股本的 40%作为权数。

沪深 300 指数的分级靠档方法如表 6-13 所示。

表 6-13　沪深 300 指数的分级靠档方法

自由流通比例/%	≤10	（10，20]	（20，30]	（30，40]	（40，50]	（50，60]	（60，70]	（70，80]	>80
加权比例/%	自由流通比例	20	30	40	50	60	70	80	100

2．消费者价格指数及其计算方法

消费者价格指数（CPI）是度量居民生活消费品和服务价格水平变动情况的宏观经济指标，用于综合反映一定时期内居民所消费商品及服务项目的价格水平的变动趋势和变动程度。大多数国家都会编制 CPI，以反映城乡居民购买并用于消费的消费品及服务项目价格水平的变动情况，并用它来反映通货膨胀的程度。我国自 1984 年开始编制 CPI 以来，其方法制度经过几次重大改革，目前在数据采集、指数计算和权重获取等方面已经基本与国际 CPI 编制水平较高的国家处于同一水平。

CPI 的计算，需要依次确定有代表性的商品和服务项目、确定价格调查方法、确定权数和计算方法。最新的“CPI 大篮子”根据 2020 年全国城乡居民家庭消费支出调查资料以及居

民消费结构和消费习惯，按用途划分为 8 个大类 268 个基本分类，涉及成千上万种具体规格品。新调整的 8 个大类商品和服务项目包括食品烟酒、衣着、居住、生活用品及服务、交通通信、教育文化娱乐、医疗保健、其他用品及服务。调查范围涉及全国 31 个省（区、市）中被抽中市、县的商场（店）、超市、农贸市场、服务网点和互联网电商等。通过手持数据采集器，采用定人、定点、定时的方法直接调查，或者由选中的调查对象协助填报。在保证价格准确的前提下，经国家统计局审定，各地可通过相关政府部门发布的通知、公告等文件，以及部分企业、单位公开发布的收费信息资料和被调查单位的电子数据进行采价，也可通过互联网采集特定商品和服务价格。计算 CPI 所用的权数，是指 CPI 大篮子中每一类商品或服务项目在居民消费总支出中所占的比重，能够反映某类商品或服务的价格变动对总指数变动的影响程度。因此，在居民消费价格调查中，每个类别的商品或服务项目价格的变化对总指数的影响程度是不同的。为了体现居民消费结构的变化，需要定期对 CPI 大篮子里的内容进行调整。我国的 CPI 权数每年都会做一些小调整，每 5 年做一次大调整。基期年份的权数根据基期年份的居民家庭住户调查资料及相关统计数据整理得出，同时辅以典型调查数据或专家评估予以补充和完善。2021 年 1 月开始编制和发布的 CPI 权数是以 2020 年为基期的，根据 2020 年全国城乡居民消费支出调查数据以及有关部门的统计数据，对 CPI 权数构成进行了相应调整。与上轮基期相比，新基期的调查分类目录、代表规格品、调查网点、分类权数均有调整，以反映居民消费结构的最新变动。从 2001 年起，我国计算 CPI 采用国际通用的链式拉氏公式，编制固定基期的定基价格指数序列，借两个相邻的定基指数对比得到环比指数。以新一轮基期为例，计算方法如下。

（1）各大类定基指数计算。

$$L_t = L_{t-1} \times \frac{\sum P_t \cdot Q_{2020}}{\sum P_{t-1} \cdot Q_{2020}}$$

式中，L 为定基指数，t 为报告期，$t-1$ 为报告期的上一时期，$P \cdot Q$ 为固定篮子商品和服务的金额。

（2）总指数计算。全省（区）指数根据全省（区）城市和农村指数按城乡居民消费支出数据加权平均计算。全国指数根据全国城市和农村指数按城乡居民消费支出数据加权平均计算。

（3）指数的换算方法。

$$I_{环比} = \frac{报告期（月）定基指数}{上期（月）定基指数} \times 100\% \qquad I_{同比} = \frac{报告期（月）定基指数}{上年同期（月）定基指数} \times 100\%$$

为什么 CPI 变动有时与人们的感受不一样呢？例如，老百姓对部分鲜肉、鲜菜价格在某一时段的暴涨感受很深，但往往没有注意到家用电器、医药、通信、交通等价格的变化，其中有的商品涨幅较小，有的价格没有上涨，有的价格在下跌。一般来说，普通居民关注的往往是与日常生活紧密相关的商品和服务项目，而 CPI 计算的范围更加广泛，既包括价格上涨的品种，也包括价格下跌的品种；既包括城镇居民 CPI，也包括农村居民 CPI。CPI 是一个平均数，总水平的上涨并不意味着所有商品和服务项目价格的全面上涨。如果居民用具体上涨的商品或服务项目的价格与公布的居民消费价格总水平相比，就会觉得国家公布的 CPI 低了。

CPI 的上涨对社会经济生活有多方面的影响，对居民来说，较高的 CPI 意味着实际购买能力的下降；从国家宏观层面来看，价格上涨会导致货币贬值，引起通货膨胀。（资料来源：我国《流通和消费价格统计报表制度（2021）》。）

相关知识图示

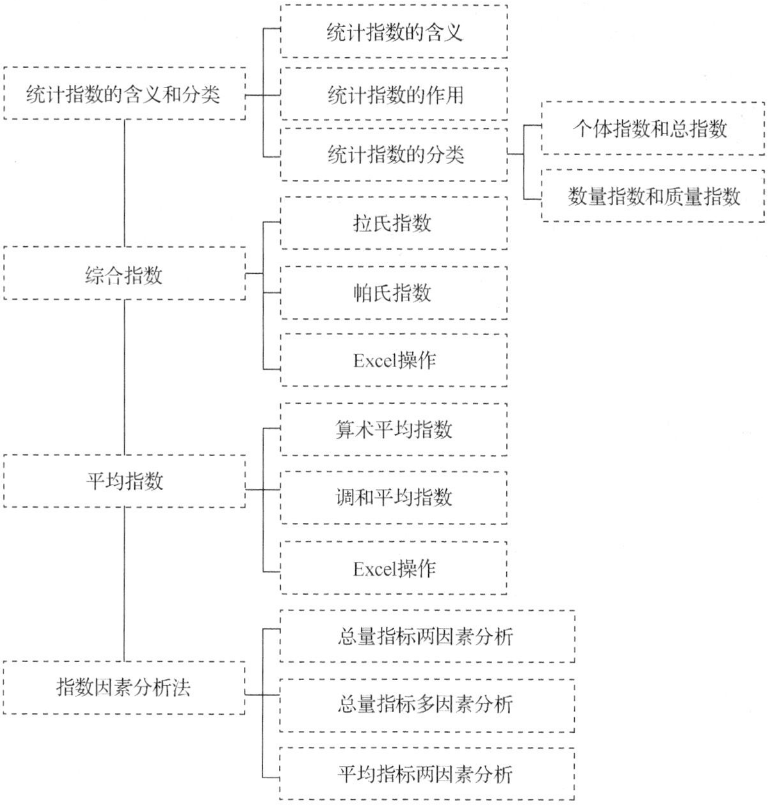

- 统计指数的含义和分类
  - 统计指数的含义
  - 统计指数的作用
  - 统计指数的分类
    - 个体指数和总指数
    - 数量指数和质量指数
- 综合指数
  - 拉氏指数
  - 帕氏指数
  - Excel操作
- 平均指数
  - 算术平均指数
  - 调和平均指数
  - Excel操作
- 指数因素分析法
  - 总量指标两因素分析
  - 总量指标多因素分析
  - 平均指标两因素分析

相关与回归分析

知识目标

（1）相关关系的含义、种类及判断方法。

（2）一元线性回归模型的配合与检验。

（3）多元线性回归模型的配合与检验。

能力目标

（1）能正确理解相关关系的含义，能利用 Excel 绘制散点图、计算相关系数，并正确判断相关关系的类型和相关程度。

（2）能利用 Excel 完成一元线性回归并正确解释回归的结果。

（3）能利用 Excel 完成多元线性回归并正确解释回归的结果。

任务引入

19 世纪德国统计学家恩格尔根据统计数据研究发现：一个家庭收入越少，用于购买生存性的食品的支出在消费支出中所占的比重就越大，而随着家庭收入的增加，消费支出中用于食品支出的比例将逐渐减小。这个发现被称为恩格尔定律。恩格尔定律阐述了食品支出占总消费支出的比重随收入变化而变化的趋势。对一个国家或地区较长时期的观察也是如此，一个国家越贫穷，每个国民的平均收入中（或平均支出中）用于购买食品的支出的比重就越大，随着国家逐渐富裕，这个比重呈下降趋势。

食品支出占消费总支出的比重被称为恩格尔系数。国际上常用恩格尔系数来衡量一个国家或地区人民生活水平的高低。根据联合国粮农组织提出的标准，恩格尔系数高于 60%为贫穷，50%～60%为温饱，40%～50%为小康，30%～40%为相对富裕，20%～30%为富裕，20%以下为极其富裕。

统计数据显示，改革开放前，我国城镇居民和农村居民家庭的恩格尔系数长期在 60%以上，反映了当时我国人民不得温饱的贫困状况。改革开放以来，我国城镇居民和农村居民家庭恩格尔系数已由 1978 年的 57.5%和 67.7%分别下降到 2021 年的 28.6%和 32.7%；城镇居民人均可支配收入和农村居民人均可支配收入也由 1978 年的 343.4 元和 133.6 元增加到 2021 年的 47 412 元和 18 931 元（不考虑物价因素）。表 7-1 所示为我国 2001—2021 年城镇居民和农村居民的人均可支配收入和家庭恩格尔系数资料，请利用相关与回归的方法对我国居民人均可支配收入与家庭恩格尔系数之间的关系进行分析。

表 7-1　我国 2001—2021 年城镇居民和农村居民的人均可支配收入和家庭恩格尔系数

年份	城镇居民人均可支配收入/元	农村居民人均可支配收入/元	城镇居民家庭恩格尔系数/%	农村居民家庭恩格尔系数/%
2001	6 824	2 407	38.2	47.7
2002	7 652	2 529	37.7	46.2
2003	8 406	2 690	37.1	45.6
2004	9 335	3 027	37.7	47.2
2005	10 382	3 370	36.7	45.5
2006	11 620	3 731	35.8	43.0
2007	13 603	4 327	36.3	43.1
2008	15 549	4 999	37.9	43.7
2009	16 901	5 435	36.5	41.0
2010	18 779	6 272	35.7	41.1
2011	21 427	7 394	36.3	40.4
2012	24 127	8 389	36.2	39.3
2013	26 467	9 430	30.1	34.1
2014	28 844	10 489	30.0	33.6
2015	31 195	11 422	29.7	33.0
2016	33 616	12 363	29.3	32.2
2017	36 396	13 432	28.6	31.2
2018	39 251	14 617	27.7	30.1
2019	42 359	16 021	27.6	30.0
2020	43 834	17 132	29.2	32.7
2021	47 412	18 931	28.6	32.7

知识链接

7.1 相关分析

7.1.1 相关关系的含义

变量之间的数量关系可以分为两种类型：一种是函数关系，另一种是相关关系。

1. 函数关系

函数关系是指变量之间存在的一种完全确定的数量关系，即一个变量的数值完全由另外一个变量的数值所决定。例如，当某种商品销售价格一定时，销售额的变化完全取决于销售量的变化，销售量每增加一个单位，销售额就增加一个固定的量，销售额和销售量之间的这种关系就是函数关系；再如，圆面积的大小只取决于圆半径的大小，圆面积和圆半径之间的关系也是函数关系。

2. 相关关系

相关关系是指变量之间存在的一种不确定的数量依存关系，即一个变量的数值发生变化时，另一个变量的数值也相应地发生变化，但变化的数值不是确定的，而是在一定的范围内。例如，广告投入是提高销售量的重要手段，但广告投入不是销售量的唯一影响因素，产品的质量、价格、销售方式等都会对销售量产生影响。当我们研究广告投入与销售量的关系时，发现广告投入的增加一般会带来销售量的增长，但广告投入每增加一个固定的量，销售量并不是以确定的量增加的，而是表现为一个随机变量，广告投入与销售量之间的这种关系就是相关关系。在现实社会经济生活中，现象之间的这种相关关系是非常普遍的，一个变量的变化往往受到不止一个变量的影响，当我们考察该变量与其中一个影响变量的关系时，由于其他因素的存在，二者之间的量化关系就不是完全确定的，而是带有随机的成分。统计研究的就是这种因随机因素影响而不能唯一确定的变量关系。

7.1.2 相关关系的类型

变量之间的相关关系从不同的角度划分，可分为不同的类型。

1. 按相关的程度分为完全相关、不完全相关和完全不相关

（1）完全相关是指一个变量的取值完全依赖于另一个变量。完全相关即函数关系，把相关变量的一系列对应值绘制成散点图，则散点落在一条直线上，如图 7-1（a）、（b）所示。

（2）不完全相关是介于完全相关和完全不相关之间程度不同的相关关系，如图 7-1（c）、（d）、（e）所示。

（3）完全不相关是指变量之间不存在线性相关关系，反映出变量之间关系的散点很分散，无规律可循，如图 7-1（f）所示。

2. 按相关的形态分为线性相关和非线性相关

（1）线性相关是指具有相关关系的变量之间的变动近似地表现为一条直线，用散点图来表示，如图 7-1（a）、（b）、（c）、（d）所示。线性相关按相关的方向分为正相关和负相关。

① 正相关是指在线性相关中两个变量的变动方向相同，即一个变量的数值增加，另一个变量的数值也随之增加，或一个变量的数值减少，另一个变量的数值也随之减少，如图 7-1（a）、（c）所示。

② 负相关是指在线性相关中两个变量的变动方向相反，即一个变量的数值增加，另一个变量的数值随之减少，或一个变量的数值减少，另一个变量的数值随之增加，如图 7-1（b）、（d）所示。

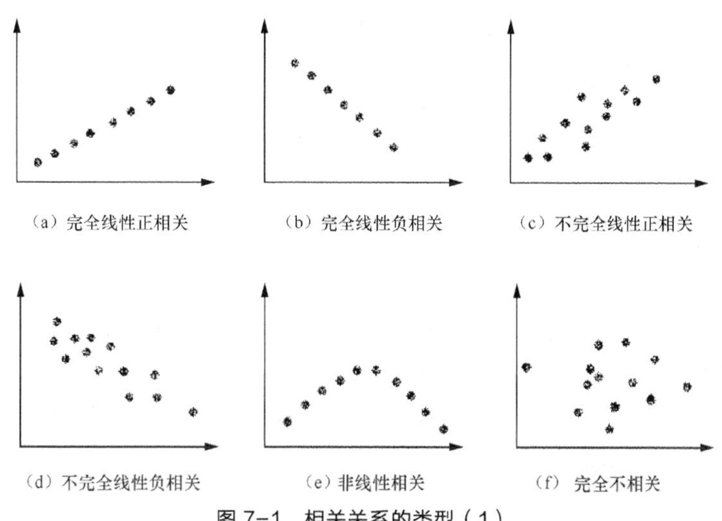

图 7-1　相关关系的类型（1）

（2）非线性相关是指相关变量之间的变动近似地表现为一条曲线，如图 7-1（e）所示。

3．按相关涉及的变量多少可以分为单相关和复相关

（1）单相关是指两个变量之间的相关关系。

（2）复相关是指多个变量之间的相关关系。本书只涉及单相关，图 7-1 反映的都是两个变量之间的单相关关系。

相关关系的类型如图 7-2 所示。

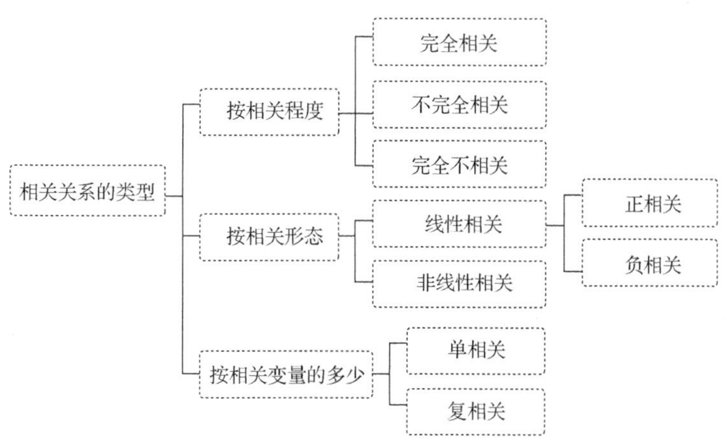

图 7-2　相关关系的类型（2）

7.1.3　相关关系的判断方法

相关分析的主要内容包括两个方面：一是判断现象之间是否存在相关关系；二是判断现

象之间相关关系的形态和相关程度。相关关系的判断方法主要有定性分析、相关表、相关图和相关系数。

1．定性分析

相关关系的判断方法

定性分析是指依靠分析者的理论知识、经验和分析判断能力来判断变量之间是否存在真实的相关关系。有时会存在这样的情况，即对两列数据绘制一个散点图，散点图会显示出明显的线性或非线性形态；或者计算相关系数，相关系数的值很大，但实际上变量之间没有任何关系。这种关系属于伪相关，不是真正的相关。对伪相关变量进行相关和回归分析，将使分析变成毫无意义的数字游戏。定性分析可以在定量分析之前排除伪相关，避免对伪相关变量的进一步分析，以致轻率地得出一些因果关系结论。

2．相关表

相关表是显示变量之间相关关系的统计表。要研究变量之间数量上的相互依存关系，首先需要取得相关变量成对的资料，并将两个变量的对应值平行排列，其中某一变量按其取值大小顺序排列，形成相关表。表 7-1 所示就是一个相关表，根据表中的数据可以分析城镇居民人均可支配收入和城镇居民家庭恩格尔系数之间的关系、农村居民人均可支配收入和农村居民家庭恩格尔系数之间的关系。相关表中的数据通常是反映变量之间关系的部分数据，即样本数据，样本数据应有足够的代表性，不宜过少。相关表是绘制相关图、计算相关系数的依据。

3．相关图

相关图也称散点图，是由相关变量对应数值在坐标系中绘出的散点形成的二维图。在坐标系中，若横轴代表变量 x，纵轴代表变量 y，每组数据 (x_i, y_i) 形成坐标系中的一个点，n 组数据形成 n 个点，称为散点，n 个散点所呈现出来的形态为我们判断变量之间的关系提供了依据。散点图是描述变量之间关系的一种较为直观的方法，从中可以直观地看出变量之间的关系形态和关系强弱程度。图 7-1 所示为一组不同类型的散点图。

4．相关系数

相关系数是说明两个变量之间在线性相关条件下相关关系密切程度的统计分析指标，用 r 表示，它的取值范围是 $0 \leqslant |r| \leqslant 1$。

当 $r>0$ 时，x 与 y 正相关。

当 $r<0$ 时，x 与 y 负相关。

当 $r=0$ 时，x 与 y 之间不存在线性相关关系。

当 $|r|=1$ 时，x 与 y 完全相关，其中，$r=1$，表示 x 与 y 完全正线性相关；$r=-1$，表示 x 与 y 完全负线性相关。

在判断变量之间的相关程度时，可参照如下标准。

$0<|r|<0.3$，x 与 y 弱线性相关。

$0.3 \leqslant |r|<0.5$，x 与 y 低度线性相关。

$0.5 \leqslant |r|<0.8$，x 与 y 显著线性相关。

$0.8 \leqslant |r|<1$，x 与 y 高度线性相关。

用积差法计算相关系数的公式为

$$r=\frac{\sigma^2_{xy}}{\sigma_x \cdot \sigma_y}=\frac{n \cdot \sum x \cdot y-\sum x \cdot \sum y}{\sqrt{n \cdot \sum x^2-(\sum x)^2}\sqrt{n \cdot \sum y^2-(\sum y)^2}} \tag{7-1}$$

式中，σ^2_{xy} 为 xy 的协方差，σ_x 为变量 x 的标准差，σ_y 为变量 y 的标准差，n 为变量 x 和 y 的个数，x 为变量 x 的实际观察值，y 为变量 y 的实际观察值。

【例 7-1】 一家电器销售公司的管理人员收集了公司 12 个月的月销售收入与电视广告费用数据，如表 7-2 所示，想了解月销售收入与电视广告费用之间是否存在一定的关系，关系有多强。

表 7-2 相关系数计算

月份	月销售收入 y / 万元	电视广告费用 x / 万元	$x \cdot y$	x^2	y^2
1	650	35	22 750	1 225	422 500
2	591	30	17 730	900	349 281
3	570	28	15 960	784	324 900
4	540	18	9 720	324	291 600
5	570	21	11 970	441	324 900
6	564	24	13 536	576	318 096
7	520	17	8 840	289	270 400
8	565	21	11 865	441	319 225
9	595	32	19 040	1 024	354 025
10	610	30	18 300	900	372 100
11	560	25	14 000	625	313 600
12	570	25	14 250	625	324 900
合计	6 905	306	177 961	8 154	3 985 527

根据表中数据，利用相关系数的公式计算得

$$r = \frac{12 \times 177\,961 - 306 \times 6\,905}{\sqrt{12 \times 8\,514 - 306^2}\sqrt{12 \times 3\,985\,527 - 6\,905^2}} \approx 0.907\,4$$

这 12 个月的月销售收入与电视广告费用的相关系数约为 0.907 4，说明月销售收入与电视广告费用之间存在数量上的依存关系，表现为高度的正相关关系，即电视广告费用的增加带来了月销售收入的增长。

实际中，计算相关系数的样本数据应尽可能多，如果观察数据太少，有时就不能准确地反映变量之间的相关关系。

7.1.4 Excel 操作

新建 Excel 表格，将表 7-2 中的数据输入 Excel 表格中，如图 7-3 所示，B 列和 C 列分别是电视广告费用（单位：万元）和月销售收入（单位：万元）。下面以图 7-3 所示的资料说明绘制散点图和计算相关系数的 Excel 操作。

1．利用 Excel 绘制散点图

将光标定位在数据区域，单击“插入”→“推荐的图表”，在“插入图表”对话框中选择“散点图”，单击“确定”按钮，得到月销售收入与电视广告费用散点图，如图 7-4 所示。从散点图来看，月销售收入与电视广告费用之间存在程度较高的正向线性关系。

如果对 Excel 输出图的格式或选项不满意，还可以进行修改，具体操作是：右击需要修改的部分，选择相应的设置并进行相应的修改，如右击坐标轴，可以选择“设置坐标轴格式”对坐标轴进行修改。

	A	B	C
1	月份	电视广告费用 x/万元	月销售收入 y/万元
2	1	35	650
3	2	30	591
4	3	28	570
5	4	18	540
6	5	21	570
7	6	24	564
8	7	17	520
9	8	21	565
10	9	32	595
11	10	30	610
12	11	25	560
13	12	25	570

图 7-3　月销售收入与电视广告费用

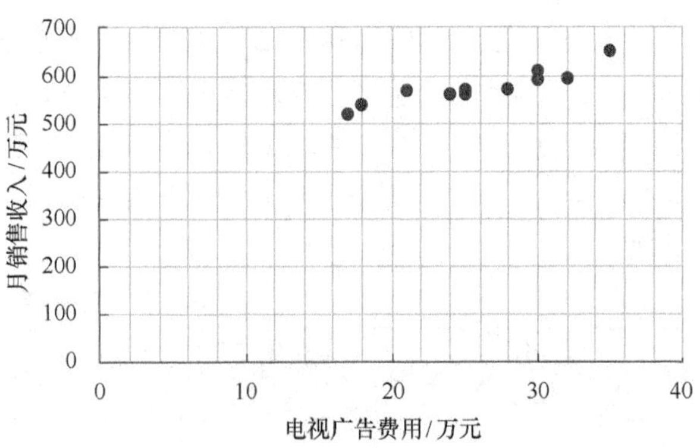

图 7-4　月销售收入与电视广告费用散点图

2．利用 Excel 计算相关系数

方法一：利用相关系数函数 CORREL 计算。方法：单击任意单元格（准备存放计算结果），单击“公式”→“插入函数”（或单击图标 f_x），在“函数”对话框中选择函数类别“统计”，选择“CORREL”函数，单击“确定”按钮，打开 CORREL“函数参数”对话框，如图 7-5 所示，单击“确定”按钮，得到相关系数 0.907 408 389。

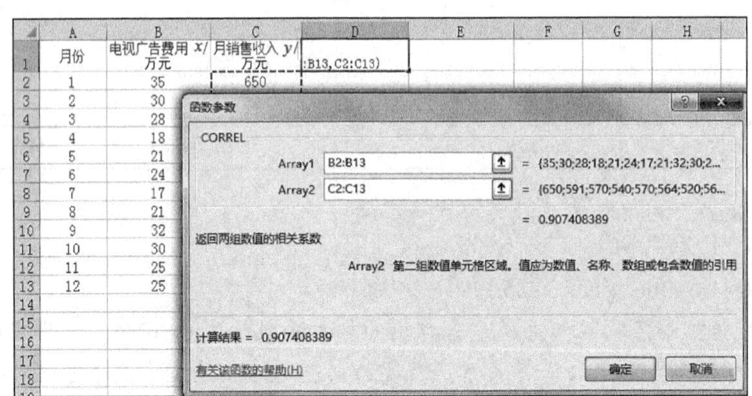

图 7-5　用函数计算相关系数

方法二：利用数据分析计算相关系数。方法：单击“数据”→“数据分析”→“相关系数”→“确定”，打开“相关系数”对话框进行设置，在“输入区域”选中数据区域 B2:C13，在“输出区域”选中任意单元格（相关系数的输出位置），这里是 D1，如图 7-6 所示，单击“确定”按钮，输出相关系数 0.907 408 389，如图 7-7 所示。

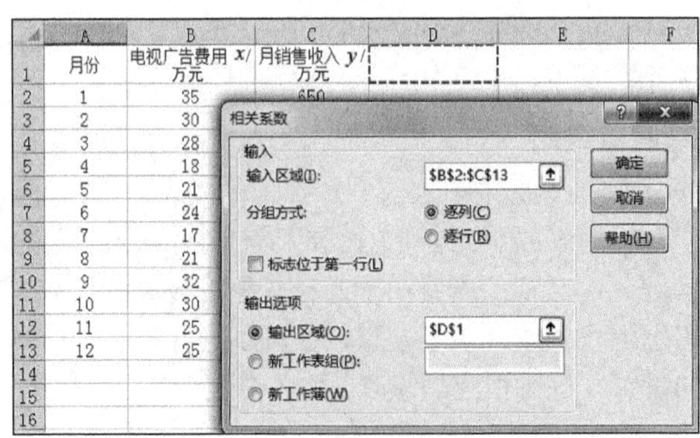

图 7-6　相关系数参数的设置

	A	B	C	D	E	F
1	月份	电视广告费用 x/万元	月销售收入 y/万元		列 1	列 2
2	1	35	650	列 1	1	
3	2	30	591	列 2	0.907408389	1

图 7-7 Excel 输出的相关系数

7.1.5 习题与实训

一、选择题

1. 具有相关关系的两个变量的关系是（　　）。
   A. 一个变量的取值不能由另一个变量唯一决定
   B. 一个变量的取值由另一个变量唯一决定
   C. 变量之间的一种确定的数量关系
   D. 变量之间存在的一种函数关系
2. 当变量 x 的值增加时，变量 y 的值也随之增加，那么变量 x 和变量 y 之间存在着（　　）。
   A. 正相关关系　B. 负相关关系　C. 不确定关系　D. 非线性相关关系
3. 下列关系中属于相关关系的是（　　）。
   A. 家庭收入与消费支出的关系　B. 商品价格与商品需求量的关系
   C. 速度不变，路程与时间的关系　D. 肥胖程度和死亡率的关系
   E. 利率变动与居民储蓄存款额的关系
4. 下列相关系数的取值不正确的是（　　）。
   A. 0　B. −0.96　C. 0.87　D. 1.06
5. 相关系数为 0 时，表明两个变量间（　　）。
   A. 无相关关系　B. 无线性相关关系
   C. 无曲线相关关系　D. 存在中度相关关系
6. 判断变量之间相关关系形态及密切程度的方法有（　　）。
   A. 回归方程　B. 散点图　C. 相关系数　D. 回归系数
7. 两个变量之间的线性相关关系越不密切，相关系数 r 值就越接近（　　）。
   A. −1　B. +1　C. 0　D. 大于−1 或小于+1
8. 相关系数的值越接近−1，表明两个变量间（　　）。
   A. 正线性相关关系越弱　B. 负线性相关关系越强
   C. 负线性相关关系越弱　D. 正线性相关关系越强

二、思考题

1. 简述相关关系的含义。
2. 怎样判断现象之间相关的形态及相关的程度？
3. 简述相关系数及其取值的意义。

三、综合应用题

1. 某公司销售经理随机抽取了本公司 12 名销售人员构成一个样本，让每人填写一张标准的多项目工作满意度调查表。他把每人的满意度分数同销售人员的受教育程度进行了相关分析，结果是满意度与受教育程度之间的相关系数为 0.15。于是，这位销售经理得出结论：一个销售人员的受教育程度与他的工作满意度几乎无关。你是否同意他的结论？请解释。

2. 某公司所属 10 个分公司的产品销售资料如表 7-3 所示。

表 7-3 产品销售资料

公司编号	产品销售额/万元	销售利润/万元
1	140	8.1
2	190	12.5
3	360	18.0
4	390	22.0
5	450	26.5
6	620	40.0
7	930	64.0
8	970	69.0
9	1 050	72.2
10	1 230	77.6

试利用 Excel 绘制散点图、计算相关系数，并说明该公司 10 个分公司产品销售额与销售利润之间的关系形态和关系程度。

7.2 一元线性回归分析

7.2.1 回归分析的含义

相关分析与回归分析从不同的角度描述变量之间的关系。相关分析主要用于测定变量之间是否具有相关关系以及相关关系的强弱程度。相关分析是回归分析的前提，回归分析是相关分析的深入。回归分析是对具有密切关系的两个变量，根据其相关形式，选择一个合适的函数表达式来近似地表现变量之间平均变化程度的一种统计方法。它将具有相关关系的变量之间不确定的数量关系通过函数表达式表现出来，用以说明变量之间的数量依存关系。

回归分析的主要内容包括 3 个方面：一是进行参数估计，即根据样本观察值估计回归模型的参数；二是进行统计显著性检验，即对回归方程以及参数估计值进行显著性检验；三是进行预测与控制。所谓“预测”，就是指通过控制自变量 x 的取值，相应地得到因变量 y 的值；所谓“控制”，与预测正好相反，是指通过限制因变量 y 的取值得到自变量 x 的值。利用回归方程进行预测和控制是回归分析的最终目的。

7.2.2 一元线性回归方程

根据两个相关变量配合的线性回归方程称为一元线性回归方程，也称简单线性回归方程。其中，一个变量称为因变量，是被解释的变量，一般用 y 表示；另一个变量称为自变量，是用来解释因变量的，用 x 表示。一元线性回归方程的表达式为

$$\hat{y} = a + bx \tag{7-2}$$

式中，x 为自变量的实际观察值；$\hat{y}$ 为因变量的估计值；a 为常数项，是回归直线在 y 轴上的截距，即 x 为 0 时 $\hat{y}$ 的平均估计值；b 为回归系数，是回归直线的斜率，表示 x 每变动一个单位 $\hat{y}$ 的平均变动量。

7.2.3 参数的最小二乘估计

参数 a 和 b 的估计，通常采用最小二乘法。最小二乘法，或称最小平方法，是使因变量的所有实际观察值 y 与估计值 $\hat{y}$ 的离差平方和达到最小来估计 a 和 b 的方法。

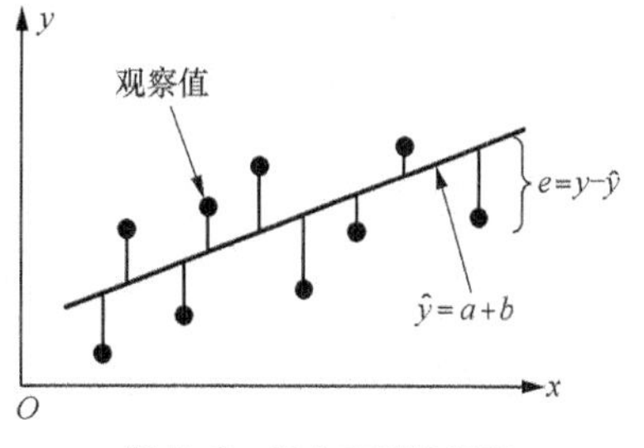

图 7-8 最小二乘法示意

下面用图 7-8 来表达最小二乘法的思想。其意义是，用最小二乘法估计的直线能比其他直线更好地拟合实际观察值。换句话说，散点图中的点与该直线之间距离的平方和，小于散点图中的点与任何其他拟合直线之间距离的平方和。

令

$$Q=\sum(y-\hat{y})^2=\sum(y-a-bx)^2=\text{最小值}$$

由微分极值原理可知，要使离差平方和 Q 达到最小，必要条件是离差平方和 Q 对 a 和 b 的一阶偏导数等于 0。求 a 和 b 的一阶偏导数可得方程组：

$$\begin{cases}\dfrac{\partial Q}{\partial a}=-2\sum(y-a-bx)=0\\[2ex]\dfrac{\partial Q}{\partial b}=-2\sum(y-a-bx)\cdot x=0\end{cases} \tag{7-3}$$

求解方程组，即可得到参数 a 和 b 的计算公式：

$$\begin{cases}b=\dfrac{n\sum xy-\sum x\sum y}{n\sum x^2-(\sum x)^2}\\[2ex]a=\overline{y}-b\overline{x}\end{cases} \tag{7-4}$$

【例 7-2】 以表 7-2 所示的电视广告费用与月销售收入资料为例，建立二者的回归方程。

前面的计算表明，电视广告费用与月销售收入之间的相关系数是 0.907 4，说明二者存在着高度相关关系，由此建立月销售收入对电视广告费用的回归方程，可以进一步探索二者之间的数量依存关系。数据计算如表 7-4 所示。

表 7-4 月销售收入与电视广告费用回归方程计算

月份	月销售收入 y /万元	电视广告费用 x /万元	$x\cdot y$	x^2
1	650	35	22 750	1 225
2	591	30	17 730	900
3	570	28	15 960	784
4	540	18	9 720	324
5	570	21	11 970	441
6	564	24	13 536	576
7	520	17	8 840	289
8	565	21	11 865	441
9	595	32	19 040	1 024
10	610	30	18 300	900
11	560	25	14 000	625
12	570	25	14 250	625
合计	6 905	306	177 961	8 154

$$\begin{cases}b=\dfrac{n\sum xy-\sum x\sum y}{n\sum x^2-(\sum x)^2}=\dfrac{12\times177\,961-306\times6\,905}{12\times8\,154-306^2}\approx5.366\,097\\[2ex]a=\overline{y}-b\overline{x}=\dfrac{6\,905}{12}-5.366\times\dfrac{306}{12}\approx438.581\,2\end{cases}$$

回归方程为

$$\hat{y}=438.581\,2+5.366\,097x$$

回归系数 b=5.366 097，表示电视广告费用每投入 1 万元，月销售收入平均增加 5.366 097

万元。在回归分析中，通常对截距 a 不做实际意义上的解释，如果从技术上来解释的话，a 是自变量为 0 时因变量的估计值。

7.2.4 拟合优度与显著性检验

建立的回归方程能否用于解释变量之间的关系、能否用于预测与控制，除了需要从定性的角度将其用于对变量之间的依存关系进行分析确认外，还需要通过统计学意义上的检验与判断，包括拟合优度检验和显著性检验。

1．拟合优度检验

回归直线与各观察点的接近程度称为回归直线对数据的拟合优度。从图 7-8 中可以直观地看出，各观察点越靠近直线，说明直线对数据的拟合程度越好，反之则越差。反映拟合优度的指标有判定系数和估计标准误差。

（1）判定系数。判定系数是回归方程拟合优度的测量指标之一，用 R^2 表示。

$$R^2=\frac{\text{SSR}}{\text{SST}}=\frac{\sum(\hat{y}-\overline{y})^2}{\sum(y-\overline{y})^2}$$

$$=1-\frac{\text{SSE}}{\text{SST}}=1-\frac{\sum(y-\hat{y})^2}{\sum(y-\overline{y})^2} \tag{7-5}$$

$$\sum(y-\overline{y})^2=\sum(y-\hat{y})^2+\sum(\hat{y}-\overline{y})^2$$

总变差平方和=残差平方和+回归平方和

判定系数的含义是通过因变量 y 的变差来体现的。对于某一个观察值来说，其变差的大小可以用实际观察值 y 与其均值 $\overline{y}$ 的离差 $y-\overline{y}$ 来表示；对于 n 个观察值来说，其变差的总和应由这些变差的平方和 $\sum(y-\overline{y})^2$ 来表示。实际观察值 y 的变动，一方面是由自变量 x 的变动引起的，另一方面是由自变量 x 之外的其他因素引起的。这样，我们把实际观察值 y 的总变差 $\sum(y-\overline{y})^2$（记为 SST）分为两部分：一是由 x 和 y 的线性关系引起的 y 的变化部分，即由自变量 x 的变化引起的 y 的变化，该部分变差称为回归变差，是回归值 $\hat{y}$ 与均值 $\overline{y}$ 的离差平方和 $\sum(\hat{y}-\overline{y})^2$，称为回归平方和，记为 SSR；二是由 x 和 y 的线性关系之外的其他因素引起的 y 的变化部分，即不能由自变量 x 解释的 y 的变化部分，该部分变差称为残差，是各实际观察值 y 与回归值 $\hat{y}$ 的离差平方和 $\sum(y-\hat{y})^2$，称为残差平方和，记为 SSE。

R^2 的取值范围是(0,1)。R^2 越接近于 1，表明回归平方和占总变差平方和的比例越大，回归直线与各观察点越近，用自变量 x 解释因变量 y 变差的部分越多，回归直线拟合程度越好；反之，R^2 越接近于 0，说明用自变量 x 以外的随机因素解释因变量 y 变差的部分越多，用 x 对 y 拟合的回归直线拟合程度越差。

在一元线性回归中，判定系数 R^2 实际上是相关系数 r 的平方，相关系数 r 与回归系数 b 的正负号也是相同的。相关系数从另一个角度说明了回归直线的拟合程度，即 $|r|$ 越接近 1，说明回归直线对观察数据的拟合程度越高。但利用相关系数说明回归直线的拟合程度时应谨慎，因为相关系数的值总是大于判定系数的值，如当 $r=0.5$ 时，回归变差只能解释总变差的 25%（$R^2=0.25$）；当 $r=0.7$ 时，回归变差才能解释接近 50%（$R^2=0.49$）的总变差。

（2）估计标准误差。估计标准误差是反映实际观察值 y 与估计值 $\hat{y}$ 之间偏离程度的测量指标，是对回归方程误差项 e 的方差的一个估计值，是残差平方和 $\sum(y-\hat{y})^2$ 除以自由度 $n-k-1$ 后的平方根，用 S_e 表示。其计算公式为

$$S_e=\sqrt{\frac{\sum(y-\hat{y})^2}{n-k-1}} \tag{7-6}$$

式中，k 为自变量的个数，一元线性回归方程中的 $k=1$。

用最小二乘法拟合回归直线，只是确保比用其他方法拟合回归直线所造成的总误差小，并没有消除估计值与实际值之间的误差。估计标准误差正是从这一角度说明回归直线的拟合优度，S_e 越大，说明实际观察值 y 与估计值 $\hat{y}$ 之间的偏离程度越大，回归效果就越差，相应地，R^2 越小；反之，S_e 越小，则 R^2 越大，回归直线拟合程度越高。另外，在用回归方程进行预测时，S_e 越小，预测的精确度越高；反之，预测的精确度越低。

【例 7-3】在【例 7-2】的基础上，计算判定系数和估计标准误差，说明回归方程的拟合程度。已知 $\hat{y}=438.5812+5.366097x$，经计算，数据如表 7-5 所示。

表 7-5　判定系数和估计标准误差计算

月份	月销售收入 y /万元	电视广告费用 x /万元	$\hat{y}$	$(\hat{y}-\bar{y})^2$	$(y-\bar{y})^2$	$(y-\hat{y})^2$
1	650	35	626	2 641	5 625	557
2	591	30	600	603	256	73
3	570	28	589	191	25	355
4	540	18	535	1 586	1 225	23
5	570	21	551	563	25	351
6	564	24	567	58	121	11
7	520	17	530	2 043	3 025	96
8	565	21	551	563	100	189
9	595	32	610	1 246	400	234
10	610	30	600	603	1 225	109
11	560	25	573	5	225	162
12	570	25	573	5	25	7
合计	6 905	306	6 905	10 109	12 277	2 168

注：① $\bar{y}=\frac{\sum y}{n}=\frac{6\,905}{12}\approx 575.416\,666\,7\approx 575$（万元）；②表中计算是通过 Excel 完成的，包含小数的计算，但表中列出的是整数，用整数计算的结果与用 Excel 计算的结果在尾数上会有出入。

判定系数 $R^2=\frac{\text{SSR}}{\text{SST}}=\frac{\sum(\hat{y}-\bar{y})^2}{\sum(y-\bar{y})^2}=\frac{10\,109}{12\,277}\approx 0.823\,4=82.34\%$

估计标准误差 $S_e=\sqrt{\frac{\sum(y-\hat{y})^2}{n-k-1}}=\sqrt{\frac{2\,168}{12-1-1}}\approx 14.72$（万元）

判定系数 0.823 4 的意义是，在月销售收入的总变差中，有 82.34%可由月销售收入与电视广告费用之间的线性关系来解释；或者说，在月销售收入的变动中，有 82.34%是由电视广告费用所决定的。这说明月销售收入与电视广告费用之间的回归方程拟合程度较高。

估计标准误差 14.72 万元的意义是，根据电视广告费用来估计月销售收入时，平均的估计误差是 14.72 万元。

判定系数 R^2 和估计标准误差 S_e 的计算都可以在 Excel 中轻松实现，我们不必花时间进行手动计算，但需要理解这两个指标表达的意义并能正确解读 Excel 的输出结果。

2．显著性检验

回归方程是根据样本数据配合的，它是否真实地反映了变量 x 和 y 之间的关系，需要经过统计学上的检验来证实。未通过检验的方程，则不能正确解释变量 x 和 y 之间的关系，也不能用该方程进行预测。一元线性回归方程的显著性检验包括回归方程的 F 检验和回归系数的 t 检验。

F 检验是指通过构建 F 统计量，检验变量 x 和 y 之间的线性关系是否显著，通过了 F 检验意味着变量之间的线性关系显著。F 统计量的计算公式为 $F=\dfrac{\text{SSR}/1}{\text{SSE}/(n-2)}$。

t 检验是指通过构建 t 统计量，检验自变量 x 对因变量 y 的影响是否显著，如果通过了 t 检验，则说明自变量 x 对因变量 y 的影响显著，可以用自变量 x 来解释因变量 y 的变化。

F 检验和 t 检验的原理和计算都比较复杂，本书省略检验原理的介绍，只给出判断的方法。在 Excel 的输出结果中，给出了回归结果及检验结果，初学者将输出表格中用于检验的 P 值与给定的显著性水平 α 对比进行判断即可。判断方法如下。

F 检验：Significance F<α，表明自变量 x 与因变量 y 之间有显著的线性关系；

Significance F>α，没有证据表明自变量 x 与因变量 y 之间有显著的线性关系。

t 检验：P-value <α，表明自变量 x 对因变量 y 的影响是显著的；

P-value >α，没有证据表明自变量 x 对因变量 y 的影响是显著的。

【例 7-4】 接【例 7-3】，在 α=0.05 的显著性水平下，对月销售收入与电视广告费用之间的线性关系进行显著性检验，对回归系数进行显著性检验。

（1）线性关系的显著性检验。表 7-6 所示为 Excel 输出的方差分析表。表中给出了线性关系显著性检验的结果，我们利用检验的 F 值，即“Significance F”进行决策。因为 F 值小于 α，即 Significance F = 4.580 18E−05 < α =0.05，所以月销售收入与电视广告费用之间存在着显著的线性关系。

表 7-6 Excel 输出的方差分析表

项目	df	SS	MS	F	Significance F
回归分析	1	10 107.043	10 107.043	46.621 93	4.580 18E−05
残差	10	2 167.873	216.787		
总计	11	12 274.917			

（2）回归系数的显著性检验。表 7-7 所示为 Excel 输出的参数估计表。表中给出了用于检验的 P 值（P-value），我们利用 P 值与给定显著性水平 α 的比较进行决策。因为回归系数 b 的 P 值小于 α，即 P-value = 4.580 18E−05<α =0.05，所以从统计学的意义上看，电视广告费用对月销售收入的影响是显著的。

表 7-7 Excel 输出的参数估计表

项目	Coefficients	标准误差	t Stat	P-value
Intercept	438.581 196 6	20.486 045	21.408 778 83	1.102 08E−09
X Variable 1	5.366 096 9	0.785 893	6.828 025 37	4.580 18E−05

7.2.5 一元线性回归预测

对因变量进行预测是线性回归的重要应用之一。如果一元线性回归方程所反映的线性关系存在，就可以利用回归方程对因变量 y 随自变量 x 的变化做出预测。例如，既然电视广告费用与月销售收入的回归方程通过了检验，就可以利用方程 $\hat{y}=a+bx$ 进行预测。如果电视广告费用（x）增长 2%，月销售收入（y）将增长百分之几？另外，利用回归方程还可以对

已知结果是否合理进行考察。例如，将某一个实际销售收入代入电视广告费用与月销售收入的回归方程 $\hat{y}=a+bx$ 中，可得到一个电视广告费用投入理论值，将实际投入值与理论值对比可考察广告实际投入的合理性。预测方法分为点估计和区间估计两种。

1．点估计

点估计利用估计的回归方程，给 x 一个特定值 x_0，求出 y 的一个估计值 $\hat{y}_0$。

【例 7-5】根据【例 7-2】所建立的回归方程，即 $\hat{y}=438.5812+5.366097x$，当电视广告费用为 30 万元时，预测月销售收入。

将 x_0=30 代入方程，得月销售收入为 $\hat{y}_0=438.5812+5.366097\times30\approx599.56$（万元）。

2．区间估计

区间估计利用估计的回归方程，给 x 一个特定值 x_0，求出 y 的一个估计值区间。区间估计有两种类型：一是置信区间估计，即对 x 的给定值 x_0，求 y 的平均值的估计区间；二是预测区间估计，即对 x 的给定值 x_0，求 y 的个别值的估计区间。估计区间的计算公式如下。

置信区间：
$$\hat{y}_0\pm t_{\alpha/2}\cdot S_e\cdot\sqrt{\frac{1}{n}+\frac{(x_0-\bar{x})^2}{\sum(x-\bar{x})^2}} \tag{7-7}$$

预测区间：
$$\hat{y}_0\pm t_{\alpha/2}\cdot S_e\cdot\sqrt{1+\frac{1}{n}+\frac{(x_0-\bar{x})^2}{\sum(x-\bar{x})^2}} \tag{7-8}$$

式中，x_0 是 x 的给定值，$\hat{y}_0$ 是将 x_0 代入回归方程得出的 y 的估计值，n 是变量 x 和 y 实际观察值的个数，$\bar{x}$ 是观察值 x 的平均数，S_e 是 y 的估计标准误差，$t_{\alpha/2}(n-2)$ 是置信度为 $1-\alpha$、自由度为 $n-2$ 的 t 分布的临界值。

【例 7-6】根据【例 7-2】所建立的回归方程，估计电视广告费用为 30 万元时月销售收入的置信区间和预测区间，设置信水平为 95%。

已知：$\hat{y}_0=599.56$（见【例 7-5】），n=12，$x_0=30$，$S_e=14.72$（见【例 7-3】），$\bar{x}=25.5$。通过计算得出，$\sum(x-\bar{x})^2=351$。$1-\alpha$=95%，查表得 $t_{\alpha/2}(n-2)=t_{0.025}(12-2)=2.2281$。

根据公式（7-8），月销售收入的置信区间为

$$599.56\pm2.2281\times14.72\times\sqrt{\frac{1}{12}+\frac{(30-25.5)^2}{351}}\approx599.56\pm12.32=(587.24,611.88)$$

即当电视广告费用为 30 万元时，月销售收入的置信区间是(587.24,611.88)。

根据公式（7-9），月销售收入的预测区间为

$$599.56\pm2.2281\times14.72\times\sqrt{1+\frac{1}{12}+\frac{(30-25.5)^2}{351}}=599.56\pm35.03=(564.53,634.59)$$

即电视广告费用为 30 万元时，月销售收入的预测区间为(564.53,634.59)。

因变量个别值的预测区间总是大于因变量平均值的置信区间，因为在对单个响应和响应均值的预测中包含更多的不确定性。因变量平均值的预测值与真实平均值的误差，主要受抽样波动的影响；而因变量个别值的预测值与真实个别值的误差，不仅受抽样波动的影响，还受随机扰动项的影响。另外，预测还应考虑未纳入方程中的其他因素。能纳入方程中的因素都是可以量化的，而那些不能量化、不能纳入方程的因素有时会对因变量产生重大影响。因此，应慎重使用回归方程的预测结果。

7.2.6 Excel 操作

以表 7-2 中的资料为例，将表 7-2 所示的月销售收入与电视广告费用的数据输入 Excel

表格。

利用“数据分析”中的“回归”完成回归过程，方法：单击“数据”→“数据分析”→“回归”，单击“确定”按钮，打开“回归”对话框，在“Y 值输入区域”框内输入变量 y 的单元格区域“$C$2:$C$13”（或用鼠标选择 C2:C13）；在“X 值输入区域”框内输入变量 x 的单元格区域“$B$2:$B$13”（或用鼠标选择 B2:B13）；“输出区域”任选一单元格，这里为 D1；其他选择默认，如图 7-9 所示。单击“确定”按钮，得到回归分析结果，如图 7-10 所示。

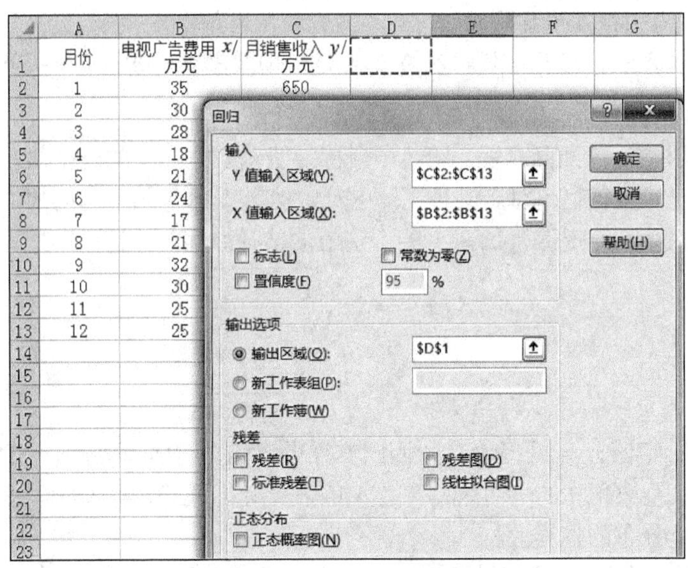

图 7-9 回归参数的设置

D	E	F	G	H	I	J	K	L
SUMMARY OUTPUT								
回归统计								
Multiple	0.907408							
R Square	0.82339							
Adjusted	0.805729							
标准误差	14.7237							
观测值	12							
方差分析								
	df	SS	MS	F	gnificance F			
回归分析	1	10107.04	10107.04	46.62193	4.58E-05			
残差	10	2167.873	216.7873					
总计	11	12274.92						
	Coefficien	标准误差	t Stat	P-value	Lower 95%	Upper 95%	下限 95.0%	上限 95.0%
Intercept	438.5812	20.48604	21.40878	1.1E-09	392.9354	484.2269	392.9354	484.2269
X Variabl	5.366097	0.785893	6.828025	4.58E-05	3.615018	7.117175	3.615018	7.117175

图 7-10 回归分析结果

7.2.7 习题与实训

一、选择题

1. 回归方程可用于（　　）。

A. 根据自变量预测因变量　　B. 根据给定因变量推算自变量

C. 确定两个变量之间的相关程度　　D. 解释自变量与因变量的数量依存关系

2. 在回归分析中要建立有意义的线性回归方程，应满足的条件是（　　）。

A. 变量间存在着显著的线性相关关系　B. 相关系数必须等于 1

C. 在两个变量中需确定自变量和因变量　D. 相关数列的项数应足够多

3. 回归分析中，被解释的变量称为（　　）。

A. 自变量　B. 因变量　C. 随机变量　D. 非随机变量

4. 根据最小二乘法配合线性回归方程的目的是使（　　）。

A. $\sum(y-\hat{y})^2$ = 最小值　B. $\sum(y-\hat{y})$ = 最小值

C. $\sum(y-\overline{y})^2$ = 最小值　D. $\sum(y-\overline{y})$ = 最小值

5. 回归方程 $\hat{y}=123+1.5x$ 中回归系数的意思是，当自变量每增加一个单位时，因变量（　　）。

A. 增加 1.5 个单位　B. 平均增加 1.5 个单位

C. 增加 123 个单位　D. 平均增加 123 个单位

6. 若回归系数 b 大于 0，表明回归直线是上升的，此时相关系数 r 的值（　　）。

A. 一定大于 0　B. 一定小于 0　C. 等于 0　D. 无法判断

7. 对于简单线性回归方程的回归系数 b，下列说法中正确的是（　　）。

A. b 是回归直线的斜率

B. b 的绝对值介于 0～1

C. b 接近 0 表明自变量对因变量的影响不大

D. b 与 r 有相同的符号

8. 在回归分析中，F 检验主要用来检验（　　）。

A. 相关系数的显著性　B. 回归系数的显著性

C. 线性关系的显著性　D. 估计标准误差的显著性

二、思考题

1. 简述回归分析的作用。

2. 解释一元线性回归模型 $\hat{y}=a+bx$ 中参数 a、b 的意义，以及回归系数 b 和相关系数 r 的联系。

3. 简述一元线性回归分析中判定系数的意义。

4. 简述一元线性回归分析中 F 检验和 t 检验的作用。

三、综合应用题

1. 某公司对其销售代表进行了一次资质测试。管理层感兴趣的是这种测试能在多大程度上预测销售人员的业绩。随机抽取了 8 位销售代表构成样本，整理出他们的周平均销售额和资质测试得分（见表 7-8）。

表 7-8　周平均销售额和资质测试得分

周平均销售额/万元	1.0	1.2	2.8	2.4	1.8	1.6	1.5	1.2
资质测试得分/分	55	60	85	75	80	85	65	60

根据表 7-8 中的统计数据回答以下问题。

（1）周平均销售额和资质测试得分的关系程度如何?

（2）用最小二乘法建立周平均销售额和资质测试得分的回归方程，并对回归系数 b 做出恰当的解释。

（3）在 0.05 的显著性水平上，二者之间的线性关系是否显著？回归方程能否代表二者之间的实际关系？

（4）销售额变动中由资质之外的因素来解释的比例是多少？

（5）对于一个资质测试得分为 60 分的销售代表，估计他的周平均销售额。

2. 一家家具连锁店的总经理认为，经验是决定一个营销人员成功与否的关键因素。为了验证他的想法，统计人员随机抽取了 10 名营销人员并记录下他们上个月的工作年限和销售额数据（见表 7-9）。

表 7-9　工作年限和销售额数据

营销人员编号	1	2	3	4	5	6	7	8	9	10
工作年限/年	0	2	10	3	8	5	12	7	20	15
销售额/千元	7	9	20	15	18	14	20	17	30	25

根据表 7-9 中的统计数据回答以下问题。

（1）判断营销人员的销售额与工作年限之间的关系程度。

（2）假设销售额与工作年限有关，拟合销售额与工作年限的最优回归方程，并解释回归系数 b 的意义。

（3）在营销人员销售额的变动中有多大比例是由其工作年限来解释的？

（4）在 0.05 的显著性水平上，能否认为拟合的回归方程真实地反映了销售额和工作年限之间的关系？

3. 某公司试图测算特殊地段车流量对坐落在此地商店的年销售额的影响。为此，他们选定了公司内 20 家分店，并在一个月的时间内，对每个地点每日的车流量进行记录，结合这 20 家店的销售额，形成表 7-10。试建立年销售额与车流量之间的一元线性回归方程，并解释变量之间的数量依存关系。

表 7-10　车流量及年销售额

商店编号	平均每天车流量 x/千辆	年销售额 y/千元	商店编号	平均每天车流量 x/千辆	年销售额 y/千元
1	62	1 121	11	35	893
2	35	766	12	27	588
3	36	701	13	55	957
4	72	1 304	14	38	703
5	41	832	15	24	497
6	39	782	16	28	657
7	49	977	17	53	1 209
8	25	503	18	55	997
9	41	773	19	33	844
10	39	839	20	29	883

7.3　多元线性回归分析

7.3.1　多元线性回归模型

现实中大量的现象往往是多个因素共同作用的结果，只分析一个因素的影响难免有失偏颇。研究一个因变量与多个自变量的回归问题属于多元回归，当因变量与各个自变量之间呈线性关系时，称为多元线性回归。

多元线性回归模型的一般表达式为

$$\hat{y} = b_0 + b_1x_1 + b_2x_2 + \cdots + b_kx_k \tag{7-9}$$

式中，$\hat{y}$ 为因变量的估计值；$x_1, x_2, \cdots, x_k$ 为 k 个自变量；b_0 为常数项，是回归直线在 y 轴上的截距；$b_1, b_2, \cdots, b_k$ 为 k 个偏回归系数，是回归直线的斜率，表示当其他自变量取值不变时，自变量 x_i（$i = 1, 2, \cdots, k$）每改变一个单位，$\hat{y}$ 的平均变动量。

多元线性回归模型中的偏回归系数 $b_1, b_2, \cdots, b_k$，与一元线性回归模型中的回归系数 b 不同。多元线性回归模型中的偏回归系数反映的是在假定其他自变量不变的情况下，该自变量对因变量的平均影响量；一元线性回归中只有一个自变量，不存在对其他变量假定的问题。

回归系数 b_i 的求解仍然遵循最小二乘法原理，在此不多述。至于计算，借助于计算机，通过相应统计应用软件的操作可以迅速得出结果，我们只需将注意力放在结果的解读上。

拟合的多元线性回归方程是否能够反映变量之间真实的关系，同样需要通过理论上的分析和统计学意义上的评价与检验。多元线性回归检验的原理与一元线性回归的相同，仍包括拟合优度检验和显著性检验。

7.3.2 多元线性回归方程的拟合优度

1．多元判定系数 R^2

在多元线性回归分析中，需要用多元判定系数 R^2 来判定回归方程的拟合程度。一元线性回归分析中因变量 y 的变差分解原理同样适用于多元线性回归分析。

多元判定系数 R^2 反映了在因变量 y 的变差中由多元线性回归方程来解释的比例，其计算公式为

$$R^2 = \frac{\text{SSR}}{\text{SST}} = 1 - \frac{\text{SSE}}{\text{SST}} \tag{7-10}$$

R^2 的取值为 0～1，表示在 y 的变化中有多大比例是由所有自变量的联合变动来解释的；与一元线性回归中判定系数 R^2 的原理相同。在多元线性回归模型中，增加解释变量一般会使预测误差变小，从而减少残差平方和 SSE，进而使回归平方和 SSR 变大，这样多元判定系数 R^2 的值就会变大。为避免因自变量增加而高估自变量对因变量变化的影响，可使用修正的多元判定系数 ${R_a}^2$。

$${R_a}^2 = 1 - (1 - R^2) \times \frac{n-1}{n-k-1} \tag{7-11}$$

2．估计标准误差

多元线性回归方程中，估计标准误差的含义与一元线性回归方程中估计标准误差的含义相似。由于自变量的增多，多元线性回归方程中的估计标准误差反映的是在方程中所有自变量影响下，实际观察值 y 与估计值 $\hat{y}$ 之间的平均偏离程度。其计算公式为

$$S_e = \sqrt{\frac{\sum (y - \hat{y})^2}{n-k-1}} \tag{7-12}$$

式中，k 为自变量的个数。

7.3.3 多元线性回归方程的显著性检验

在一元线性回归分析中，回归系数 b 的显著性检验（即 t 检验）与回归方程的线性关系检验（即 F 检验）结果是一致的。

在多元线性回归分析中，不能将回归系数 b 的显著性检验与回归方程的线性关系检验等同看待。多元线性回归分析中，回归系数检验是对每个回归系数单独进行检验，如果某个自变量没有通过检验，就意味着这个自变量对因变量的影响不显著，该自变量也就不能进入回归模型中。在进行多元线性回归方程的线性关系检验时，如果 k 个自变量中有一个自变量与因变量的线性关系显著，F 检验就能通过，但这并不一定意味着每个自变量与因变量的线性关系都显著。

多元线性回归分析中的 F 检验和 t 检验的原理与计算更为复杂，这里仍将省略检验的原理和计算的公式，只给出解读 Excel 输出结果的方法。初学者将输出表格中用于检验的 P 值与给定的显著性水平 α 对比进行判断即可。判断方法如下。

1．F 检验

若 Significance F<α，表明 k 个自变量 x_i 与因变量 y 之间有显著的线性关系。

若 Significance F>α，没有证据表明 k 个自变量 x_i 与因变量 y 之间有显著的线性关系。

2．t 检验

若某自变量的 P-value<α，表明该自变量 x_i 对因变量 y 的影响是显著的。

若某自变量的 P-value>α，没有证据表明该自变量 x_i 对因变量 y 的影响是显著的。

多元线性回归分析会遇到应用条件的限制，本书不涉及这部分内容。

7.3.4　习题与实训

一、选择题

1．在多元线性回归方程 $\hat{y}=b_0+b_1x_1+b_2x_2+\cdots+b_kx_k$ 中，回归系数 b_i 表示（　　）。

A．自变量 x_i 每变动一个单位，因变量 y 的平均变动量

B．自变量 x_i 每变动一个单位，因变量 y 的变动总量

C．在其他条件不变的情况下，自变量 x_i 每变动一个单位，因变量 y 的平均变动量

D．在其他条件不变的情况下，自变量 x_i 每变动一个单位，因变量 y 的变动总量

2．在多元线性回归分析中，t 检验用来检验（　　）。

A．总体线性关系的显著性　　B．各回归系数的显著性

C．样本线性关系的显著性　　D．各相关系数的显著性

3．在多元线性回归分析中，如果 F 检验表明线性关系显著，则意味着（　　）。

A．至少有一个自变量与因变量之间的线性关系是显著的

B．所有自变量与因变量之间的线性关系都是显著的

C．至少有一个自变量与因变量之间的线性关系是不显著的

D．所有自变量与因变量之间的线性关系都是不显著的

4．在多元线性回归分析中，若自变量 x_i 对因变量 y 的影响很小，则回归系数 b_i（　　）。

A．可能接近 0　　B．可能接近 1　　C．可能小于 0　　D．可能大于 1

二、思考题

1．解释多元线性回归分析中回归系数的含义。

2．解释多元线性回归分析中多元判定系数 R^2 的含义和作用。

三、综合应用题

1．某公司在 12 个城市销售一种化妆品，并计划在更多的城市进行该化妆品的销售。收集 12 个城市的化妆品销售量（单位：万盒）、成年女性人口（单位：万人）、人均可支配收

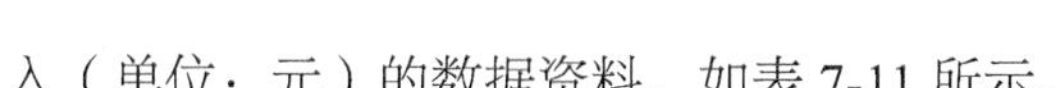

入（单位：元）的数据资料，如表 7-11 所示。

表 7-11　数据资料

城市编号	化妆品销售量 y /万盒	成年女性人口 x_1 /万人	人均可支配收入 x_2 /元
1	16	27	2 500
2	12	18	3 300
3	22	37	3 800
4	13	20	2 800
5	7	8	2 300
6	17	26	3 800
7	8	10	3 000
8	19	33	2 500
9	12	19	2 100
10	6	5	2 600
11	25	43	4 000
12	23	37	4 400

根据表 7-11 中的统计数据完成以下分析。

（1）建立化妆品销售量与成年女性人口、人均可支配收入的回归方程，解释回归系数的意义，判断回归系数是否显著。

（2）回归方程所体现的化妆品销售量与成年女性人口和人均可支配收入的线性关系是否显著?

2. 表 7-12 所示为某公司在过去 12 个月中每天太阳镜的销售量、平均价格、广告费用和平均日照小时数。

表 7-12　太阳镜相关资料

月份	销售量 y /副	平均价格 x_1 /元	广告费用 x_2 /元	平均日照小时数 x_3 /小时
1	750	68	20	2.4
2	900	65	50	4.0
3	1 480	60	60	5.2
4	1 830	35	70	6.8
5	2 420	30	220	8.0
6	2 630	29	250	8.4
7	2 780	26	280	10.4
8	3 180	21	300	11.5
9	2 560	31	220	9.6
10	2 000	36	180	6.1
11	1 400	42	100	3.4
12	800	52	20	2.0

根据表中的统计数据完成以下分析。

（1）建立多元线性回归方程，通过回归系数解释平均价格、广告费用和平均日照小时数 3 个变量对太阳镜销售量的影响，并判断各个因素的影响是否显著。

（2）回归方程中的自变量整体上能解释太阳镜销售量变动的百分比是多少?

（3）在平均价格为 25 元、广告费用为 250 元、平均日照小时数为 5 小时的情况下，利用回归方程预测太阳镜的销售量。

任务解析

分析居民收入与恩格尔系数之间的关系需要运用相关与回归分析的方法。恩格尔定律描述了二者之间存在的负依存关系，通过绘制散点图和计算相关系数可以了解居民收入与恩格尔系数之间的相关程度；通过回归分析可以进一步了解居民收入与恩格尔系数之间的数量依存关系。

图 7-11 和图 7-12 分别是城镇居民人均可支配收入与城镇居民家庭恩格尔系数、农村居民人均可支配收入与农村居民家庭恩格尔系数的散点图，表明 2001—2021 年，我国城镇和农村居民随着人均可支配收入的增长，家庭恩格尔系数不断下降的趋势。城镇居民人均可支配收入与城镇居民家庭恩格尔系数、农村居民人均可支配收入与农村居民家庭恩格尔系数的相关系数分别是-0.928 5 和-0.933 4。

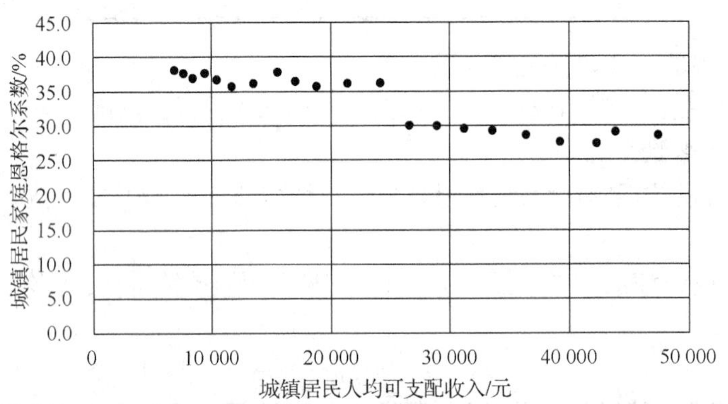

图 7-11 城镇居民人均可支配收入与城镇居民家庭恩格尔系数散点图

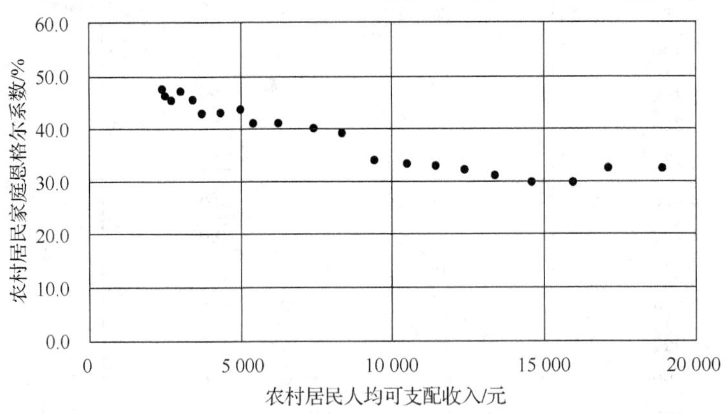

图 7-12 农村居民人均可支配收入与农村居民家庭恩格尔系数散点图

进一步的回归分析首先需要确定自变量和因变量，若家庭恩格尔系数为因变量，居民人均可支配收入为自变量，则可以得到两个回归方程（回归方程及回归系数均通过了统计显著性检验）。

城镇居民人均可支配收入（单位：千元）与城镇居民家庭恩格尔系数（单位：%）的回归方程：

$$\hat{y} = 40.25 - 0.2881 \cdot x$$

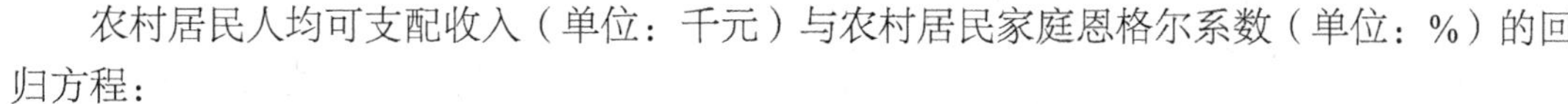

农村居民人均可支配收入（单位：千元）与农村居民家庭恩格尔系数（单位：%）的回归方程：

$$\hat{y} = 48.09 - 1.1011 \cdot x$$

回归结果表明，城镇居民人均可支配收入与城镇居民家庭恩格尔系数之间、农村居民人均可支配收入与农村居民家庭恩格尔系数之间都是负依存关系，但关系程度和数量依存关系却有不小的差异。城镇居民人均可支配收入每增加 1 000 元，家庭恩格尔系数将平均下降 0.288 1 个百分点；而农村居民人均可支配收入每增加 1 000 元，家庭恩格尔系数将平均下降 1.101 1 个百分点。这个结果也不难理解，我国居民收入的城乡差距近十几年来仍有较大差距，2001 年城镇居民人均可支配收入是农村的 2.84 倍左右，尽管近几年差距在缩小，但 2021 年城镇仍是农村的 2.50 倍左右。农村居民收入的绝对水平仍较低，在较低的收入水平上，收入的增长对食品支出占比的影响就比较大。

相关知识图示

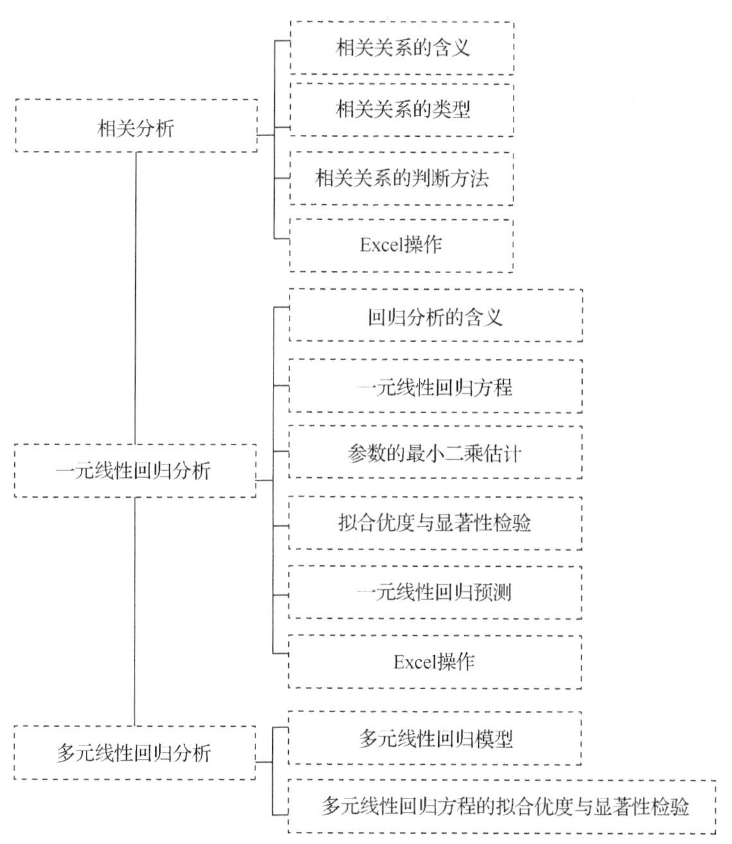

时间序列分析与预测

知识目标

（1）时间序列的含义和影响因素。

（2）时间序列的图形描述与指标描述。

（3）时间序列外推预测的主要方法——移动平均预测法、指数平滑预测法、线性趋势预测法。

（4）季节指数及季节指数预测法。

能力目标

（1）能够用 Excel 绘制时间序列线图并利用图形判断时间序列的变动形态。

（2）能够利用常用的时间序列分析指标对时间序列进行量化描述。

（3）能够根据研究对象的特点正确选择预测方法并进行预测。

（4）能够利用季节指数进行季节变动预测。

任务引入

经过改革开放以来40多年的发展，我国旅游业已进入大众化、产业化发展的新阶段，对扩大内需、增加就业、提高人民生活质量等发挥着越来越重要的作用。尤其是近十几年来，中国旅游业发生了根本性变化，境内旅游、入境旅游、出境旅游三大市场全面繁荣。2019年，中国境内游客达到60.06亿人次，是2000年的8倍左右；境内旅游收入达到5.73万亿元，是2000年的18倍左右；境内居民出境旅游人数达1.69亿人次，是2000年的16倍左右，已连续多年保持世界第一大出境旅游客源国地位；入境旅游人数1.45亿人次，是2000年的1.7倍左右；国际旅游收入达1 312.54亿美元，是2000年的8倍左右。旅游业对国民经济的综合贡献、对社会就业的贡献越来越突出，旅游业已融入经济社会发展全局，成为国民经济战略性支柱产业。

经验表明，当人均GDP达到3 000美元时，居民出游意愿会显著增强。国家统计局公布的数据显示，2022年中国人均GDP已达到1.27万美元，接近高收入国家水平，中国旅游业正迎来新一轮发展的黄金期，旅游正日益成为城镇居民生活的基本内容和主要消费需求。境内旅游是我国旅游业的主体与基础，是我国大众消费与旅游经济的重要组成部分。随着我国城市化发展进程的加快和社会保障体系的不断完善，中等收入人群规模不断扩大，旅游发展大众化趋势更为明显。老年人、青少年、学生、农民等旅游消费人群快速增长，旅游正在成为民众的一种生活方式。

表8-1所示是我国2000—2021年全年境内出游人数和境内旅游收入时间序列资料。请利用时间序列分析方法，对我国2000—2021年全年境内出游人数和境内旅游收入的动态变化特征进行描述。

表8-1　我国2000—2021年全年境内出游人数和境内旅游收入

年份	全年境内出游人数/亿人次	境内旅游收入/亿元
2000	7.44	3 176
2001	7.84	3 522
2002	8.78	3 878
2003	8.70	3 442
2004	11.02	4 711
2005	12.12	5 286
2006	13.94	6 230
2007	16.10	7 771
2008	17.12	8 749
2009	19.02	10 184
2010	21.03	12 580
2011	26.41	19 306
2012	29.57	22 706
2013	32.62	26 276
2014	36.11	30 312
2015	39.90	34 195
2016	44.35	39 390
2017	50.01	45 661
2018	55.39	51 278
2019	60.06	57 251
2020	28.79	22 286
2021	32.50	29 191

知识链接

8.1 时间序列的描述

8.1.1 时间序列的含义

时间序列是现象的观察值按时间顺序排列起来形成的序列。

时间序列由两个基本要素构成：现象所属的时间和不同时间上的指标数值。时间序列中的时间可以是年份、季度、月份或其他的时间单位；时间序列中的指标可以是总量指标、相对指标或平均指标。例如，表 8-2 中的数据是按年份排列的，指标既有总量指标也有相对指标。

表 8-2 我国 2000—2021 年主要社会经济指标

年份	人均 GDP/（元/人）	普通高校招生人数/万人	居民消费价格指数/%
2000	7 942	221	100.4
2001	8 717	268	100.7
2002	9 506	321	99.2
2003	10 666	382	101.2
2004	12 487	447	103.9
2005	14 368	505	101.8
2006	16 738	546	101.5
2007	20 494	566	104.8
2008	24 100	608	105.9
2009	26 180	640	99.3
2010	30 808	662	103.3
2011	36 277	682	105.4
2012	39 771	689	102.6
2013	43 497	700	102.6
2014	46 912	721	102.0
2015	49 922	738	101.4
2016	53 783	749	102.0
2017	59 592	762	101.6
2018	65 534	791	102.1
2019	70 078	915	102.9
2020	72 000	968	102.5
2021	80 976	1 001	100.9

编制时间序列时，为了保证不同时间上数据的可比性，同一个时间序列中不同时间单位上的指标口径必须一致。具体来说，应在指标的经济内容、总体范围、时期长短、计算方法、计量单位等方面保持一致。

时间序列数据反映了社会经济现象的发展变化过程，描述了现象在不同时间上的发展状态。通过时间序列分析，我们可以了解现象发展变化的特征、规律、趋势，并进一步对社会经济现象发展进行预测，时间序列预测法也是常用的经济预测方法。

时间序列的影响因素

8.1.2 时间序列的影响因素

任何现象的观察值都会随时间的推移而发生变化，影响观察值变化的因素是错综复杂的，归纳起来不外乎以下 4 种。

1. 长期趋势 T

长期趋势是现象在较长时间内呈现出来的某种持续发展的基本趋势或状态。长期趋势是某种持续性、决定性的因素作用于序列形成的，这种趋势可能是线性的，如持续上升或持续下降，也可能是非线性的。例如，1978 年后，中国的 GDP、居民收入因持续的改革开放而呈现出不断增长的趋势。

2. 季节变动 S

季节变动是现象在一年之内随季节变化而呈现出来的周期性波动。一般意义上的季节变动是由自然因素影响产生的，从更广泛的意义上讲，由社会、政治、经济、自然等因素引起的现象在一年之内有规律的重复变动都可以称为季节变动。受季节性因素影响的现象非常多，如农产品收购、冰激凌销售、服装销售、旅游等。研究现象在一年内的季节变动规律，至少需要 3 周期的资料，并且需要以月度或季度为单位编制的时间序列数据，以年度为单位的时间序列数据不能用来观察季节变动。

3. 循环波动 C

循环波动是现象在较长时间内呈现出的波浪式的起伏变动。与长期趋势不同的是，循环波动不是朝着一个方向的持续运动，而是涨落相间的交替变动，如经济周期波动不断重复着上升、顶峰、下降、低谷的过程；与季节变动不同的是，循环波动的周期不是一年，而是一年以上并且无固定的周期长度。

4. 不规则变动 I

不规则变动是一种随机波动，是由偶然因素引起的时间序列波动。这些偶然因素有自然灾害、战争、流行病、政治事件等。不规则变动往往是不可预测的、不重复的，在短时期内发挥影响。

对某一个时间序列来说，这 4 个因素可能同时存在，也可能单独存在。

时间序列按包含的影响因素的不同可以分为两大类型：平稳序列和非平稳序列。

平稳序列是指基本上不存在趋势的序列，序列中的观察值大体在某个固定的水平上波动，因此也可称为水平波动的序列，在固定水平上下的波动可以看成随机波动。

非平稳序列是指包含长期趋势、季节变动或循环波动的序列。非平稳序列可能是长期趋势型、季节变动型、循环波动型，也可能是几种因素同时存在的混合型。

8.1.3 时间序列的图形描述

将时间序列绘制成图形，是观察时间序列的常用方法。时间序列线图一方面可以使我们直观地观察数据变动模式，另一方面还有助于我们在预测时选择合适的预测方法。

【例 8-1】 根据表 8-2 和表 8-3 所示的资料绘制时间序列线图并判断序列的类型。

表 8-3 某公司 2019—2021 年季度产品销售量

季度	产品销售量/万件	季度	产品销售量/万件
2019.1	11 800	2020.3	14 100
2019.2	8 000	2020.4	16 500
2019.3	12 700	2021.1	14 300
2019.4	14 800	2021.2	11 600
2020.1	12 400	2021.3	14 700
2020.2	9 800	2021.4	18 200

图 8-1 中，我国人均 GDP 呈现出明显的长期趋势，属于非平稳序列；图 8-2 中，我国居民消费价格指数从长期来看呈现出水平波动态势，尽管 2008 年金融危机前后出现较大波动，但仍属于平稳序列；图 8-3 中，我国普通高校招生人数也属于具有长期趋势的非平稳序列；图 8-4 反映的是某公司 2019—2021 年的季度产品销售量，序列既有长期趋势又有季节变动，属于季节变动和长期趋势同时存在的混合型时间序列。

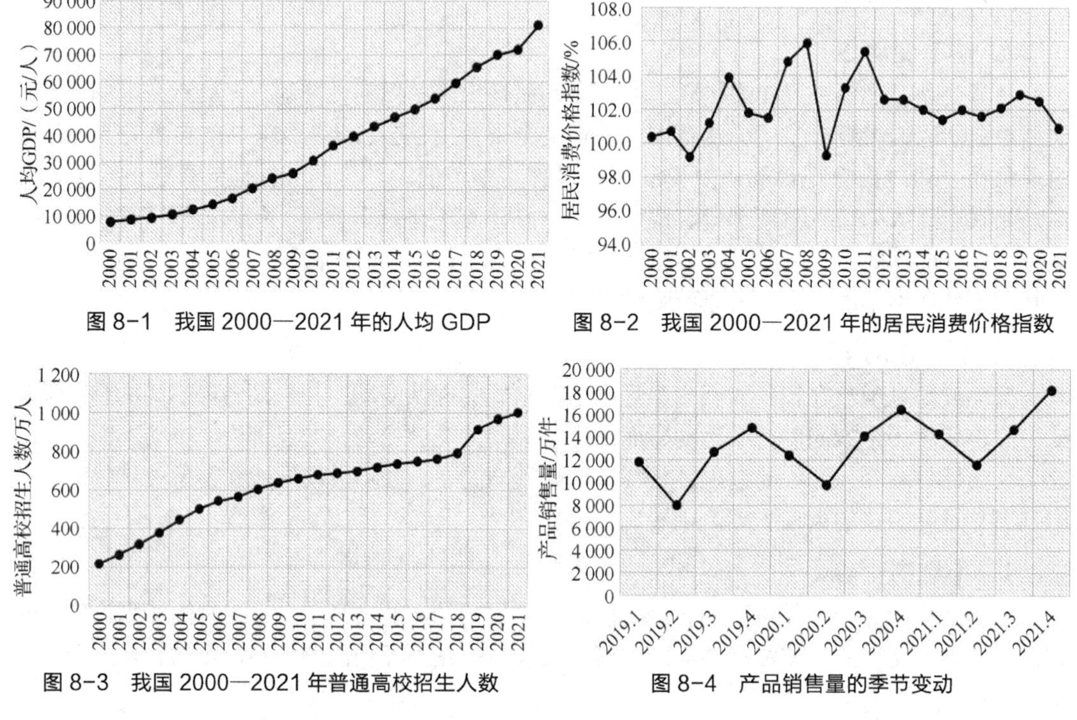

图 8-1　我国 2000—2021 年的人均 GDP

图 8-2　我国 2000—2021 年的居民消费价格指数

图 8-3　我国 2000—2021 年普通高校招生人数

图 8-4　产品销售量的季节变动

8.1.4　时间序列的指标描述

时间序列的描述性指标可分为两类：一类是水平指标，包括发展水平、平均发展水平、增长量和平均增长量；另一类是速度指标，包括发展速度、增长速度、平均发展速度、平均增长速度和增长 1%的绝对值。

1．发展水平

发展水平是指时间序列中不同时间上的观察值。它用于反映社会经济现象在各个时期所达到的规模或发展的程度，既可以表现为总量指标（或称绝对数），也可以表现为相对指标（或称相对数）或平均指标（或称平均数）。例如，表 8-2 中，人均 GDP、居民消费价格指数是相对指标，普通高校招生人数属于总量指标。

若用 y 表示发展水平，则 n 个观察期的发展水平可表示为 $y_1, y_2, \cdots, y_n$ 。 y_0 为最初水平，最初水平通常是作为第一个观察值 y_1 的对比基期存在的，y_n 是最末水平。当时间序列中相邻两个时期发展水平进行对比时， y_i 是报告期水平， y_{i-1} 是基期水平。当时间序列中任意一个时期的发展水平与最初水平进行对比时， y_i 是报告期水平， y_0 是基期水平。

2．平均发展水平

平均发展水平是时间序列中不同时间观察值的平均数，概括性地描述了现象在观察期内所达到的一般水平，用 $\bar{y}$ 表示。计算平均发展水平需要根据数据特点及数据登记方法选

择公式。

时间序列中的指标可以分为总量指标、相对指标和平均指标 3 种类型，总量指标又分为时期指标和时点指标。下面介绍不同情况下平均发展水平的计算方法。

（1）根据绝对数时间序列计算平均发展水平。

① 对于时期序列，计算平均发展水平的方法比较简单，计算公式如下。

$$\bar{y}=\frac{\sum y}{n} \tag{8-1}$$

式中，n 是时期数，也是观察值个数。

【例 8-2】 根据表 8-2 所示的资料计算我国 2016—2021 年普通高校年平均招生人数。

普通高校招生人数序列是一个绝对数时间序列，招生人数是一个时期指标，招生人数序列是时期序列。根据时期序列的平均发展水平计算方法，对各年度招生人数进行简单平均即可，使用公式（8-1）得：

$$\bar{y}=\frac{\sum y}{n}=\frac{749+762+\cdots+968+1001}{6}\approx 864\text{（万人）}$$

② 对于时点序列，由于时点指标的登记方法不同，平均发展水平的计算分为以下 4 种情况，如表 8-4 所示。

表 8-4 时点序列平均发展水平计算公式

按日登记	间隔相等	$\bar{y}=\frac{\sum y}{n}$（n 是天数，也是观察值个数）	（8-2）
	间隔不等	$\bar{y}=\frac{\sum y\cdot f}{\sum f}$（$f$ 是权数，即间隔的天数）	（8-3）
按月（或季、年）初或月（或季、年）末登记	间隔相等	$\bar{y}=\frac{\frac{y_1}{2}+y_2+\cdots+y_{n-1}+\frac{y_n}{2}}{n-1}$（首尾折半公式） （$n$ 是观察值个数，也是观察点个数，$n-1$ 是时期数）	（8-4）
	间隔不等	$\bar{y}=\frac{\frac{(y_1+y_2)}{2}\cdot f_1+\frac{(y_2+y_3)}{2}\cdot f_2+\cdots+\frac{(y_{n-1}+y_n)}{2}\cdot f_{n-1}}{\sum_{i=1}^{n-1}f_i}$ （f_i 是观察值 y_i 和 y_{i-1} 之间间隔的时期数）	（8-5）

如果时点序列按日登记，则有两种情况：一是天天登记，如企业的出勤人数需要天天登记，如果计算某月平均每天的出勤人数，可用公式（8-2）对每天的出勤人数进行简单平均；二是在现象发生变动时登记，如企业原材料库存量如果不是天天变化的话，则只需要在变化时进行登记，这时，计算平均每天的库存量以每个库存量持续的天数为权数对库存量进行加权平均，使用公式（8-3）。

如果时点序列是在月（或季、年）的期初、期末这两个时点上登记，也有两种情况：一是数据间隔完全相等，计算方法是先计算出各期的平均数，采用期初加期末除以 2 的方法，再对各期的平均数进行简单平均，可以使用公式（8-4）；二是数据间隔不相等，计算该类数据平均发展水平的方法是先计算相邻两个数据的简单算术平均数，再以两个数据之间的间隔为权数对其加权平均，使用公式（8-5）。

【例 8-3】 某企业二季度成品库存量如表 8-5 所示，求该企业二季度平均月库存量。

表 8-5 某企业二季度成品库存量 单位：件

日期	3月31日	4月30日	5月31日	6月30日
库存量	560	680	470	540

设各月末的库存量为 y_1、y_2、y_3、y_4，利用公式（8-4）得二季度平均月库存量为

$$\bar{y}=\frac{\frac{y_1+y_2}{2}+\frac{y_2+y_3}{2}+\frac{y_3+y_4}{2}}{4-1}=\frac{\frac{y_1}{2}+y_2+y_3+\frac{y_4}{2}}{4-1}=\frac{\frac{560}{2}+680+470+\frac{540}{2}}{4-1}\approx 567\text{（件）}$$

【例 8-4】 某储蓄所 2021 年储蓄存款余额如表 8-6 所示，计算该储蓄所本年度的平均储蓄存款余额。

表 8-6 某储蓄所 2021 年储蓄存款余额 单位：百万元

日期	1月31日	5月31日	8月31日	10月31日	12月31日
月末储蓄存款余额	195	217	229	233	248

上年 12 月 31 日的储蓄存款余额为 206 百万元。

设上年 12 月 31 日至 2021 年 12 月 31 日的储蓄存款余额为 $y_1, y_2, \cdots, y_6$，数据间隔月份数分别为 $f_1, f_2, \cdots, f_5$，利用公式（8-5）得该储蓄所 2021 年的平均储蓄存款余额为

$$\bar{y}=\frac{\frac{(y_1+y_2)}{2}\cdot f_1+\frac{(y_2+y_3)}{2}\cdot f_2+\cdots+\frac{(y_5+y_6)}{2}\cdot f_5}{f_1+f_2+f_3+f_4+f_5}$$

$$=\frac{\frac{(206+195)}{2}\times 1+\frac{(195+217)}{2}\times 4+\frac{(217+229)}{2}\times 3+\frac{(229+233)}{2}\times 2+\frac{(233+248)}{2}\times 2}{1+4+3+2+2}$$

≈ 220（百万元）

（2）根据相对数或平均数时间序列计算平均发展水平。

其计算公式为

$$\bar{y}=\frac{\bar{a}}{\bar{b}} \tag{8-6}$$

式中，a 和 b 都是绝对数，是计算 y 的分子和分母；$\bar{y}$ 是时间序列中相对数或平均数 y 的平均发展水平；$\bar{a}$ 和 $\bar{b}$ 分别是序列 a 和序列 b 的平均发展水平，可根据绝对数时间序列的相应公式计算。

【例 8-5】 某公司 2021 年第二季度各月销售收入和流动资金占用额如表 8-7 所示，试计算该公司二季度平均每月流动资金周转次数。

表 8-7 某公司 2021 年第二季度各月销售收入和流动资金占用额

月份	3月	4月	5月	6月
销售收入/万元	—	178	218	205
月末流动资金占用额/万元	135	146	126	118
流动资金周转次数	—	1.267	1.603	1.680

流动资金周转次数是一个相对数，其计算公式为

$$\text{流动资金周转次数}=\frac{\text{销售收入}}{\text{流动资金平均占用额}}$$

根据公式（8-6），该公司二季度平均每月流动资金周转次数为

$$\bar{y}=\frac{\bar{a}}{\bar{b}}=\frac{\sum a/n}{\left(\frac{b_1}{2}+b_2+\cdots+\frac{b_n}{2}\right)/(n-1)}$$

$$=\frac{(178+218+205)/3}{\left(\frac{135}{2}+146+126+\frac{118}{2}\right)/(4-1)}\approx 1.508\text{（次）}$$

3．增长量

增长量是两个时期发展水平的差额，用于反映现象在观察期内增长的绝对量，表示报告期水平与基期水平相比增加的绝对量。计算公式为

增长量=报告期水平-基期水平

报告期水平，也称为计算期水平，是所要研究的时期的发展水平；基期水平是作为对比基础的时期的发展水平。一般将发生在更早时期的发展水平称为基期水平，将发生在后面时期的发展水平称为报告期水平。

根据采用的基期不同，增长量分为逐期增长量、累计增长量和同比增长量。逐期增长量是报告期水平与前一个时期水平的差额；累计增长量是报告期水平与固定基期水平的差额；同比增长量是本年度某期发展水平与上年同期水平的差额。若用 Δ_i 表示第 i（i=1,2,⋯,n）期的增长量，y_i 表示第 i（i=1,2,⋯,n）期的观察值，y_0 为最初水平，则

逐期增长量：$$\Delta_i=y_i-y_{i-1} \quad (8\text{-}7)$$

累计增长量：$$\Delta_i=y_i-y_0 \quad (8\text{-}8)$$

同比增长量：$$\Delta_i=y_i-y_{\text{上年同期}} \quad (8\text{-}9)$$

逐期增长量和累计增长量的关系是：各期逐期增长量之和等于相应的累计增长量。

公式表示为 $$\sum_{i=1}^{n}(y_i-y_{i-1})=y_n-y_0 \quad (8\text{-}10)$$

【例 8-6】 根据我国 2015—2021 年的集成电路产量（单位：亿块）资料计算增长量。

逐期增长量和累计增长量的计算如表 8-8 所示。

表 8-8　我国 2015—2021 年集成电路产量增长量计算　　单位：亿块

年份	2015	2016	2017	2018	2019	2020	2021
集成电路产量	1 087	1 318	1 565	1 739	2 018	2 614	3 594
逐期增长量	—	231	247	174	279	596	980
累计增长量	—	231	478	652	931	1 527	2 507

4．平均增长量

平均增长量是各期增长量的平均数，计算公式如下。

$$\text{平均增长量}=\frac{\text{逐期增长量之和}}{\text{增长量个数}}=\frac{\sum_{i=1}^{n}(y_i-y_{i-1})}{n} \quad (8\text{-}11)$$

或 $$\text{平均增长量}=\frac{\text{累计增长量}}{\text{时期项数}}=\frac{y_i-y_0}{n} \quad (8\text{-}12)$$

【例 8-7】 根据表 8-8 中的数据计算我国 2015—2021 年集成电路产量的年均增长量。

根据公式（8-12）：

$$集成电路产量年均增长量=\frac{3\,594-1\,087}{6}\approx 418（亿块）$$

5．发展速度

发展速度是报告期水平与基期水平之比，用于反映现象在观察期内的相对变化程度，表示报告期水平是基期水平的百分之几或多少倍，一般用百分数表示。其计算公式为

$$发展速度=\frac{报告期水平}{基期水平}\times 100\%$$

根据对比基期不同，发展速度分为环比发展速度、定基发展速度和同比发展速度。环比发展速度是报告期水平与前一期水平之比，表示相邻两个观察期内的发展变化程度；定基发展速度是报告期水平与固定基期水平之比，表示若干个观察期内总的发展变化程度；同比发展速度是本年度某期发展水平与上年同期发展水平之比，表示今年是去年同期的百分之几。

用 r_i 表示第 i（i=1,2,$\cdots$,n）期发展速度，y_i 表示第 i（i=1,2,$\cdots$,n）期的观察值，y_0 为最初水平，则

环比发展速度：
$$r_i=\frac{y_i}{y_{i-1}} \tag{8-13}$$

定基发展速度：
$$r_i=\frac{y_i}{y_0} \tag{8-14}$$

同比发展速度：
$$r_i=\frac{y_i}{y_{上年同期}} \tag{8-15}$$

环比发展速度与定基发展速度的关系是，观察期内各环比发展速度的连乘积等于最末期的定基发展速度；相邻两个时期定基发展速度的比值等于后一个时期的环比发展速度。公式表示为

$$\frac{y_1}{y_0}\times\frac{y_2}{y_1}\times\cdots\times\frac{y_n}{y_{n-1}}=\frac{y_n}{y_0} \tag{8-16}$$

$$\frac{y_i}{y_0}\div\frac{y_{i-1}}{y_0}=\frac{y_i}{y_{i-1}} \tag{8-17}$$

6．增长速度

增长速度也称为增长率，是发展速度减掉基数后的结果，或增长量与基期水平之比，一般用%表示。

公式表示为

$$增长速度=\frac{报告期水平-基期水平}{基期水平}=发展速度-1$$

增长速度表示报告期水平比基期水平增长了百分之几或多少倍，发展速度大于 1 表示正增长，发展速度小于 1 表示负增长。增长速度也分为环比增长速度、定基增长速度和同比增长速度，若用 G_i 表示第 i（i=1,2,$\cdots$,n）期的增长速度，则

环比增长速度：
$$G_i=\frac{y_i-y_{i-1}}{y_{i-1}}=\frac{y_i}{y_{i-1}}-1 \tag{8-18}$$

定基增长速度：
$$G_i=\frac{y_i-y_0}{y_0}=\frac{y_i}{y_0}-1 \tag{8-19}$$

同比增长速度：

$$G_i=\frac{y_i-y_{上年同期}}{y_{上年同期}}=\frac{y_i}{y_{上年同期}}-1 \quad (8\text{-}20)$$

增长速度虽然也可分为环比增长速度和定基增长速度，但二者并不存在直接的换算关系。需要换算时，应利用环比发展速度和定基发展速度之间的关系。

【例 8-8】根据表 8-9 中的我国 2015—2021 年集成电路产量资料数据，核算各年度的发展速度和增长速度。

表 8-9　我国 2015—2021 年集成电路产量发展速度和增长速度计算

年份	2015	2016	2017	2018	2019	2020	2021
集成电路产量/亿块	1 087	1 318	1 565	1 739	2 018	2 614	3 594
环比发展速度/%	—	121.25	118.74	111.12	116.04	129.53	137.49
定基发展速度/%	—	121.25	143.97	159.98	185.65	240.48	330.63
环比增长速度/%	—	21.25	18.74	11.12	16.04	29.53	37.49
定基增长速度/%	—	21.25	43.97	59.98	85.65	140.48	230.63

7．平均发展速度

平均发展速度是时间序列中各期环比发展速度的平均数，用于反映现象在观察期内平均发展的相对程度，一般采用几何平均法计算，公式为

$$\bar{r}=\sqrt[n]{\frac{y_1}{y_0}\times\frac{y_2}{y_1}\times\cdots\times\frac{y_n}{y_{n-1}}}=\sqrt[n]{\prod\frac{y_i}{y_{i-1}}} \quad (8\text{-}21)$$

或

$$\bar{r}=\sqrt[n]{\frac{y_n}{y_0}} \quad (8\text{-}22)$$

式中，$\bar{r}$ 为平均发展速度，y_i/y_{i-1} 为各期环比发展速度，$\prod$ 为连乘的符号，y_n/y_0 为定基发展速度。

【例 8-9】以表 8-9 中的资料为例，计算我国 2015—2021 年集成电路产量的平均发展速度。

根据公式（8-22）得：

$$\bar{r}=\sqrt[6]{\frac{3\,594}{1\,087}}\approx 1.220\,6=122.06\%$$

则我国集成电路产量在 2015—2021 年的平均发展速度约为 122.06%。

将公式（8-22）进行变换可得到下面的预测公式：

$$\hat{y}_n=y_0\times\bar{r}^n \quad (8\text{-}23)$$

8．平均增长速度

平均增长速度也称平均增长率，用于反映现象在观察期内平均每期增长的相对程度，一般采用下式计算：

平均增长速度=平均发展速度-1

若平均发展速度大于 1，说明现象在观察期内平均来看是增长的；若平均发展速度小于 1，说明现象在观察期内平均来看是下降（或负增长）的。

【例 8-10】以【例 8-9】的计算结果说明我国集成电路产量的年平均增长速度。

从【例 8-9】的计算结果来看，我国集成电路产量在 2015—2021 年平均每年增长 22.06% 左右。

【例 8-11】如果以 2021 年的集成电路产量为起点，每年按 22.06%的速度增长，预测 2025

年我国的集成电路产量。

将数据代入公式（8-23）得：

$$\hat{y}_{2025} = y_{2021} \cdot \bar{r}^4$$
$$= 3\,594 \times 1.220\,6^4$$
$$\approx 7\,978（亿块）$$

使用增长速度分析问题时应注意：当发展水平出现负值或 0 时，如企业出现了亏损，利润就是负的，这时不能计算增长率指标，可以直接用绝对数进行对比，计算亏损额。

9．增长 1%的绝对值

增长率将数据的绝对量抽象掉了，同样的增长率背后可能是不一样的绝对量。例如，甲、乙两个公司的产值都比去年增长了 10%，但去年两个公司的产值水平却有很大不同，甲公司去年的产值是 2 个亿，乙公司去年的产值只有 600 万元。这时，不能只看相对量，应将增长的相对量与增长的绝对量结合起来进行分析，计算增长 1%的绝对值。

$$计算期增长1\%的绝对值 = \frac{前期水平}{100}$$

增长 1%的绝对值表示每增长一个百分点所对应的增长量。例如，甲、乙两公司的产值在计算期都比去年增长了 10%，但由于基数不同，增长量规模差异较大，甲公司增长 1%对应的绝对值是 200 万元，乙公司增长 1%对应的绝对值只有 6 万元。

8.1.5 Excel 操作

1．用 Excel 绘制时间序列折线图

数据准备：将表 8-8 中的数据输入 Excel 表格中，年份和集成电路产量各占一列。

绘图步骤：将光标放置在数据区域，单击“插入”→“推荐的图表”→“折线图”→“确定”，得到折线图，如图 8-5 所示。

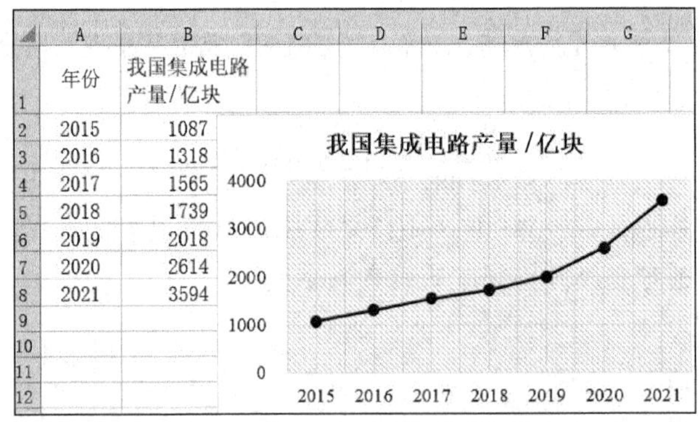

	A	B
1	年份	我国集成电路产量/亿块
2	2015	1087
3	2016	1318
4	2017	1565
5	2018	1739
6	2019	2018
7	2020	2614
8	2021	3594

图 8-5 我国 2015—2021 年集成电路产量折线图

2．用 Excel 计算时间序列分析指标

以表 8-8 中的我国集成电路产量数据计算增长量、平均增长量、发展速度和平均发展速度。

（1）增长量。计算增长量只能利用单元格操作的方法。单击 C3 单元格，输入“=B3-B2”，按“Enter”键，即可得到 2016 年的逐期增长量 231。将填充柄下拉至 C8 单元格，可得到 2017—2021 年我国集成电路年产量的逐期增长量。如果要计算累计增长量，可单击 D3 单元格，输入“=B3-1087”，按“Enter”键，即可得到 2016 年的累计增长量，将填充柄下拉至

D8，可得到 2017—2021 年我国集成电路年产量的累计增长量。如图 8-6 所示。

（2）平均增长量。单元格操作：单击 C1 单元格（可以是任意单元格），输入“=(B8-B2)/6”，按“Enter”键，得到 2015—2021 年我国集成电路产量年平均增长量 417.83 亿块，如图 8-7 所示。

	A	B	C	D
1	年份	我国集成电路产量/亿块	逐期增长量/亿块	累计增长量/亿块
2	2015	1087		
3	2016	1318	231	231
4	2017	1565	247	478
5	2018	1739	174	652
6	2019	2018	279	931
7	2020	2614	596	1527
8	2021	3594	980	2507

图 8-6　增长量的计算

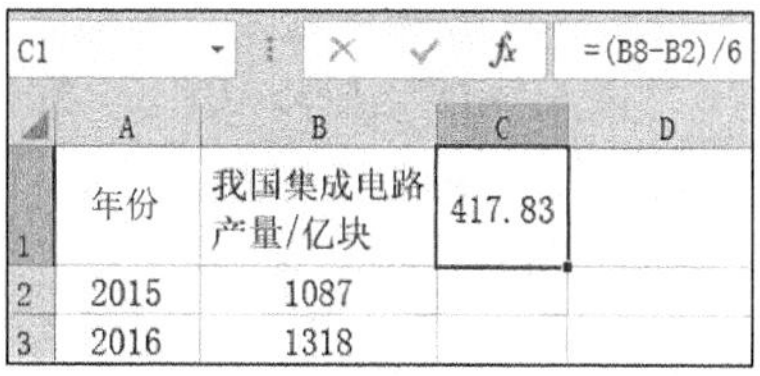

C1　　fx　=(B8-B2)/6

	A	B	C	D
1	年份	我国集成电路产量/亿块	417.83	
2	2015	1087		
3	2016	1318		

图 8-7　平均增长量的计算

（3）发展速度。单元格操作：单击 C3 单元格，输入“=B3/B2*100”，按“Enter”键，即可得到 2016 年的环比发展速度 121.25%。将填充柄下拉至 C8，可得到 2017—2021 年的环比发展速度。如果要计算定基发展速度，可单击 D3 单元格，输入“=B3/1087*100”，按“Enter”键，即可得到 2016 年的定基发展速度，将填充柄下拉至 D8，可得到 2017—2021 年的定基发展速度，如图 8-8 所示。

（4）平均发展速度。平均发展速度的计算可使用 POWER 函数，步骤是：单击任意单元格（准备放置结果），单击函数图标 fx，出现“插入函数”对话框，选择“POWER”函数，单击“确定”按钮，出现“函数参数”对话框，在“Number”框中输入“B8/B2”，在“Power”框中输入“1/6”，便可看到平均发展速度的计算结果 1.220 557 063，如图 8-9 所示。单击“确定”按钮，在选定的单元格中看到结果，即 2015—2021 年我国集成电路产量平均每年增长 22.06% 左右。

	A	B	C	D
1	年份	我国集成电路产量/亿块	环比发展速度/%	定基发展速度/%
2	2015	1087		
3	2016	1318	121.25	121.25
4	2017	1565	118.74	143.97
5	2018	1739	111.12	159.98
6	2019	2018	116.04	185.65
7	2020	2614	129.53	240.48
8	2021	3594	137.49	330.63

图 8-8　发展速度的计算

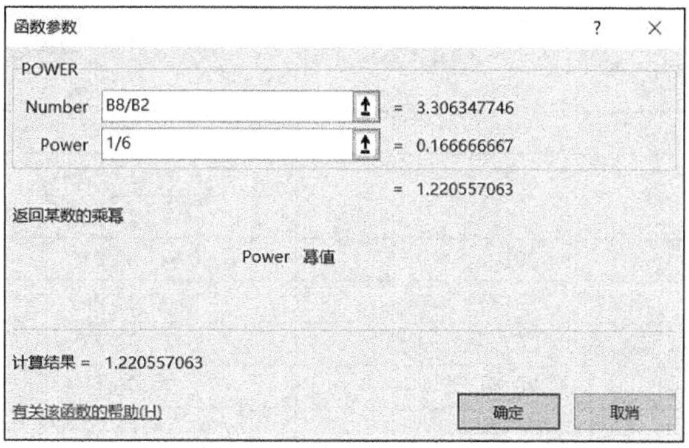

函数参数　? ×

POWER

Number　B8/B2　= 3.306347746

Power　1/6　= 0.166666667

= 1.220557063

返回某数的乘幂

Power 幂值

计算结果 = 1.220557063

有关该函数的帮助(H)　确定　取消

图 8-9　POWER“函数参数”对话框

8.1.6　习题与实训

一、选择题

1. 影响时间序列指标值大小的因素主要有（　　）。

A. 长期因素　　B. 偶然因素　　C. 季节因素

D. 循环变动因素　　E. 加权移动因素

2. 若时间序列在长时期内呈现出某种持续向上或向下的变动，则称为（　　）变动。

A. 趋势　　B. 季节性　　C. 随机性

D. 周期性　　E. 循环变动因素

3. 增长率是时间序列中（　　）。

A. 报告期观察值与基期观察值之比

B. 报告期观察值与基期观察值之比减 1 后的结果

C. 报告期观察值与基期观察值之比加 1 后的结果

D. 报告期观察值与基期观察值相减后除以基期观察值的结果

4. 已知某国的 GDP，2013—2017 年年均增长 10%，2018—2022 年年均增长 8%，则 2013—2022 年的平均增长速度为（　　）。

A. $\sqrt[10]{0.1\times0.08}$　　B. $\sqrt[10]{1.1\times0.08}-1$

C. $\sqrt[10]{(0.1)^5\times(0.08)^5}$　　D. $\sqrt[10]{(1.1)^5\times(1.08)^5}-1$

5. 增长一个百分点对应增加的绝对量称为（　　）。

A. 平均增长率　　B. 环比增长率

C. 增长 1%的绝对值　　D. 定基增长率

6. 同一个时间序列中的指标应满足的要求是（　　）。

A. 时间长短要统一　　B. 指标的计算价格和计量单位要统一

C. 指标的经济内容要统一　　D. 指标的计算方法要统一

二、思考题

1. 简述时间序列的 4 个变动因素。

2. 时间序列分析指标有哪些？

三、综合应用题

1. 我国高铁近年来快速发展，表 8-10 所示是 2008—2021 年我国高铁客运量统计数据。

表 8-10　2008—2021 年我国高铁客运量统计数据

年份	我国高铁客运量/万人	高铁客运量占铁路客运量的比重/%
2008	734	0.5
2009	4 651	3.1
2010	13 323	8.0
2011	28 552	15.8
2012	38 815	20.5
2013	52 962	25.1
2014	70 378	30.5
2015	96 139	37.9
2016	122 128	43.4
2017	175 216	56.8
2018	205 430	60.9
2019	235 833	64.4
2020	155 707	70.7
2021	192 236	73.6

要求：（1）用图形展示我国高铁客运量近年来的变化；（2）计算增长量、年平均增长量、增长率、年平均增长率等指标，用指标描述我国高铁客运量 2008—2021 年的变化特征。

2. 2022 年我国城镇居民人均可支配收入是 49 283 元，农村居民人均可支配收入是 20 133

元；2011 年，我国城镇居民和农村居民的人均可支配收入分别为 21 427 元和 7 394 元。请分别计算 2011—2022 年我国城镇居民和农村居民人均可支配收入的年均增长速度；若在 2022 年的基础上按此速度增长，到 2025 年我国城镇居民和农村居民的人均可支配收入将达到多少（不考虑物价因素）？

3. 收集经济统计指标的时间序列数据，或你感兴趣的时间序列数据，利用 Excel 绘制时间序列折线图，并计算时间序列分析指标，说明时间序列的动态变化情况。

8.2 时间序列外推预测

统计数据表明，大量社会经济现象的观察值会随时间变化呈现出某种趋势。假设这种趋势会延伸到未来，我们就可以利用一定的预测方法得到未来某个时期的估计值，这就是时间序列外推预测。利用时间序列进行外推预测需要具备一定的条件，即现象过去的变化可以用量化的数据表示，过去的发展过程属于渐进变化而不是跳跃变化。

8.2.1 时间序列预测方法

统计预测方法一般分为两大类：定性预测和定量预测。定量预测中，时间序列预测和回归预测是两大类基本的预测方法。

时间序列预测是基于现象随时间推移的变化规律，利用现象过去的统计数据预测未来的一类方法。由于时间序列预测所依赖的数据资料只是现象本身的历史数据，所以这类方法得到了广泛的应用。具体的时间序列预测方法有很多，本任务主要介绍 4 种常用的预测方法，即移动平均预测、指数平滑预测、线性趋势预测和季节变动预测，这些方法及其适用的时间序列类型如图 8-10 所示。想了解更多的预测方法可参考有关预测方面的教材和专著。

在选择预测方法时，主要应考虑现象过去发展的形态，如是否有长期趋势存在、是否有周期性的循环波动、是否存在季节变动、是否有明显的不规则变动等，不同的时间序列预测方法适用于不同的时间序列变动形态。一般的时间序列分析通常较少考虑周期性因素和不规则因素，而更多地关注序列是否有趋势变动和季节变动的存在。

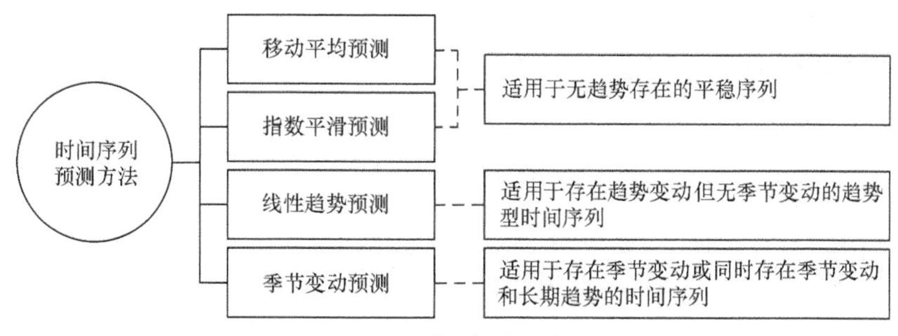

图 8-10 时间序列预测方法

8.2.2 时间序列预测的程序

利用时间序列进行预测的步骤可归纳为以下 4 步，如图 8-11 所示。

判断时间序列的类型，也就是确定时间序列所包含的因素，可以从绘制时间序列线图入手进行直观的观察。在选择预测方法时，如果主观上难以确定最佳预测方法，可以同时选择两种以上的方法进行预测，计算不同预测方法的预测误差，用预测误差的大小来决定预测方法的取舍。

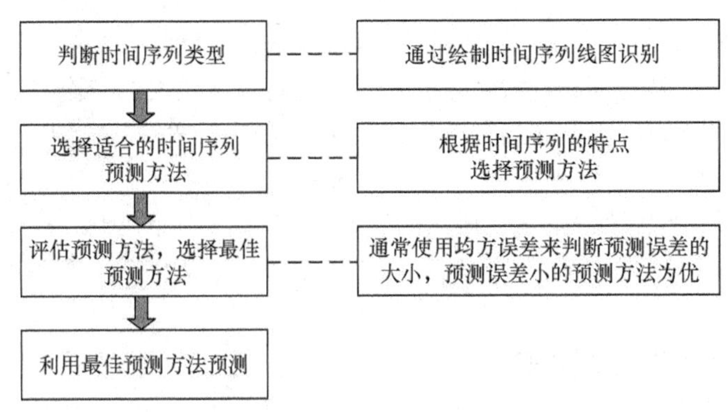

图 8-11　时间序列预测步骤

任何一项预测都会有误差存在，因为预测值是一个平均数，将来的实际值会受到许多因素的影响，它会围绕预测值上下波动，这就使预测值与实际值之间产生偏差，另外，预测方法选择得不恰当也会导致预测误差的产生。与预测误差相对应的是预测精度，预测误差越大，预测的准确度越低，即预测精度越低；反之，预测误差越小，预测精度越高。

预测误差是预测值与其实际值之间的离差，它是评价预测准确度的一个重要指标。计算预测误差的方法有以下几种。

1．平均绝对误差

平均绝对误差是各期实际值与预测值的离差绝对值的算术平均数。其公式为

$$\mathrm{MAD}=\frac{\sum|y_t-\hat{y}_t|}{n} \tag{8-24}$$

式中，y_t为t期的实际值，$\hat{y}_t$为t期的预测值，$t=1,2,\cdots,n$。

2．均方误差

均方误差是各期预测误差的平方的算术平均数。其公式为

$$\mathrm{MSE}=\frac{\sum(y_t-\hat{y}_t)^2}{n} \tag{8-25}$$

3．均方根误差

均方根误差即标准误差，是各期预测误差平方的算术平均数的平方根，也就是均方误差的平方根。其公式为

$$\mathrm{RMSE}=\sqrt{\frac{\sum(y_t-\hat{y}_t)^2}{n}} \tag{8-26}$$

预测误差的主要作用之一，是判断预测方法的优劣，在多个预测方法之间通过预测误差的比较，选出预测误差最小的预测方法，提高预测的精度。

8.2.3　移动平均预测

移动平均将时间序列中k期的观察值进行平均，随着观察期的推移，每当得到一个新的观察值时，就去掉最早期的一个观察值，加上一个最新观察值，计算移动平均数，每次平均都包含k个时期的数据。移动平均的作用主要有两个：一是对时间序列进行修匀，以消除时间序列中的随机波动，突出长期趋势；二是对平稳序列进行外推预测。

移动平均预测是将最近k期数据的平均数作为下一期的预测值，其优点是计算量少、简单易懂。该方法只适宜做短期预测，适合平稳波动的时间序列，不宜用于有长期趋势的时间

序列。因为用移动平均预测法对一组具有长期趋势的时间序列进行预测时，其预测值往往会低于实际值（增长趋势时）或高于实际值（下降趋势时）。

移动平均预测又分为简单移动平均预测和加权移动平均预测两种。

1．简单移动平均预测

简单移动平均预测就是将时间序列中最近 k 期数据的简单算术平均数作为下一期的预测值。其计算公式为

$$\hat{y}_{t+1}=(y_t+y_{t-1}+\cdots+y_{t-k+1})/k=\frac{1}{k}\cdot\sum_{t-k+1}^{t}y \tag{8-27}$$

式中，$\hat{y}_{t+1}$ 是 $t+1$ 期的预测值；$y_t,y_{t-1},\cdots,y_{t-k+1}$ 是最近 k 个时期的实际观察值；k 是移动平均的项数；t 是最新观察期。

【例 8-12】利用简单移动平均预测法预测某超市第 13 周的营业额，数据如表 8-11 所示。

（1）分别采用 3 项移动平均和 5 项移动平均进行预测，计算结果如表 8-11 所示。

若采用 3 项移动平均预测，第 1、2、3 周营业额的简单算术平均数 26 万元就是第 4 周的预测值，第 2、3、4 周营业额的简单算术平均数 28.7 万元就是第 5 周的预测值，以此类推。

若采用 5 项移动平均预测，第 1、2、3、4、5 周营业额的简单算术平均数 26.6 万元就是第 6 周的预测值，第 2、3、4、5、6 周营业额的简单算术平均数 27.8 万元就是第 7 周的预测值，以此类推。

若根据现有数据外推预测第 13 周的营业额，采用 3 项移动平均预测是第 10、11、12 周的简单算术平均数 29.7 万元；采用 5 项移动平均预测是第 8、9、10、11、12 周的简单算术平均数 27.4 万元。

表 8-11　某超市第 13 周营业额的 3 项和 5 项移动平均预测

周次	营业额 y/万元	3 项移动平均预测值 $\hat{y}$	预测误差 $y-\hat{y}$	误差平方 $(y-\hat{y})^2$	5 项移动平均预测值 $\hat{y}$	预测误差 $y-\hat{y}$	误差平方 $(y-\hat{y})^2$
1	24	—	—	—	—	—	—
2	28	—	—	—	—	—	—
3	26	—	—	—	—	—	—
4	32	26.0	6.0	36.0	—	—	—
5	23	28.7	−5.7	32.5	—	—	—
6	30	27.0	3.0	9.0	26.6	3.4	11.6
7	31	28.3	2.7	7.3	27.8	3.2	10.2
8	23	28.0	−5.0	25.0	28.4	−5.4	29.2
9	25	28.0	−3.0	9.0	27.8	−2.8	7.8
10	29	26.3	2.7	7.3	26.4	2.6	6.8
11	31	25.7	5.3	28.1	27.6	3.4	11.6
12	29	28.3	−0.7	0.5	27.8	1.2	1.4
13	—	29.7	—	—	27.4	—	—
合计	—	—	—	154.7	—	—	78.6
平均	—	—	—	17.2	—	—	11.2

注：y 是营业额的实际观察值，$\hat{y}$ 是营业额的移动平均预测值。

移动平均预测法应用的关键是移动平均间隔长度 k 的确定。对于同一个时间序列，采用不同的移动平均项数预测，其准确性是不同的。

（2）计算均方误差，选择合适的移动平均项数。计算结果如表 8-11 所示。

3 项移动平均的均方误差为

$$\mathrm{MSE}_3=\frac{(32-26)^2+(23-28.7)^2+\cdots+(29-28.3)^2}{9}=\frac{154.7}{9}\approx 17.2$$

5 项移动平均的均方误差为

$$\mathrm{MSE}_5=\frac{(30-26.6)^2+(31-27.8)^2+\cdots+(29-27.8)^2}{7}=\frac{78.6}{7}\approx 11.2$$

5 项移动平均的均方误差小于 3 项移动平均的均方误差，所以，预测该超市的营业额采用 5 项移动平均预测比较合适。

另外，在移动平均项数的确定上，如果时间序列存在周期性波动，移动平均的时期项数应等于周期长度。例如，以季度为时间单位登记的资料，以 4 项移动平均为宜；以月度为时间单位登记的资料，以 12 项移动平均为宜。

2．加权移动平均预测

利用简单移动平均预测法进行预测时，为每个观察值给予了相同的权数。但实际上，近期与远期的观察值对预测值的影响是不同的，通常情况下，近期观察值对预测值的影响要大于远期观察值的影响。加权移动平均预测，是对近期和远期的观察值给予不同的权数进行加权平均作为预测值。一般来说，权数的确定遵循“近大远小”的原则，距离预测期近的观察值应赋予较大的权数，较远时期的观察值依次被赋予越来越小的权数。

【例 8-13】 利用加权移动平均预测法预测某超市第 13 周的营业额，资料如表 8-11 所示。

设第 12、11、10 周的权数分别为 5、3、2，权数之和是 10，则第 13 周的加权移动平均预测值为 $\frac{29\times5+31\times3+29\times2}{5+3+2}=29.6$（万元）。

8.2.4 指数平滑预测

指数平滑预测是通过对过去的观察值加权平均进行预测的一种方法。

它与加权移动平均预测的相同点是，对实际观察值进行加权平均，并且以“近大远小”的原则确定权数大小，一般给予近期观察值较大的权数、远期观察值较小的权数。与加权移动平均预测不同的是：第一，加权移动平均预测需要存储 n 个时期的实际观察值，当移动平均的项数 n 很大时，需要存储的数据量也将很大，而指数平滑预测只需要存储少量的数据，有时甚至只需要一个最新的观察值、最新的预测值和平滑系数 α 值（即权数）；第二，加权移动平均预测法的权数等差递减，而指数平滑预测法的权数呈指数递减。

指数平滑预测法有一次指数平滑预测法、二次（多次）指数平滑预测法等，这里介绍一次指数平滑预测法。

一次指数平滑预测以本期实际观察值和本期预测值为基数，分别给二者不同的权数，求出指数平滑值，作为下一期的预测值。一次指数平滑预测法适用于平稳序列的短期预测。其计算公式为

$$\hat{y}_{t+1}=\alpha\cdot y_t+(1-\alpha)\cdot\hat{y}_t \tag{8-28}$$

式中，$\hat{y}_{t+1}$ 代表 $t+1$ 期的预测值，也是 t 期的指数平滑值；y_t 代表 t 期的实际观察值；$\hat{y}_t$ 代表 t 期的预测值，也是 $t-1$ 期的指数平滑值；α（$0\leqslant\alpha\leqslant1$）为平滑系数。

【例 8-14】 根据表 8-12 所示的资料，利用一次指数平滑预测法预测某超市第 13 周的营业额，平滑系数 α 分别取 0.1、0.5 和 0.9。

（1）计算一次指数平滑值。

根据一次指数平滑计算公式，利用第 1～12 周的实际营业额，可以求出第 2～12 周营业额的预测值，并据此外推预测第 13 周的营业额，具体计算结果如表 8-12 所示。

表 8-12 指数平滑预测计算 单位：万元

周次	营业额 y	指数平滑预测值		
		$\alpha=0.1$	$\alpha=0.5$	$\alpha=0.9$
1	24	—	—	—
2	28	25.80	25.00	24.20
3	26	26.02	26.50	27.62
4	32	26.02	26.25	26.16
5	23	26.62	29.13	31.42
6	30	26.25	26.06	23.84
7	31	26.63	28.03	29.38
8	23	27.07	29.52	30.84
9	25	26.66	26.26	23.78
10	29	26.49	25.63	24.88
11	31	26.74	27.31	28.59
12	29	27.17	29.16	30.76
13	—	27.35	29.08	29.18

初始值的确定。在实际预测中，将第一个时期的预测值，作为一次指数平滑值的初始值，它有两种常用的确定方法：一是取第一期的实际观察值作为初始值；二是取最初几期的平均值作为初始值。这里取第 1、2、3 周的平均值 26（$\frac{24+28+26}{3}$=26）作为第 1 周的预测值。

例如，α=0.1 时，

第二周的预测值 $\hat{y}_2=\alpha\cdot y_1+(1-\alpha)\cdot\hat{y}_1=0.1\times24+0.9\times26=25.8$，

第三周的预测值 $\hat{y}_3=\alpha\cdot y_2+(1+\alpha)\cdot\hat{y}_2=0.1\times28+0.9\times25.8=26.02$，

依次类推。

一次指数平滑系数 α 的确定。一次指数平滑系数 α 的值是由预测者确定的。平滑系数 α 的大小体现了不同时期的指标值在预测值中所起的作用。α 值越大，越重视本期实际值的作用；α 值越小，越重视本期预测值的作用。平滑系数取不同的值，可获得不同的变化速率，α 值越大反映越敏感，预测值波动越大；α 值越小，预测值波动越小。所以，当时间序列有较大的随机波动时，宜选较大的 α 值，以便能很快跟上近期的变化；当时间序列比较平稳时，宜选较小的 α 值。

（2）计算均方误差，选择合适的平滑系数。

实际中，α 究竟取多大值为宜？通常的做法是先取几个不同的 α 值进行试算，然后分别计算其均方误差，取均方误差最小的 α 值。根据表 8-12 中的资料计算，α=0.1 时的均方误差最小，为 12.18，所以选 α=0.1 进行预测比较合适。

$$\alpha=0.1\text{时，}\mathrm{MSE}_{\alpha=0.1}=\frac{(28-25.8)^2+(26-26.02)^2+\cdots+(29-27.17)^2}{11}=\frac{133.87}{11}=12.17$$

$$\alpha=0.5\text{时，}\mathrm{MSE}_{\alpha=0.5}=\frac{(28-25)^2+(26-26.5)^2+\cdots+(29-29.16)^2}{11}=\frac{173.15}{11}\approx15.74$$

$$\alpha=0.9\text{时，}\mathrm{MSE}_{\alpha=0.9}=\frac{(28-24.2)^2+(26-27.62)^2+\cdots+(29-30.76)^2}{11}=\frac{251.34}{11}\approx22.85$$

一次指数平滑预测法适用于水平波动的时间序列分析，且只适用于短期预测。当时间序列具有上升或下降的变动趋势时，预测偏差会比较大，最好使用二次指数平滑预测法进行预测。二次指数平滑预测法本书不涉及，读者可参考其他相关教材。

8.2.5 线性趋势预测

社会经济现象在较长时间内呈现出来的长期变动趋势，以及这种趋势所具有的外延性，成为时间序列外推预测的基础。外推预测通常要借助于时间序列模型。如果时间序列随时间变化近似地表现为一条直线，即不断上升或不断下降的变动趋势，可以建立线性趋势模型，但市场经济活动是复杂的，很多现象不能用线性模型来预测，这时还应考虑非线性模型。当认识模糊时，可以同时对一个时间序列配合两个以上的模型，然后对比不同模型的均方误差，用均方误差最小的模型来预测。

这里介绍最常用的线性趋势预测法。

1．线性趋势方程的拟合

线性趋势方程的拟合就是利用线性回归的方法为时间序列建立一个线性方程，以揭示数据变化的长期趋势。当现象的逐期增长量大体相同时，可以考虑拟合线性趋势方程。线性趋势方程的一般形式为

$$\hat{y}=a+b\cdot t \tag{8-29}$$

式中，$\hat{y}$ 为时间序列的趋势值；t 为时间序列的时期序号；a 为截距；b 为直线斜率，表示时间每外延一期现象观察值的平均变动量。

采用最小二乘法计算参数 a、b，计算公式为

$$\begin{cases} b=\dfrac{n\sum ty-\sum t\sum y}{n\sum t^2-(\sum t)^2} \\ a=\overline{y}-b\overline{t} \end{cases} \tag{8-30}$$

将时期序号 t 的值依次代入线性趋势方程可得到时间序列的预测值。

【例 8-15】根据表 8-13 中某公司 2010—2021 年的销售额资料拟合线性趋势方程并预测 2022—2025 年的销售额。

表 8-13 某公司 2010—2021 年的销售额资料

年份	t	销售额 y /万元	$t\cdot y$	t^2	$\hat{y}$
2010	1	490	490	1	473.72
2011	2	480	960	4	473.72
2012	3	510	1 530	9	532.68
2013	4	590	2 360	16	562.16
2014	5	570	2 850	25	591.64
2015	6	640	3 840	36	621.12
2016	7	680	4 760	49	650.60
2017	8	670	5 360	64	680.08
2018	9	690	6 120	81	709.56
2019	10	760	7 600	100	739.04
2020	11	750	8 250	121	768.52
2021	12	800	9 600	144	798.00
合计	78	7 630	53 810	650	—

（1）拟合线性趋势方程式。

将表 8-13 中的数据代入参数 a、b 的计算公式，得：

$$b=\frac{12\times 53\,810-78\times 7\,630}{12\times 650-78^2}\approx 29.48$$

则 $a=\frac{7\,630}{12}-29.48\times\frac{78}{12}\approx 444.21$

$\hat{y}=444.21+29.48\cdot t$

（2）预测 2022—2025 年的销售额。将时期序号 $t=1,2,\cdots,12$ 的值依次代入线性趋势方程可得到时间序列的预测值，预测结果见表 8-13 中的 $\hat{y}$ 列。若想预测 2022 年的销售额，将 $t=13$ 代入方程，得到预测值：

$\hat{y}_{2022}=444.21+29.48\times 13=827.45$（万元）

分别将 $t=14$、$t=15$、$t=16$ 代入方程中，可分别得到 2023 年、2024 年和 2025 年销售额的预测值 856.93 万元、886.41 万元和 915.89 万元。

2．预测精度的测量

在利用线性趋势方程进行外推预测时，通常用估计标准误差来衡量时间序列趋势预测的误差，其计算公式为

$$S_y=\sqrt{\frac{\sum(y-\hat{y})^2}{n-2}} \tag{8-31}$$

【例 8-16】 根据表 8-13 中的数据计算预测误差。

将表 8-13 中的数据代入公式（8-31）中，得预测的估计标准误差为

$S_y=\sqrt{\frac{5\,052.34}{12-2}}\approx 22.48$（万元）

通过线性趋势图也可以直观地看出模型拟合的程度。从图 8-12 来看，线性预测值基本上反映了销售额的实际变化。

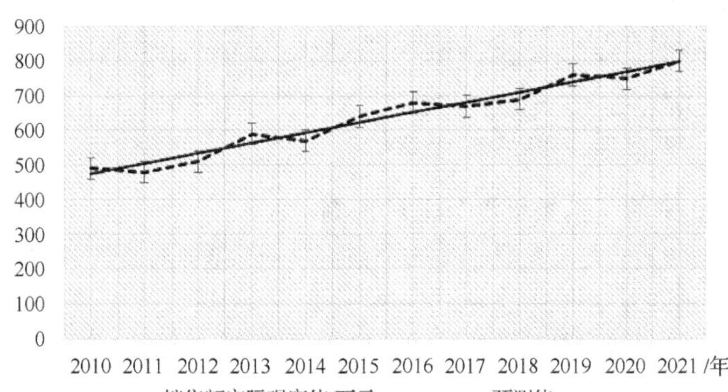

图 8-12　某公司 2010—2021 年销售额的实际观察值与预测值

8.2.6　Excel 操作

1．利用 Excel 中的“移动平均”工具预测

资料准备：将表 8-11 所示的某超市 12 周营业额的数据输入 Excel 表格中。

（1）通过绘制折线图，可以看出该超市 12 周营业额数据大体属于水平波动，如图 8-13 所示，所以，可以采用移动平均预测法进行短期预测。

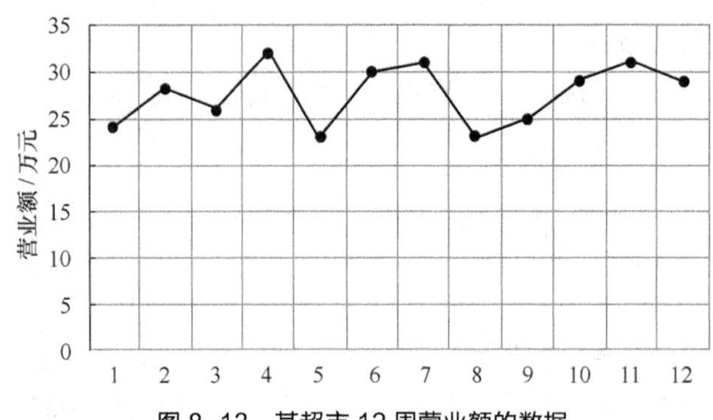

图 8-13　某超市 12 周营业额的数据

（2）使用移动平均预测法预测。

步骤 1：选择“移动平均”工具。单击“数据”→“数据分析”→“移动平均”→“确定”，打开“移动平均”对话框。

步骤 2：设置移动平均参数。将光标放在“输入区域”框中，拖动鼠标指针选择营业额所在的区域 B2:B13；在“间隔”框中输入“3”，表示 3 项移动平均；在“输出区域”框中输入“$C$3”准备放置移动平均结果，如图 8-14 所示。

步骤 3：单击“确定”按钮，得到移动平均结果，将输出数据设置为保留两位小数，如图 8-15 所示。

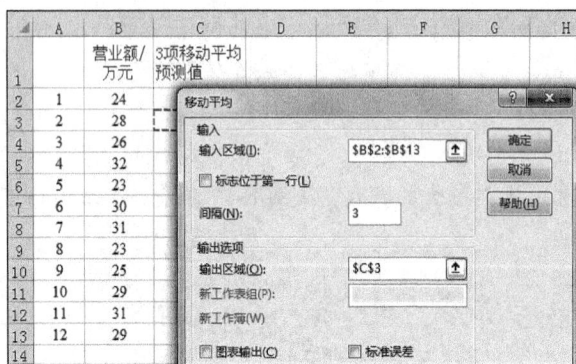

	A	B	C
1		营业额/万元	3项移动平均预测值
2	1	24	
3	2	28	
4	3	26	
5	4	32	
6	5	23	
7	6	30	
8	7	31	
9	8	23	
10	9	25	
11	10	29	
12	11	31	
13	12	29	
14			

移动平均
输入
输入区域(I): $B$2:$B$13
标志位于第一行(L)
间隔(N): 3
输出选项
输出区域(O): $C$3
新工作表组(P):
新工作薄(W)
图表输出(C)　标准误差
确定　取消　帮助(H)

图 8-14　“移动平均”对话框

	A	B	C
1		营业额/万元	3项移动平均预测值
2	1	24	
3	2	28	
4	3	26	
5	4	32	26.00
6	5	23	28.67
7	6	30	27.00
8	7	31	28.33
9	8	23	28.00
10	9	25	28.00
11	10	29	26.33
12	11	31	25.67
13	12	29	28.33
14			29.67

图 8-15　移动平均输出结果

2．利用 Excel 中的“指数平滑”工具预测

步骤 1：选择“指数平滑”工具。单击“数据”→“数据分析”→“指数平滑”→“确定”，打开“指数平滑”对话框。

步骤 2：设置指数平滑参数。将光标放在“输入区域”框中，拖动鼠标指针选择营业额所在的区域 B2:B13；在“阻尼系数”框中输入$1-\alpha$值，若α取值 0.1，则$1-\alpha=0.9$；在“输出区域”框中输入“$C$2”准备放置指数平滑结果，如图 8-16 所示。

步骤 3：单击“确定”按钮，得到指数平滑结果，如图 8-17 所示。注意：这里输出的$\alpha=0.1$时的指数平滑值与表 8-12 中$\alpha=0.1$时的指数平滑值不一致，原因是初始值的确定方法不同，表 8-12 中初始值采用的是序列前 3 项观察值的简单算术平均数[(24+28+26)/3=26]，而这里，Excel 默认初始值是序列的第一项观察值（24）。

通过销售额的实际观察值与 3 项移动平均预测值、指数平滑预测值折线可以看出预测效果，如图 8-18 所示。

图 8-16 “指数平滑”对话框

	A	B	C
1		营业额/万元	指数平滑预测值 α=0.1
2	1	24	#N/A
3	2	28	24
4	3	26	24.4
5	4	32	24.56
6	5	23	25.304
7	6	30	25.0736
8	7	31	25.56624
9	8	23	26.109616
10	9	25	25.7986544
11	10	29	25.71878896
12	11	31	26.04691006
13	12	29	26.54221906

图 8-17 指数平滑输出结果

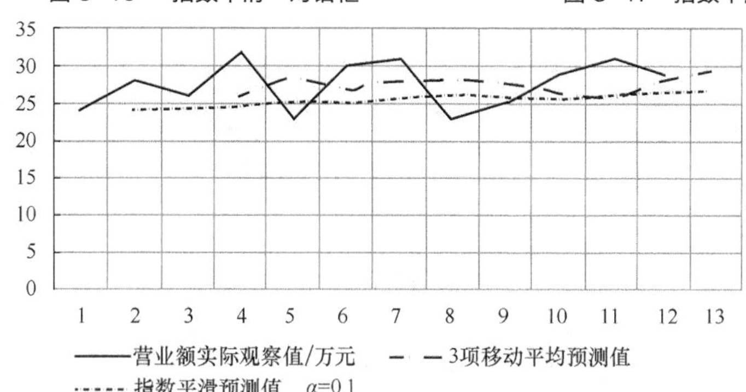

图 8-18 销售额的实际观察值、3 项移动平均预测值和指数平滑预测值的对比

3. 利用 Excel 中的“回归”工具预测

数据准备：将表 8-13 中某公司 2010—2021 年的销售额资料输入 Excel 表格中。通过图 8-12 所示的折线图可以看出，该公司销售额在 2010—2021 年呈现出线性增长趋势，所以，可以采用线性趋势预测法进行预测。

（1）建立线性趋势方程。

步骤 1：单击“数据”→“数据分析”→“回归”→“确定”，打开“回归”对话框。

步骤 2：设置回归参数。将光标移至“Y 值输入区域”框中，拖动鼠标指针选择销售额所在的单元格区域 C2:C13；将光标移至“X 值输入区域”框中，拖动鼠标指针选择时期序号所在的单元格区域 B2:B13；在“输出区域”选择任意单元格，这里选择“$D$1”，如图 8-19 所示。

	A	B	C
1	年份	t	销售额（万元）y
2	2010	1	490
3	2011	2	480
4	2012	3	510
5	2013	4	590
6	2014	5	570
7	2015	6	640
8	2016	7	680
9	2017	8	670
10	2018	9	690
11	2019	10	760
12	2020	11	750
13	2021	12	800

回归
输入
Y 值输入区域(Y): $C$2:$C$13
X 值输入区域(X): $B$2:$B$13
标志(L) 常数为零(Z)
置信度(F) 95 %
输出选项
输出区域(O): $D$1
新工作表组(P):
新工作薄(W)
残差
残差(R) 残差图(D)
标准残差(T) 线性拟合图(I)
正态分布
正态概率图(N)
确定 取消 帮助(H)

图 8-19 “回归”对话框

步骤 3：单击“确定”按钮，得到线性回归结果，如图 8-20 所示。

D	E	F	G	H	I	J	K	L
SUMMARY OUTPUT								
回归统计								
Multiple	0.980267							
R Square	0.960923							
Adjusted	0.957015							
标准误差	22.47739							
观测值	12							
方差分析								
	df	SS	MS	F	gnificance F			
回归分析	1	124239.3	124239.3	245.905	2.28E-08			
残差	10	5052.331	505.2331					
总计	11	129291.7						
	Coefficien	标准误差	t Stat	P-value	Lower 95%	Upper 95%	下限 95.0%	上限 95.0%
Intercept	444.2424	13.83388	32.11265	2.02E-11	413.4186	475.0662	413.4186	475.0662
X Variabl	29.47552	1.879654	15.68136	2.28E-08	25.28739	33.66365	25.28739	33.66365

图 8-20　回归分析输出结果

建立线性趋势方程：

$$\hat{y} = 444.24 + 29.48 \cdot t$$

（2）预测 2022 年的销售额。

将 $t = 13$ 代入线性趋势方程中，即得到 2022 年销售额的预测值：

$\hat{y}_{2022} = 444.24 + 29.48 \times 13 = 827.48$（万元）

8.2.7　习题与实训

一、选择题

1. 在下列选项中，不属于时间序列预测步骤的是（　　）。

   A. 确定时间序列的类型　　B. 找出适当的预测方法

   C. 对预测方法进行评估　　D. 计算时间序列的增长率

2. 指数平滑预测法适用于（　　）。

   A. 平稳序列　　B. 非平稳序列

   C. 有趋势成分的序列　　D. 有季节成分的序列

3. 移动平均预测法适用于（　　）。

   A. 平稳序列　　B. 非平稳序列

   C. 有趋势成分的序列　　D. 有季节成分的序列

4. 移动平均的主要作用是（　　）

   A. 消除偶然因素引起的波动　　B. 消除长期因素引起的波动

   C. 消除季节变动的影响　　D. 消除周期性变动的影响

5. 如果现象随时间的推移而呈现出稳定增长或下降的变化趋势，适合采用的预测方法是（　　）。

   A. 移动平均预测法　　B. 指数平滑预测法

   C. 线性模型法　　D. 曲线模型法

6. 若某产品各年销售量的线性趋势方程为 $\hat{y} = 140 + 21 \cdot t$，则表明（　　）。

   A. 时间每增加 1 年，销售量平均增加 21 万件

   B. 时间每增加 1 年，销售量平均减少 21 万件

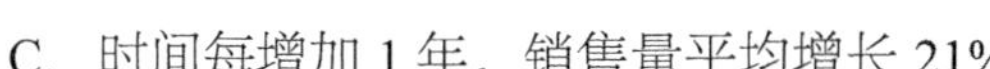

C. 时间每增加 1 年，销售量平均增长 21%

D. 时间每增加 1 年，销售量平均减少 21%

7. 最小二乘法的数学依据是（　　）。

A. $\sum(y-\hat{y})^2=0$　　　　B. $\sum(y-\hat{y})=0$

C. $\sum(y-\hat{y})=$ 最小值　　　　D. $\sum(y-\hat{y})^2=$ 最小值

8. 用指数平滑预测法得到的 $t+1$ 期的预测值等于（　　）。

A. t 期的实际观察值与 $t+1$ 期指数平滑值的加权平均值

B. t 期的实际观察值与 t 期指数平滑值的加权平均值

C. t 期的实际观察值与 $t+1$ 期实际观察值的加权平均值

D. t 期的指数平滑值与 $t+1$ 期实际观察值的加权平均值

9. 在使用指数平滑预测法进行预测时，如果时间序列比较平稳，则平滑系数 α 的取值（　　）。

A. 应该偏小　　B. 应该偏大　　C. 应该等于 0　　D. 应该等于 1

10. 下列公式中属于计算均方误差的公式是（　　）。

A. $\dfrac{\sum_{i=1}^{n}\left(\dfrac{y_i-\hat{y}_i}{y_i}\times100\right)}{n}$　　　　B. $\dfrac{\sum_{i=1}^{n}\left|y_i-\hat{y}_i\right|}{n}$

C. $\dfrac{\sum_{i=1}^{n}(y_i-\hat{y}_i)}{n}$　　　　D. $\dfrac{\sum_{i=1}^{n}(y_i-\hat{y}_i)^2}{n}$

二、思考题

1. 简述时间序列预测的程序。

2. 简述时间序列预测的常用方法及其适用条件。

三、综合应用题

1. 某地区 2011—2022 年的茶叶产量数据如表 8-14 所示。

表 8-14　茶叶产量数据

年份	茶叶产量/万吨	年份	茶叶产量/万吨
2011	16	2017	28
2012	18	2018	31
2013	20	2019	33
2014	22	2020	36
2015	23	2021	39
2016	25	2022	41

要求：（1）绘制时间序列折线图，判断茶叶产量的变动形态。

（2）计算茶叶产量的 3 项移动平均数，并预测 2023 年的茶叶产量。

（3）采用指数平滑预测法，分别用 0.3、0.5、0.7 的平滑系数计算各年茶叶产量的预测值，并预测 2023 年的产量；计算均方误差，说明用哪个平滑系数预测更合适。

（4）建立一个线性趋势方程，预测 2023 年的茶叶产量。

（5）预测该地区 2023 年的茶叶产量，选用哪种方法比较合适？给出你的分析和判断。

2. 某公司 10 年的产量资料如表 8-15 所示，用最小二乘法建立线性趋势方程，说明方程中 b 的经济意义，并预测 2025 年的产量。

表 8-15　产量资料

年份	产量/万台	年份	产量/万台
2013	355	2018	470
2014	379	2019	481
2015	381	2020	449
2016	431	2021	544
2017	424	2022	601

8.3　季节变动预测

8.3.1　季节指数的计算

季节变动是指经济活动在一年之内呈现出的起伏波动。通常以季度或月度为时间单位观察季节变动，现在，以周或日为时间单位的观察也是季节变动研究的范围。分析季节变动的数据至少是 3 周期的，如月度资料需要至少 36 个月的数据，季度资料至少需要 12 个季度的数据。

测定季节变动规律的方法是计算季节指数（或称季节比率）。季节指数是用来反映某月或某季度的水平大小占全年平均水平大小的百分数。若某月（或季度）的水平大于全年平均水平，则季节指数大于 100%；反之，若某月（或季度）的水平小于全年平均水平，则季节指数小于 100%。季节指数的计算分以下两种情况：一是时间序列不存在长期趋势时，计算季节指数采用按月（或按季）平均法；二是时间序列存在长期趋势时，计算季节指数采用趋势剔除法。

1. 按月（或按季）平均法

如果时间序列不存在明显的长期趋势，计算季节指数可采用按月（或按季）平均法，即先计算若干年的同月（或同季）平均数以消除随机波动，然后计算季节指数，计算步骤如图 8-21 所示。

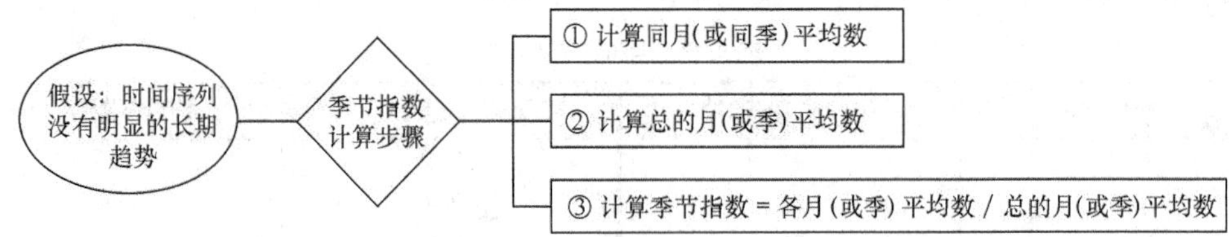

图 8-21　按月（或按季）平均法季节指数计算步骤

【例 8-17】 利用表 8-16 所示的某产品 3 年的销售量数据测定该产品的季节变动规律。

在表 8-16 中，产品销售量数据在 2019—2021 年没有明显的长期趋势存在，因此可以采用按季平均法计算季节指数。

表 8-16　某产品销售量的简单平均法季节指数计算　　单位：万件

季度	2019 年	2020 年	2021 年	同季平均	季节指数/%
一	24	26	25	25.00	126.58
二	12	13	15	13.33	67.51
三	8	10	9	9.00	45.57
四	30	32	33	31.67	160.34
合计	74	81	82	79.00	400.00
平均	18.5	20.3	20.5	19.75	100.00

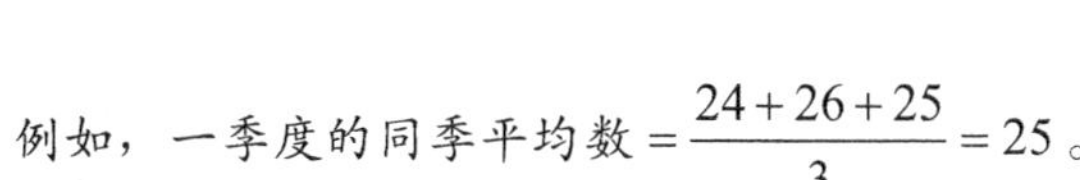

例如，一季度的同季平均数 $=\dfrac{24+26+25}{3}=25$。

一季度的季度指数 $=\dfrac{25}{19.75}\approx 126.58\%$。

计算结果表明，一、四季度是该产品销售旺季，二、三季度是销售淡季。

该方法计算简单，易于理解，但应注意其适用条件，当时间序列存在明显的长期趋势时，该方法计算的季节指数不够准确。当时间序列呈现明显上升趋势时，年末季节指数大于年初季节指数；而当时间序列呈现明显下降趋势时，年末季节指数小于年初季节指数。

2．趋势剔除法

对于存在长期趋势的时间序列，计算季节指数适合采用趋势剔除法。首先剔除时间序列中的长期趋势，然后计算季节指数，计算步骤如图 8-22 所示。

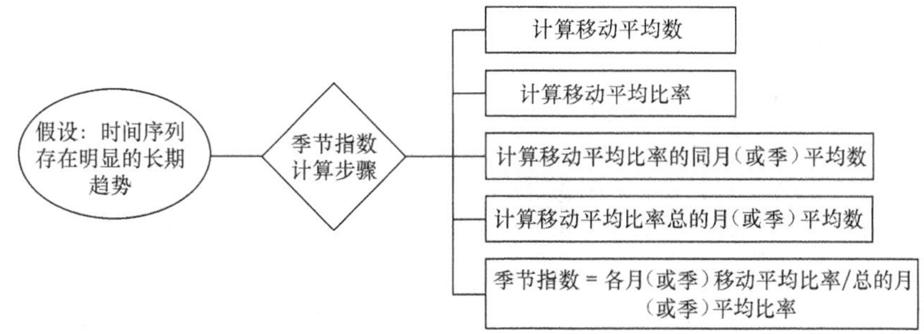

图 8-22　趋势剔除法季节指数的计算步骤

上述计算步骤的假定是：时间序列各变动因素的关系是 $y=T\times S\times C\times I$，且各年度的不规则变动 I 彼此独立。

计算移动平均数的目的是消除季节变动 S 和不规则波动 I，使序列只包含长期趋势 T 和循环波动 C，即 $T\times C$。在移动平均项数的选择上，若季度资料采用 4 项移动平均，则月度资料采用 12 项移动平均。

计算移动平均比率的目的是消除长期趋势 T 和循环波动 C，使序列包含季节变动 S 和不规则波动 I，即 $\dfrac{T\times S\times C\times I}{T\times C}$。计算移动平均比率的方法是，用序列观察值 y 除以移动平均趋势值 $T\times C$。

计算移动平均比率同月（季）平均数的目的是消除不规则变动 I 的影响，使序列的影响因素只剩下季节变动 S。

【例 8-18】 利用表 8-17 所示的某商品 3 年的销售额数据测定该商品的季节变动规律。

该商品销售额在年度内存在季节变动，在年度间存在长期趋势，因此，采用趋势剔除法计算季节指数。

步骤 1：计算 12 个月移动平均数。

如表中第④⑤⑥列所示。计算 12 项移动平均数需要两步。首先，12 项移动平均数应放在这 12 项观察值中间的位置上，这个位置没有相对应的时间，然后进行 2 项移动平均，即将其进行“中心化”处理，2 项移动平均的结果放在这两项中间的位置上，这样，经过两次移动平均后获得了表 8-17 中第④⑤⑥列的“中心化移动平均数”，第一个 12 项移动平均数“240”在 2019 年 7 月的位置上，最后一个 12 项移动平均数“308”在 2021 年 6 月的位置上。

在采用移动平均法对时间序列进行平滑时，凡是偶数项（如 4 项、12 项等）移动平均都

需要进行两次移动平均，而移动平均后的序列项数，若12项移动平均则比原序列少12项，若4项移动平均则比原序列少4项。奇数项移动平均比较简单，如3项移动平均的结果放在3项中间第2项的位置上，新序列比原序列少3项，5项移动平均的结果放在5项中间第3项的位置上，新序列比原序列少5项。

步骤2：计算移动平均比率。

将序列的各月观察值除以相应的中心化移动平均数，如表8-17中的第⑦⑧⑨列所示。

表8-17 某商品销售额的趋势剔除法季节指数计算

月份	实际观察值 y/万元			12个月移动平均数 $\hat{y}$			移动平均比率 $\frac{y}{\hat{y}}$/%			同月移动平均比率/%	季节指数/%
	2019年	2020年	2021年	2019年	2020年	2021年	2019年	2020年	2021年	⑩	⑪
	①	②	③	④	⑤	⑥	⑦=①/④	⑧=②/⑤	⑨=③/⑥		
1	353	400	460	—	263	291	—	152.04	157.85	154.95	155.20
2	342	378	412	—	266	292	—	142.11	141.26	141.68	141.91
3	260	360	390	—	269	292	—	133.87	133.47	133.67	133.88
4	240	287	300	—	271	296	—	105.99	101.41	103.70	103.87
5	245	280	310	—	273	302	—	102.72	102.62	102.67	102.83
6	200	220	230	—	275	308	—	80.00	74.73	77.36	77.48
7	170	200	210	240	279	—	70.82	71.75	—	71.28	71.39
8	190	230	226	244	283	—	78.03	81.37	—	79.70	79.83
9	150	180	197	249	285	—	60.20	63.08	—	61.64	61.74
10	175	190	260	255	287	—	68.55	66.17	—	67.36	67.47
11	212	240	320	259	289	—	81.95	83.07	—	82.51	82.64
12	320	350	407	261	291	—	122.61	120.45	—	121.53	121.72
平均	238	276	310	—	—	—	—	—	—	99.84	100.0

步骤3：计算同月移动平均比率的平均数。

对各年度同月的移动平均比率计算简单平均数，如表8-17中的第⑩列所示。

例如，1月移动平均比率的平均数$=\frac{152.04+157.85}{2}\approx154.95$；2月移动平均比率的平均数$=\frac{142.11+141.26}{2}\approx141.69$，以此类推。

步骤4：计算移动平均比率总的月平均数，如表8-17中的第⑩列所示。

$$\text{总的月平均数}=\frac{154.95+141.68+133.67+103.70+\cdots+82.51+121.53}{12}\approx99.84\%$$

步骤5：计算季节指数。

将同月平均比率除以总的月平均数，如表8-17中的第⑪列所示。

例如，1月季节指数$=\frac{154.95\%}{99.84\%}=155.20\%$；

2月季节指数$=\frac{141.68\%}{99.84\%}=141.91\%$。

从表8-17中的计算结果可看出，季节指数大的1、2、3、12月是商品的销售旺季，季节指数小的7、8、9、10月是销售淡季。

8.3.2 季节指数预测

【例 8-19】根据表 8-17 中的资料，利用季节指数预测 2022 年各月的销售额。

根据季节指数进行预测，可以分为 3 步。

（1）根据原时间序列配合线性趋势方程。

根据表 8-17 中 2019 年 1 月至 2021 年 12 月的实际销售额（单位：万元）资料，采用最小二乘法配合线性趋势方程，方程为

$$\hat{y} = 248.1857 + 1.44 \cdot t$$

（2）利用线性趋势方程外推预测。

若想预测 2022 年 1—12 月的销售额，t 的取值应是 36 个月之后的第 37～48 个月。分别将 37～48 这 12 个数代入方程中，可得到 2022 年 1—12 月的线性趋势值，如表 8-18 所示。

（3）根据季节指数确定季节预测值。

用【例 8-17】计算的季节指数乘线性趋势值，即得到 2022 年 12 个月的季节预测值。2022 年各月销售额的预测值如表 8-18 第③列所示。

表 8-18 季节指数预测计算

月份	线性趋势值/万元	季节指数/%	季节预测值/万元
	①	②	③=①×②
37	301	155.20	468
38	303	141.91	430
39	304	133.89	407
40	306	103.87	318
41	307	102.84	316
42	309	77.49	239
43	310	71.40	221
44	312	79.83	249
45	313	61.74	193
46	314	67.47	212
47	316	82.64	261
48	317	121.72	386

8.3.3 Excel 操作

1. 计算季节指数

数据准备：将表 8-16 所示的数据输入 Excel 表格中，如图 8-23 所示。

	A	B	C	D
1	季度	2019年	2020年	2021年
2	一	24	26	25
3	二	12	13	15
4	三	8	10	9
5	四	30	32	33

图 8-23 某产品 3 年各季度的销售量

通过单元格操作计算季节指数。

步骤 1：计算同季平均数。单击 E2 单元格，输入“=(B2+C2+D2)/3”，按“Enter”键得到一季度的同季平均数 25；将填充柄向下拖至 E5 单元格，分别得到二、三、四季度的同季平均数，如图 8-24 第 E 列所示。

步骤 2：计算 3 个年度总的季平均数。单击 E6 单元格，在“开始”菜单中单击Σ·，选择“平均值”，选中计算平均数的区域 B2:D5，按“Enter”键，得到 3 年总的季平均数 19.75，如图 8-24 第 E 列所示。

步骤 3：计算季节指数。单击 F2 单元格，输入“=E2/19.75*100”，按“Enter”键得到一季度的季节指数 126.58%；将填充柄向下拖至 F5 单元格，分别得到二、三、四季度的季节指数 67.51%、45.57%、160.34%，如图 8-24 第 F 列所示。

	A	B	C	D	E	F
1	季度	2019年	2020年	2021年	同季平均数	季节指数/%
2	一	24	26	25	25.00	126.58
3	二	12	13	15	13.33	67.51
4	三	8	10	9	9.00	45.57
5	四	30	32	33	31.67	160.34
6					19.75	

图 8-24　计算季节指数

2．利用季节指数预测

假设 2022 年的商品销售总量要达到 90 万件，季平均销售量就是 22.5 万件，根据季节指数可以预测 2022 年各季度的销售量。

单击 G2 单元格，输入“=F2*22.5/100”，按“Enter”键得到 2022 年一季度的销售量预测值 28.48 万件；将填充柄向下拖至 G5 单元格，分别得到 2022 年二、三、四季度的预测值 15.19、10.25、36.08 万件，如图 8-25 第 G 列所示。

	A	B	C	D	E	F	G
1	季度	2019年	2020年	2021年	同季平均数	季节指数/%	预测
2	一	24	26	25	25.00	126.58	28.48
3	二	12	13	15	13.33	67.51	15.19
4	三	8	10	9	9.00	45.57	10.25
5	四	30	32	33	31.67	160.34	36.08
6					19.75		

图 8-25　利用季节指数预测

8.3.4　习题与实训

一、选择题

1. 时间序列在一年内重复出现的周期性波动称为（　　）。

   A. 长期趋势　　B. 季节变动　　C. 周期性波动　　D. 随机变动

2. 按季度资料计算的季节指数之和应等于（　　）。

   A. 100%　　B. 400%　　C. 120%　　D. 1 200%

3. 如果某月份（或某季度）有明显的季节变化，则其季节指数应（　　）。

   A. 大于 100%　　B. 等于 1

   C. 大于或小于 100%　　D. 等于 0

4. 若某产品销售量的季节指数分别为一季度 115%、二季度 60%、三季度 85%、四季度

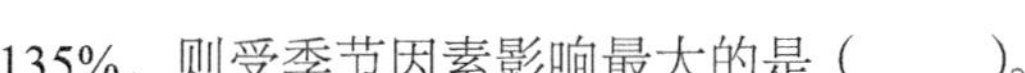

135%，则受季节因素影响最大的是（　　）。

A. 一季度　　B. 二季度　　C. 三季度　　D. 四季度

二、思考题

1. 简述季节指数的作用。
2. 简述计算季节指数的步骤。

三、综合应用题

1. 某城市 2020—2022 年各季度营业收入资料如表 8-19 所示。

表 8-19　营业收入资料　　单位：万元

年份	一季度	二季度	三季度	四季度
2020	8.3	12.7	32.8	11.6
2021	12.4	17.5	36.9	14.5
2022	16.3	21.4	40.8	17.1

要求：（1）计算季节指数并说明季节变动情况；（2）预测 2023 年各季度的营业收入。

2. 某产品 2022 年在 A 市实现的销售额是 230 万元，其公司希望该产品 2023 年在 A 市的销售额在 2022 年的基础上增长 15%。根据前 4 年的销售数据计算，一季度至四季度的销售季节指数分别是 126%、68%、86%、120%。请对 2023 年各季度的销售额进行预测。

任务解析

根据任务引入中的表 8-1 中的资料，通过绘制折线图和计算动态分析指标，了解我国 2000—2021 年全国境内出游人数和境内旅游收入的动态变化特征，如图 8-26 所示。

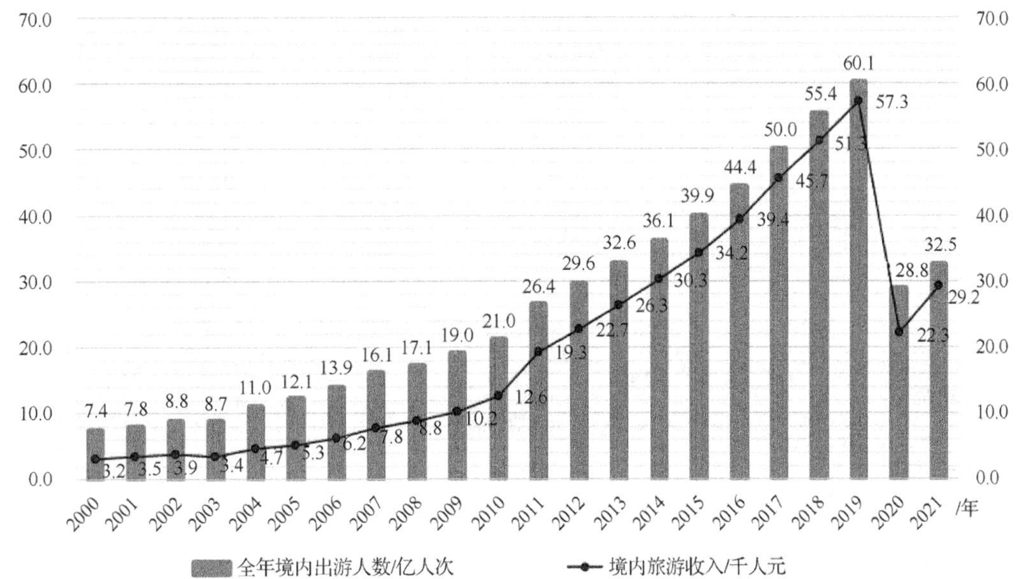

图 8-26　我国 2000—2021 年全年境内出游人数和境内旅游收入的动态变化

从图 8-26 可以看到，我国全年境内出游人数和境内旅游收入在 2000—2021 年总体呈现出加速增长的态势，2000—2005 年缓慢增长，2006—2010 年快速增长，2011—2019 年进入爆发增长阶段，2020—2021 年主要受新冠疫情影响出现回落。总体来看，我国旅游业已进入“景气”区间，旅游经济增速领先宏观经济增速，成为稳增长、调结构、惠民生的重要力量。表 8-20 和表 8-21 反映了我国全年境内出游人数和境内旅游收入的动态变化情况。

表 8-20　我国 2000—2021 年全年境内出游人数和境内旅游收入的动态变化（1）

年份	全年境内出游人数逐期增长量/亿人次	全年境内出游人数环比增长率/%	境内旅游收入逐期增长量/亿元	境内旅游收入环比增长率/%
2000	—	—	—	—
2001	0.40	5.38	347	10.92
2002	0.94	11.99	356	10.11
2003	-0.08	-0.91	-436	-11.24
2004	2.32	26.67	1 268	36.85
2005	1.10	9.98	575	12.21
2006	1.82	15.02	944	17.86
2007	2.16	15.49	1 541	24.73
2008	1.02	6.34	979	12.59
2009	1.90	11.10	1 434	16.39
2010	2.01	10.57	2 396	23.53
2011	5.38	25.58	6 726	53.46
2012	3.16	11.97	3 401	17.62
2013	3.05	10.31	3 570	15.72
2014	3.49	10.70	4 036	15.36
2015	3.79	10.50	3 883	12.81
2016	4.45	11.15	5 195	15.19
2017	5.66	12.76	6 271	15.92
2018	5.38	10.76	5 618	12.30
2019	4.67	8.43	5 973	11.65
2020	-31.27	-52.06	-34 965	-61.07
2021	3.71	12.89	6 905	30.98

表 8-21　我国 2000—2021 年全年境内出游人数和境内旅游收入的动态变化（2）

年份	全年境内出游人数		境内旅游收入	
	年均增长量/亿人次	年均增长率/%	年均增长量/亿元	年均增长率/%
2000—2021	1.19	7.27	1 239	11.14
其中：2000—2005	0.94	10.25	422	10.73
2006—2010	1.78	11.65	1 459	18.94
2011—2019	4.34	12.37	4 963	18.34
2020—2021	-13.78	-26.44	-14 030	-28.59

相关知识图示

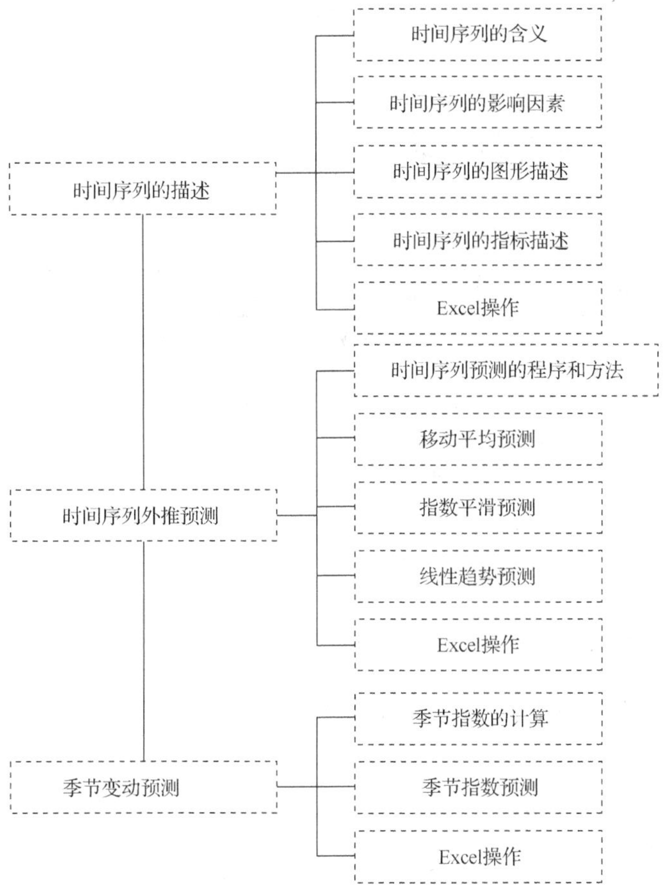
时间序列的含义
时间序列的影响因素
时间序列的描述
时间序列的图形描述
时间序列的指标描述
Excel操作
时间序列预测的程序和方法
移动平均预测
时间序列外推预测
指数平滑预测
线性趋势预测
Excel操作
季节指数的计算
季节变动预测
季节指数预测
Excel操作

附录

附表 1　正态分布分位数表

$$z_p:\int_{-\infty}^{x}\frac{1}{\sqrt{2\pi}}\rho^{-\frac{x^2}{2}}\mathrm{d}x=p$$

z_p	0.00	0.01	0.02	0.03	0.04	0.05	0.06	0.07	0.08	0.09
0.0	0.500 0	0.504 0	0.508 0	0.512 0	0.516 0	0.519 9	0.523 9	0.527 9	0.531 9	0.535 9
0.1	0.539 8	0.543 8	0.547 8	0.551 7	0.555 7	0.559 6	0.563 6	0.567 5	0.571 4	0.575 3
0.2	0.579 3	0.583 2	0.587 1	0.591 0	0.594 8	0.598 7	0.602 6	0.606 4	0.610 3	0.614 1
0.3	0.617 9	0.621 7	0.625 5	0.629 3	0.633 1	0.636 8	0.640 4	0.644 3	0.648 0	0.651 7
0.4	0.655 4	0.659 1	0.662 8	0.666 4	0.670 0	0.673 6	0.677 2	0.680 8	0.684 4	0.687 9
0.5	0.691 5	0.695 0	0.698 5	0.701 9	0.705 4	0.708 8	0.712 3	0.715 7	0.719 0	0.722 4
0.6	0.725 7	0.729 1	0.732 4	0.735 7	0.738 9	0.742 2	0.745 4	0.748 6	0.751 7	0.754 9
0.7	0.758 0	0.761 1	0.764 2	0.767 3	0.770 3	0.773 4	0.776 4	0.779 4	0.782 3	0.785 2
0.8	0.788 1	0.791 0	0.793 9	0.796 7	0.799 5	0.802 3	0.805 1	0.807 8	0.810 6	0.813 3
0.9	0.815 9	0.818 6	0.821 2	0.823 8	0.826 4	0.828 9	0.835 5	0.834 0	0.836 5	0.838 9
1.0	0.841 3	0.843 8	0.846 1	0.848 5	0.850 8	0.853 1	0.855 4	0.857 7	0.859 9	0.862 1
1.1	0.864 3	0.866 5	0.868 6	0.870 8	0.872 9	0.874 9	0.877 0	0.879 0	0.881 0	0.883 0
1.2	0.884 9	0.886 9	0.888 8	0.890 7	0.892 5	0.894 4	0.896 2	0.898 0	0.899 7	0.901 5
1.3	0.903 2	0.904 9	0.906 6	0.908 2	0.909 9	0.911 5	0.913 1	0.914 7	0.916 2	0.917 7
1.4	0.919 2	0.920 7	0.922 2	0.923 6	0.925 1	0.926 5	0.927 9	0.929 2	0.930 6	0.931 9
1.5	0.933 2	0.934 5	0.935 7	0.937 0	0.938 2	0.939 4	0.940 6	0.941 8	0.943 0	0.944 1
1.6	0.945 2	0.946 3	0.947 4	0.948 4	0.949 5	0.950 5	0.951 5	0.952 5	0.953 5	0.953 5
1.7	0.955 4	0.956 4	0.957 3	0.958 2	0.959 1	0.959 9	0.960 8	0.961 6	0.962 5	0.963 3
1.8	0.964 1	0.964 8	0.965 6	0.966 4	0.967 2	0.967 8	0.968 6	0.969 3	0.970 0	0.970 6
1.9	0.971 3	0.971 9	0.972 6	0.973 2	0.973 8	0.974 4	0.975 0	0.975 6	0.976 2	0.976 7
2.0	0.977 2	0.977 8	0.978 3	0.978 8	0.979 3	0.979 8	0.980 3	0.980 8	0.981 2	0.981 7
2.1	0.982 1	0.982 6	0.983 0	0.983 4	0.983 8	0.984 2	0.984 6	0.985 0	0.985 4	0.985 7
2.2	0.986 1	0.986 4	0.986 8	0.987 1	0.987 4	0.987 8	0.988 1	0.988 4	0.988 7	0.989 0
2.3	0.989 3	0.989 6	0.989 8	0.990 1	0.990 4	0.990 6	0.990 9	0.991 1	0.991 3	0.991 6
2.4	0.991 8	0.992 0	0.992 2	0.992 5	0.992 7	0.992 9	0.993 1	0.993 2	0.993 4	0.993 6
2.5	0.993 8	0.994 0	0.994 1	0.994 3	0.994 5	0.994 6	0.994 8	0.994 9	0.995 1	0.995 2
2.6	0.995 3	0.995 5	0.995 6	0.995 7	0.995 9	0.996 0	0.996 1	0.996 2	0.996 3	0.996 4
2.7	0.996 5	0.996 6	0.996 7	0.996 8	0.996 9	0.997 0	0.997 1	0.997 2	0.997 3	0.997 4
2.8	0.997 4	0.997 5	0.997 6	0.997 7	0.997 7	0.997 8	0.997 9	0.997 9	0.998 0	0.998 1
2.9	0.998 1	0.998 2	0.998 2	0.998 3	0.998 4	0.998 4	0.998 5	0.998 5	0.998 6	0.998 6
3.0	0.998 7	0.999 0	0.999 3	0.999 5	0.999 7	0.999 8	0.999 8	0.999 9	0.999 9	1.000 0

附表 2　t 分布表

$$P\{t(n) > t_\alpha(n)\} = \alpha$$

n	α=0.25	0.10	0.05	0.025	0.01	0.005	0.002 5	0.001	0.000 5
1	1.000	3.078	6.314	12.706	31.821	63.657	127.321	318.309	636.619
2	0.816	1.886	2.920	4.303	6.965	9.925	14.089	22.327	31.599
3	0.765	1.638	2.353	3.182	4.541	5.841	7.453	10.215	12.924
4	0.741	1.533	2.132	2.776	3.747	4.604	5.598	7.173	8.610
5	0.727	1.476	2.015	2.571	3.365	4.032	4.773	5.893	6.869
6	0.718	1.440	1.943	2.447	3.143	3.707	4.317	5.208	5.959
7	0.711	1.415	1.895	2.365	2.998	3.499	4.029	4.785	5.408
8	0.706	1.397	1.860	2.306	2.896	3.355	3.833	4.501	5.041
9	0.703	1.383	1.833	2.262	2.821	3.250	3.690	4.297	4.781
10	0.700	1.372	1.812	2.228	2.764	3.169	3.581	4.144	4.587
11	0.697	1.363	1.796	2.201	2.718	3.106	3.497	4.025	4.437
12	0.695	1.356	1.782	2.179	2.681	3.055	3.428	3.930	4.318
13	0.694	1.350	1.771	2.160	2.650	3.012	3.372	3.852	4.221
14	0.692	1.345	1.761	2.145	2.624	2.977	3.326	3.787	4.140
15	0.691	1.341	1.753	2.131	2.602	2.947	3.286	3.733	4.073
16	0.690	1.337	1.746	2.120	2.583	2.921	3.252	3.686	4.015
17	0.689	1.333	1.740	2.110	2.567	2.898	3.222	3.646	3.965
18	0.688	1.330	1.734	2.101	2.552	2.878	3.197	3.610	3.922
19	0.688	1.328	1.729	2.093	2.539	2.861	3.174	3.579	3.883
20	0.687	1.325	1.725	2.086	2.528	2.845	3.153	3.552	3.850
21	0.686	1.323	1.721	2.080	2.518	2.831	3.135	3.527	3.819
22	0.686	1.321	1.717	2.074	2.508	2.819	3.119	3.505	3.792
23	0.685	1.319	1.714	2.069	2.500	2.807	3.104	3.485	3.768
24	0.685	1.318	1.711	2.064	2.492	2.797	3.091	3.467	3.745
25	0.684	1.316	1.708	2.060	2.485	2.787	3.078	3.450	3.725
26	0.684	1.315	1.706	2.056	2.479	2.779	3.067	3.435	3.707
27	0.684	1.314	1.703	2.052	2.473	2.771	3.057	3.421	3.690
28	0.683	1.313	1.701	2.048	2.467	2.763	3.047	3.408	3.674
29	0.683	1.311	1.699	2.045	2.462	2.756	3.038	3.396	3.659
30	0.683	1.310	1.697	2.042	2.457	2.750	3.030	3.385	3.646
31	0.682	1.309	1.696	2.040	2.453	2.744	3.022	3.375	3.633
32	0.682	1.309	1.694	2.037	2.449	2.738	3.015	3.365	3.622
33	0.682	1.308	1.692	2.035	2.445	2.733	3.008	3.356	3.611
34	0.682	1.307	1.091	2.032	2.441	2.728	3.002	3.348	3.601
35	0.682	1.306	1.690	2.030	2.438	2.724	2.996	3.340	3.591
36	0.681	1.306	1.688	2.028	2.434	2.719	2.990	3.333	3.582
37	0.681	1.305	1.687	2.026	2.431	2.715	2.985	3.326	3.574
38	0.681	1.304	1.686	2.024	2.429	2.712	2.980	3.319	3.566
39	0.681	1.304	1.685	2.023	2.426	2.708	2.976	3.313	3.558
40	0.681	1.303	1.684	2.021	2.423	2.704	2.971	3.307	3.551

续表

n	α=0.25	0.10	0.05	0.025	0.01	0.005	0.002 5	0.001	0.000 5
50	0.679	1.299	1.676	2.009	2.403	2.678	2.937	3.261	3.496
60	0.679	1.296	1.671	2.000	2.390	2.660	2.915	3.232	3.460
70	0.678	1.294	1.667	1.994	2.381	2.648	2.899	3.211	3.436
80	0.678	1.292	1.664	1.990	2.374	2.639	2.887	3.195	3.416
90	0.677	1.291	1.662	1.987	2.368	2.632	2.878	3.183	3.402
100	0.677	1.290	1.660	1.984	2.364	2.626	2.871	3.174	3.390
200	0.676	1.286	1.653	1.972	2.345	2.601	2.839	3.131	3.340
500	0.675	1.283	1.648	1.965	2.334	2.586	2.820	3.107	3.310
1 000	0.675	1.282	1.646	1.962	2.330	2.581	2.813	3.098	3.300
∞	0.674 5	1.281 6	1.644 9	1.960 0	2.326 3	2.575 8	2.807 0	3.090 2	3.290 5

附表 3　随机数字表

03 47 43 73 86	36 96 47 36 61	46 98 63 71 62	33 26 16 80 45	60 11 14 10 95
97 74 24 67 62	42 81 14 57 20	24 53 32 37 32	27 07 36 07 51	24 51 79 89 73
16 76 62 27 66	56 50 26 71 07	32 90 79 78 53	13 55 38 58 59	88 97 54 14 10
12 56 85 99 26	96 96 68 27 31	05 03 72 93 15	57 12 10 14 21	88 26 49 81 76
55 59 56 35 64	38 54 82 46 22	31 62 43 09 90	06 18 44 32 53	23 83 01 30 30
16 22 77 94 39	49 54 43 54 82	17 37 93 23 78	87 35 20 96 43	84 26 34 91 64
84 42 17 53 31	57 24 55 06 88	77 04 74 47 67	21 76 33 50 25	83 29 12 06 76
63 01 63 78 59	16 95 55 67 19	98 10 50 71 75	12 86 73 58 07	44 39 52 38 79
33 21 12 34 29	78 64 56 07 82	52 42 07 44 38	15 51 00 13 42	99 66 02 79 54
57 60 86 32 44	09 47 27 96 54	49 17 46 09 62	90 52 84 77 27	08 02 73 43 28
18 18 07 92 46	44 17 16 58 09	79 83 86 19 62	06 76 50 03 10	55 23 64 05 05
26 62 38 97 75	84 16 07 44 99	83 11 46 32 24	20 14 85 88 45	10 93 72 88 71
23 42 40 64 74	82 97 77 77 81	07 45 32 14 08	32 98 94 07 72	93 85 79 10 75
52 36 28 19 95	50 92 26 11 97	00 56 76 31 38	80 22 02 53 53	86 60 42 04 53
37 85 94 35 12	83 39 50 08 30	42 34 07 96 88	54 42 06 87 98	35 85 29 48 39
70 29 17 12 13	40 33 20 38 26	13 89 51 03 74	17 76 37 13 04	07 74 21 19 30
56 62 18 37 35	96 83 50 87 75	97 12 25 93 47	70 33 24 03 54	97 77 46 44 80
99 49 57 22 77	88 42 95 45 72	16 64 36 16 00	04 43 18 66 79	94 77 24 21 90
16 08 15 04 72	33 27 14 34 09	45 59 34 68 49	12 72 07 34 45	99 27 72 95 14
31 16 93 32 43	50 27 89 87 19	20 15 37 00 49	52 85 68 60 44	38 68 88 11 80
68 34 30 13 70	55 74 30 77 40	44 22 78 84 26	04 33 46 09 52	68 07 97 06 57
74 57 25 65 76	59 29 97 68 60	71 91 38 67 54	13 58 18 24 76	15 54 55 95 52
27 42 37 86 53	48 55 90 65 72	96 57 69 36 10	96 46 92 42 45	97 60 49 04 91
00 39 68 29 61	66 37 32 20 30	77 84 57 03 29	10 45 65 04 26	11 04 96 67 24
29 94 98 94 24	68 49 69 10 82	53 75 91 93 30	34 25 20 57 27	40 48 73 51 92

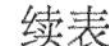

续表

16 90 82 66 59	83 62 64 11 12	67 19 00 71 74	60 47 21 29 68	02 02 37 03 31
11 27 94 75 06	06 09 19 74 66	02 94 37 34 02	76 70 90 30 86	38 45 94 30 68
35 24 10 16 20	33 32 51 26 38	79 78 45 04 91	16 92 53 56 16	02 75 50 95 98
38 23 16 86 38	42 38 97 01 50	87 75 66 81 41	40 01 74 91 62	48 51 84 08 32
31 96 25 91 47	96 44 33 49 13	34 86 82 53 91	00 52 43 48 85	27 55 26 89 62
66 67 40 67 14	64 05 71 95 86	11 05 65 09 68	76 83 20 37 90	57 16 00 11 66
14 90 84 45 11	75 73 88 05 90	52 27 41 14 86	22 98 12 22 08	07 52 74 95 80
68 05 51 18 00	33 96 02 75 19	07 60 62 93 55	59 33 82 43 09	49 37 38 44 59
20 46 78 73 90	97 51 40 14 02	04 02 33 31 08	39 54 16 49 36	47 95 93 13 30
64 19 58 97 79	15 06 15 93 20	01 90 10 75 06	40 78 73 89 62	02 67 74 17 33
05 26 93 70 60	22 35 85 15 13	92 03 51 59 77	59 56 78 06 83	52 91 05 70 74
07 97 10 88 23	09 98 42 99 64	61 71 62 99 15	06 51 29 16 93	58 05 77 09 51
68 71 86 85 85	54 87 66 47 54	73 32 08 11 12	44 95 92 63 16	29 56 24 29 48
26 99 61 65 53	58 37 78 80 70	42 10 50 67 42	32 17 55 85 74	94 44 67 16 94
14 65 52 68 75	87 59 36 22 41	26 78 63 06 55	13 08 27 01 50	15 29 39 39 43
17 53 77 58 71	71 41 61 50 72	12 41 94 96 26	44 95 27 36 99	02 96 74 30 83
90 26 59 21 19	23 52 23 33 12	96 93 02 18 39	07 02 18 36 07	25 99 32 70 23
41 23 52 55 99	31 04 49 69 96	10 47 48 45 88	13 41 43 89 20	97 17 14 49 17
60 20 50 81 69	31 99 73 68 68	35 81 33 03 76	24 30 12 48 60	18 99 10 72 34
91 25 38 05 90	94 58 28 41 36	45 37 59 03 09	90 35 57 29 12	82 62 54 65 60
34 50 57 74 37	98 80 33 00 91	09 77 93 19 82	74 94 80 04 04	45 07 31 66 49
85 22 04 39 43	73 81 53 94 79	33 62 46 86 28	08 31 54 46 31	53 94 13 38 47
09 79 13 77 48	73 82 97 22 21	05 03 27 24 83	72 89 44 05 60	35 80 39 94 88
88 75 80 18 14	22 95 75 42 49	39 32 82 22 49	02 48 07 70 37	16 04 61 67 87
90 96 23 70 00	39 00 03 06 90	55 85 78 38 36	94 37 30 69 32	90 89 00 76 33

附表 4　Excel 中的统计函数

函数名称	函数说明
AVERAGE（number1，number2，...）	返回其参数的算术平均值
AVERAGEA（value1，value2，...）	返回所有参数的算术平均值
CORREL（array1，array2）	返回两组数值的相关系数
COUNT（value1，value2，...）	计算区域中包含数字的单元格的个数
COUNTA（value1，value2，...）	计算区域中非空单元格的个数

续表

函数名称	函数说明
DEVSQ（number1，number2，...）	返回各数据点与数据均值点之差（数据偏差）的平方和
FREQUENCY（data_array，bins_array）	以一列垂直数组返回一组数据的频率分布
GEOMEAN（number1，number2，...）	返回一正数数组或数值区域的几何平均值
HARMEAN（number1，number2，...）	返回一组正数的调和平均数；所有参数倒数平均值的倒数
KURT（number1，number2，...）	返回一组数据的峰值
LINEST（known_y's，known_x's，const，stats）	返回线性回归方程的参数
MAX（number1，number2，...）	返回一组数值中的最大值，忽略逻辑值及文本
MEDIAN（number1，number2，...）	返回一组数的中值
MIN（number1，number2，...）	返回一组数值中的最小值，忽略逻辑值及文本
MODE.SNGL（number1，number2，...）	返回一组数据或数据区域中出现频率最高或重复出现的数值
NORM.S.DIST（z，cumulative）	返回标准正态分布函数值
NORM.S.INV（probability）	返回标准正态分布的区间点
PEARSON（array1，array2）	求皮尔生（Pearson）积矩法的相关系数 r
QUARTILE.INC（array，quart）	基于从 0 到 1 之间（含 0 与 1）的百分点值，返回一组数据的四分位点
SKEW（number1，number2，...）	返回一个分布的不对称度；用来体现某一分布相对其平均值的不对称程度
STANDARDIZE（x，mean，standard_dev）	通过平均值和标准方差，返回正态分布概率值
STDEV.S（number1，number2，...）	估算基于给定样本的标准偏差（忽略样本中的逻辑值及文本）
STDEVA（value1，value2，...）	估算基于给定样本的标准偏差（包括逻辑值和字符串）
STDEV.P（number1，number2，...）	计算基于给定的样本总体的标准偏差（忽略逻辑值及文本）
STDEVPA（value1，value2，...）	计算样本（包括逻辑值和字符串）总体的标准偏差
STEYX（known_y's，known_x's）	返回通过线性回归法计算纵坐标预测值时所产生的标准误差
T.INV（probability，degrees_freedom）	返回学生 t-分布的左尾区间点
VAR.S（number1，number2，...）	估算基于给定样本方差（忽略样本中的逻辑值及样本）

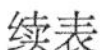

续表

函数名称	函数说明
VARA（value1，value2，...）	估算基于给定样本（包括逻辑值和字符串）的方差
VAR.P（number1，number2，...）	计算基于给定的样本总体的方差（忽略样本中的逻辑值及文本）
VARPA（value1，value2，...）	计算样本（包括逻辑值和字符串）总体的方差

附表 5 Excel 中的数学函数

函数名称	函数说明
SQRT（number）	返回数值的平均根
SUM（number1，number2，...）	计算单元格区域中所有数据的和
SUMSQ(number1,number2,...)	返回所有参数的平方和。参数可以是数值、数组、名称，或者是对数值单元格的引用
POWER（number，power）	返回某数的乘幂

参考文献

[1] 贾俊平，何晓群，金勇进. 统计学［M］. 8版. 北京：中国人民大学出版社，2021.

[2] 李静，彭明强. 统计学基础［M］. 2版. 北京：中国财政经济出版社，2021.

[3] 杨轶莘. 大数据时代下的统计学［M］. 2版. 北京：电子工业出版社，2019.

[4] 曾五一，肖红叶. 统计学导论［M］. 3版. 北京：科学出版社，2019.